Cuidadores

Divulgación/Autoayuda

Últimos títulos publicados

215. M. Sebastiani y M. R. M. Testa - *Claroscuros del embarazo, el parto y el puerperio*
216. D. J. Miklowitz - *El trastorno bipolar*
217. E. Czernikowski - *El amor, el humor y el dolor*
218. C. Coria, A. Freixas y S. Covas - *Los cambios en la vida de las mujeres*
219. E. Lukas - *Libertad e identidad. Logoterapia y problemas de adicción*
220. Ph. Brenot - *El sexo y el amor*
221. M.-F. Cyr - *¿Verdad o mentira?*
222. Ch. C. Manz - *Disciplina emocional*
223. P. Race - *Cómo estudiar*
224. B. O'Hanlon - *Crecer a partir de las crisis*
225. R. Cava - *Cómo tratar con personas difíciles*
226. E. Lukas - *Ganar y perder. La logoterapia y los vínculos emocionales*
227. C. Poch - *Catorce cartas a la muerte (sin respuesta)*
228. E. M. Hetherington y J. Kelly - *En lo bueno y en lo malo: la experiencia del divorcio*
230. R. Iacub - *Erótica y vejez*
231. M. Bosqued - *Mobbing*
232. E. J. Langer - *La creatividad consciente*
233. M. McKay y B. Quick - *Los diálogos del compromiso*
234. B. Sher - *Vive la vida que deseas. Diez sencillos pasos para alcanzar tus sueños*
236. D. D. Burns - *Adiós, ansiedad. Cómo superar la timidez, los miedos, las fobias y las situaciones de pánico*
237. G. W. Burns y H. Street - *La felicidad no es un secreto. Descubre el camino del equilibrio interior y el poder de cambiar tu vida*
238. J. Moix - *Cara a cara con tu dolor. Técnicas y estrategias para reducir el dolor crónico*
239. A. Aparicio y T. Muñoz - *Después del silencio. Cómo sobrevivir a una agresión sexual*
240. E. Lukas - *El sentido del momento. Aprende a mejorar tu vida con logoterapia*
243. F. Réveillet - *Diez minutos. Más de 400 consejos y ejercicios para sentirte mejor todos los días*
244. A. Freixas - *Nuestra menopausia. Una versión no oficial*
245. B. Maillard-Chaulin - *Diario de un pecho*
247. A. Ellis - *Usted puede ser feliz*
248. F. Réveillet - *Diez minutos de pequeñas alegrías*
249. J. M. Gottman y J. S. Gottman - *Diez claves para transformar tu matrimonio*
250. B. J. Jacobs - *Cuidadores*

Barry J. Jacobs

Cuidadores

Una guía práctica para la supervivencia emocional

PAIDÓS
Barcelona
Buenos Aires
México

Título original: *The Emotional Survival Guide for Caregivers*
Publicado en inglés, en 2006, por The Guildford Press, Nueva York, EE.UU.

Traducción de Remedios Diéguez

Cubierta de M.ª José Rey

ISBN: 978-84-493-2141-2
Depósito legal: Na. 1500-2008

Impreso en Rodesa (Rotativas de Estella, S. L.)
Villahuerta (Navarra)

Impreso en España - Printed in Spain

Sumario

Agradecimientos

Desde los familiares de los pacientes que conocí en una unidad de rehabilitación hace casi veinte años hasta los que me presentaron la semana pasada en el centro de medicina familiar donde trabajo actualmente, desde los que he visto una sola vez hasta los que me han visitado en numerosas ocasiones a lo largo de varios años, he aprendido muchísimo de los cuidadores con los que he trabajado. Me han enseñado que existe una amplia gama de reacciones normales, incluyendo la ambivalencia, frente a la enfermedad grave de un ser querido. Al compartir conmigo su sensibilidad y su coraje, su angustia y su resistencia, me han demostrado cómo se puede ser compasivo mientras se atraviesa por unas circunstancias familiares terribles. Sus maneras de actuar son el núcleo de este libro. Me siento muy agradecido por el tiempo que he pasado con ellos.

En el proceso me han ayudado muchas otras personas. Durante su lucha contra el cáncer, mi padre nunca dejó de demostrarme que me quería, igual que a mi hermano y a mi madre. A lo largo de su enfermedad y después, mi madre hizo muchos sacrificios para mantener a nuestra familia a flote. Mi hermano siempre ha compartido conmigo el recurso del humor para afrontar las cosas, incluso en esa dura experiencia. Gracias a todos ellos.

He tenido la suerte de contar con mentores y colegas maravillosos. En la Universidad de Brown, Roger Henkle me enseñó el valor de la narración; Robert Jay me ha enseñado a confiar en la experiencia como base del conocimiento. En el Institute for Graduate Clinical Psychology of Widener University, los psicólogos Hugh Carberry y Leighton Whitaker me han ayudado a tomar conciencia del valor terapéutico de la tristeza.

Cuando trabajé como psicólogo en Bryn Mawr Rehab, los psicólogos Ann Marie McLaughlin y Jim Jaep y el neurólogo David Long me ayudaron a entender cómo se enfrentan las familias a las lesiones cerebrales y otros trastornos neurológicos. En mi actual trabajo en el Crozer-Keystone Family Medicine Residency Program he tenido la suerte de recibir el apoyo y los ánimos de Mitchell Kaminski, William Warning, David Berkson, nuestros colegas de facultad y un equipo de personal estupendo. Además, he disfrutado y disfruto del entusiasmo de numerosos residentes de medicina familiar. Mi colega Peter Warrington, médico de familia y geriatra que también completó una residencia en obstetricia y ginecología, ha realizado un trabajo meticuloso revisando los detalles médicos de este libro.

Susan McDaniel, psicóloga y terapeuta familiar de la Universidad de Rochester, merece un agradecimiento especial por encabezar los campos de la terapia médica familiar y asistencia sanitaria familiar, y por darme ánimos y la oportunidad de compartir mis ideas. Desde 1995, me permite escribir (y más tarde editar) la columna «In Sickness & Healt» en *Families, Systems, & Health,* la revista que coedita con el médico de familia Thomas Campbell. Suzanne Mintz, cofundadora de la National Family Caregivers Association, me brinda el privilegio de escribir la columna «What Can I Do?» para *Take Care!*, el boletín quincenal de su organización. Sandy Rogers, editora del boletín, me regala generosamente su apoyo, su consejo y su buen humor. A mi gran amigo y colega, David Seaburn, con el que comparto el interés por las familias y por escribir, le debo gratitud por su ayuda y su risa.

El campo del cuidado de familiares cuenta con numerosos protagonistas expertos. Ya he mencionado a Suzanne Mintz, de la National Family Caregivers Association: una de las personas más creativas y decididas que he conocido. Carol Levine, de la United Hospital Fund of New York City, es una visionaria por crear y financiar programas de apoyo para cuidadores, una figura que inspira elegancia, inteligencia y un humor irónico. El Rosalynn Carter Institute for Caregiving (Instituto Rosalyn Carter para cuidadores) es líder en investigación y en concienciar a la opinión pública; para mí fue un honor participar en su mesa nacional de expertos sobre cáncer y cuidado de enfermos. La Well Spouse Association me ha brindado varias oportunidades de presentarme ante sus miembros y tomar parte en su particular camaradería, llena de vida y de alegría.

Gracias a Guilford Publications por la oportunidad de escribir este libro. Kitty Moore me ayudó a formular la visión original. Sarah Lavender me retó con cuestiones prácticas que me ayudaron a asentar mis ideas. Mi editora, Christine Benton, me proporcionó más empatía, apoyo y ánimos de los que había recibido nunca. Le he dicho que debería ser psicóloga (lo digo de corazón y en el buen sentido). Trabajar con ella ha sido un inmenso placer.

Mi mayor agradecimiento, sin embargo, es para mi familia. Mis hijos, Monica y Aaron, son dos buenas personas con valor y curiosidad. Mi esposa, Julie Mayer, es una incisiva lectora de libros y personas, y mi mejor amiga. Por su amor y su paciencia, les dedico este libro.

Prólogo

Cuando tenía 13 años, el bufete de abogados de mi padre por fin se puso en marcha y mi familia pudo permitirse su primera casa después de muchos años viviendo en un edificio de apartamentos. Era una modesta casa situada en Queens (Nueva York), con tres dormitorios y un anexo (un antiguo porche protegido convertido en un cuarto revestido con paneles de nogal), rodeada de rododendros, azaleas y un roble blanco altísimo. El cuarto pasó a ser dominio de mi padre como compensación por tantos años de duro trabajo. Instaló su sillón abatible de cuero y sus libros de tapa dura, además de la televisión Zenith en color de 19 pulgadas. Llegaba tarde a casa, cenaba rápidamente y se retiraba a su refugio para poner los pies en alto después de otra jornada peleando en los juzgados.

Fue en aquella habitación, 18 meses después de la mudanza, donde nuestra sencilla vida normal llegó a su fin. Mi padre se dirigió a un amigo que estaba de visita, abrió la boca y emitió incoherencias. La sorpresa en su rostro dejó claro que se había dado cuenta de que lo que acababa de decir no tenía sentido. Intentó hablar de nuevo, y otra vez emitió un galimatías de sonidos con palabras en inglés, pero sin significado. Había perdido la facultad de hablar de forma inteligible. En los meses posteriores perdió parcialmente la capacidad de ver y la del equilibrio. Fue antes de la aparición de los escáneres CT, y los médicos sólo pudieron aventurar que se trataba de un crecimiento de células malignas en el cerebro. Yo era demasiado joven para entender bien qué ocurría, pero sí sentí el terror de mi madre. Mi padre, mientras tanto, alternaba el silencio total con la ira. Todos depositamos nuestras esperanzas en el drástico tratamiento de quimioterapia al que iba a someterse.

Unas semanas más tarde, mi madre llamó a un fumigador porque había visto hormigas voladoras junto a nuestra casa y temía que fuesen termitas. Vinieron varios hombres equipados con mangueras y un gran taladro, y bombearon insecticida en varios agujeros que abrieron en torno a la casa. Varios días después, mi madre, mi padre, mi hermano de 11 años y yo estábamos sentados en el cuarto. Habíamos acabado de cenar cuando, de repente, me di cuenta de que el suelo estaba cubierto de miles de insectos negros retorciéndose. Las termitas, ahuyentadas por el insecticida hacia el interior de la casa, habían empezado a subir por el umbral de madera que conectaba el cuarto con el resto de la casa. Todavía puedo ver sus alas transparentes agitándose, escuchar su leve zumbido y sentir cómo se aplastaban sus cuerpos cuando me puse de pie y crucé la habitación. Sentí náuseas cuando corrí hasta el armario del vestíbulo para buscar la aspiradora. En aquel instante, mientras nuestra casa estaba siendo invadida por aquellos bichos grotescos, mi joven mente comprendió que eran como las células cancerígenas que se habían infiltrado en nuestras vidas. Mi madre y yo tardamos una hora en aspirar y barrer a los insectos, en silencio, mientras mi hermano se encontraba paralizado por el miedo y mi padre se movía a trompicones por la habitación, incapaz de ayudarnos porque no veía los diminutos cuerpos negros sobre la alfombra.

Después, no volvimos a decir una palabra sobre las termitas, pero todos estábamos asustados. Recuerdo que pensé que aquello era un presagio de que las células cancerígenas de mi padre iban a seguir creciendo de forma incontrolada a pesar de los medicamentos. Murió cinco meses más tarde.

Fue mi primera lección sobre cómo las enfermedades graves afectan no sólo a los que las padecen, sino también a los familiares que les rodean. Nosotros hicimos todo lo que pudimos para cuidar a mi padre, pero el cáncer fue como una plaga que devoró los cimientos económicos, emocionales y espirituales de nuestras vidas y debilitó la estructura familiar para siempre. Entonces no lo sabía, pero aquello se convirtió en la razón de toda mi carrera profesional y de este libro: ayudar a los miembros de otras familias a evitar el dolor que nosotros sufrimos.

El daño económico no fue evidente de inmediato. Cuando mi padre se puso enfermo, repasó los documentos legales que tenía en su estudio e incluso se pasó por su oficina un par de veces, pero sólo fueron gestos esperanzados: no pudo volver a trabajar nunca más. Para compensar la falta de ingresos, mi madre empezó a trabajar como contable, lo que la mantenía fuera de casa durante muchas horas. Como todas las decisiones económicas, tuvo consecuencias personales. Mis abuelos paternos querían que se quedase en casa cuidando de su hijo aunque no tuviésemos dinero. Mi abuelo, de 83 años, se sentaba en el estudio con mi padre a ver la televisión mientras nosotros estábamos trabajando o en el colegio, pero se marchaba en cuanto regresábamos. Mi abuela tampoco era muy diplomática y no dudó en arremeter contra mi madre durante sus repetidas y acaloradas conversaciones telefónicas. Entre mis abuelos y mi madre se abrió un abismo. Si a mi padre le importaba que su esposa fuese a trabajar o que sus padres estuviesen muy disgustados, nunca pudo comunicarlo.

Después del coma y de su muerte, los nuevos cambios económicos vinieron a intensificar el daño emocional. Mi madre consiguió un segundo trabajo como profesora de matemáticas por las tardes. Yo empecé a trabajar los fines de semana en el negocio de limpieza de alfombras de mi tío. Entre nuestros respectivos trabajos, sus intentos de citas y mis salidas con los amigos, apenas veía a mi madre. Era como si les hubiese perdido a los dos. Estábamos tan ocupados que nadie hablaba de lo que sentíamos. Nunca elaboramos la tristeza que nos envolvía, y así se convirtió en una presencia constante. Dos años más tarde, mi madre llevó a casa al hombre que iba a ser su nuevo esposo. Las energías pasaron a concentrarse en formar una nueva familia, y mi hermano, mi madre y yo mismo perdimos toda oportunidad de hablar de todo lo que había pasado. Mis abuelos paternos, por su parte, hacía mucho tiempo que evitaban sus sentimientos de tristeza utilizando a mi madre como chivo expiatorio. Pusieron fin a todo contacto con ella en cuanto enterramos a mi padre y la culparon de tenerlo abandonado en sus últimos días. Mi hermano y yo continuamos viéndolos de vez en cuando, pero nuestra relación con ellos ya no era cómoda. Las pérdidas resultantes de la enfermedad seguían aumentando.

La pérdida desastrosa puede tener dos efectos opuestos. Puede reforzar nuestro agarre al presente, haciendo que las sensaciones y las relaciones nos resulten más preciadas ante el temor de perderlas también; se trata de la hiperconciencia del «haz que cada día cuente» y «huele las rosas». La otra posibilidad es que nos deje paralizados ante las circunstancias, como si fuesen tan buenas como las del pasado; este es el tipo de daño espiritual que yo sufrí. Estaba entrando en una etapa de muchas dudas antes de que mi padre cayese enfermo. Observar el lento deterioro de aquel hombre bueno resultaba difícil de comprender, excepto como prueba de que el mundo no tenía sentido. Su muerte, a pesar de la medicina moderna y de las oraciones más devotas, me lo dejó muy claro: no había un Dios cuidándonos ni finales justos. Sólo había obligaciones, peleas familiares y desesperación no verbalizada.

El camino para salir de aquella situación me resultó muy complicado. En la facultad mostré una tendencia a entablar amistad con compañeros que habían experimentado enfermedades y tragedias familiares. Cuando me licencié, me convertí en un periodista inclinado a escribir historias sobre cómo se enfrenta la gente a los cambios traumáticos. Visto con perspectiva, queda claro que andaba buscando un asidero para mi propia experiencia. Ni siquiera cuando dejé el periodismo para seguir un programa doctoral en psicología clínica con la vaga aspiración de ayudar a los demás me di cuenta de que lo que buscaba era el modo de ayudarme a mí mismo.

Durante mi tercer año en el programa de psicología, casi 15 años después de la muerte de mi padre, un hecho fortuito cambió mi vida. Necesitaba encontrar un centro médico comunicado mediante transporte público, y el único que existía era la unidad de rehabilitación de un hospital local. Ni siquiera sabía qué era aquello de la rehabilitación. Sin embargo, desde la primera semana de mi llegada para asesorar a pacientes (y sus familiares) afectados de derrames cerebrales, amputaciones, golpes en la cabeza y tumores cerebrales, sentí que por fin estaba prestando plena atención a una parte de mí ignorada hasta entonces. Sus luchas con el miedo y la incertidumbre eran repeticiones de las de mi familia; su impresión y su dolor hallaban eco en mi interior. Descubrí que conectaba de forma inmediata con sus reacciones y encontraba sin esfuerzo las palabras adecuadas para darles ánimos. El efecto fue revelador. Era como si ante mí se hubiese abierto una avenida que no sólo iba a ser el lugar por donde discurriría mi carrera, sino también una conexión directa entre los pensamientos y los sentimientos perturbadores de mi pasado y una misión redentora para el futuro. Esa misión era la misma que la de muchos sanadores heridos: guiar a los demás de forma segura por caminos peligrosos en los que yo mismo había caído en el pasado. Nunca sería capaz de acabar con todas las fuerzas destructoras que forman parte de la enfermedad, pero sí podría intentar enseñar a los familiares las habilidades de supervivencia para seguir hacia delante hasta alcanzar un terreno más seguro y un lugar nuevo, más esperanzador.

En los veinte años siguientes continuó la interrelación entre mi historia personal y mi pasión por ayudar a familias cuidadoras. Si bien evito superponer mis problemas a sus traumas (rara vez he compartido mi historia), sí incorporo creencias arraigadas de mis primeras experiencias a mi trabajo clínico. Dado que la enfermedad y la muerte de mi padre me afectaron tanto, siempre explico a mis clientes con total convicción que las enfermedades graves afectan a familias, no sólo a individuos. Cuando un ser querido está enfermo, emite ondas de emoción a todo el sistema familiar que alteran el paisaje de las relaciones. Además, añado con igual convicción que el modo de proceder de los cuidadores con un ser querido enfermo a su cargo dará forma a su comportamiento futuro. Los resentimientos que se crean cuando los parientes discuten sobre cuidar o no a un enfermo pueden durar mucho tiempo. Lo mismo ocurre con los lazos que se estrechan cuando los miembros de la familia cuidan del enfermo de manera armoniosa. La hermana pequeña y mimada que siempre habías considerado egoísta te parece más atenta y generosa después de compartir la responsabilidad hacia un progenitor enfermo. La esposa difícil que creías distante merece tu mayor respecto al sumarse a la causa de proporcionar cuidados hasta el final.

Sin embargo, la idea que comparto con mayor convicción es que los familiares necesitan comunicar sus sentimientos y pensamientos con el fin de establecer estrategias para afrontar la enfermedad de manera que la familia no se desmorone. Según mi experiencia, no hablar provoca que los esfuerzos se desarticulen, intensifica los sentimientos de impotencia y debilita toda apariencia de coherencia familiar. Sería como si un grupo de cocineros creativos que nunca hablan sobre el menú preparasen todos el mismo plato o, por el contrario, cocinasen un surtido de recetas que no combinan bien. O como si los jugadores de un equipo de baloncesto sin planificación del juego o sin señales verbales tropezasen sin parar y lanzasen la pelota fuera de la pista.

Del mismo modo que mis experiencias personales han influido en mi criterio clínico, mi experiencia clínica da forma a mi propia percepción de mi historia. Cuando me siento con la angustiada esposa de un enfermo de cáncer, experimento profundamente su pánico y su desesperación mientras me sumerjo en mi propia reserva de emociones surgidas del caso de cáncer en mi familia. Conectar ese momento clínico con los sentimientos del pasado me lleva a comparar la reacción de la mujer con la que mostró mi madre. Me pregunto si ella pasó por el mismo estado de confusión durante la enfermedad de mi padre sin que yo me diese cuenta. Como resultado de esta asociación, escucho a la mujer con total atención mientras siento cómo crece la empatía hacia mi madre. Cuando me reúno con unos padres mayores, enfadados ante la actitud distante del marido de su hija enferma, siento un gran respeto por la lealtad que mostraron mis abuelos, un respeto que no era posible cuando criticaban a mi madre. Al compartir las vidas de estas familias, revivo y aprendo de la terrible experiencia de la mía. Me siento muy agradecido por ese privilegio.

He escrito este libro para ayudar a los familiares (en especial a los hijos adultos de padres y madres mayores y enfermos, porque forman el grupo más numeroso de cuidadores en la actualidad) a identificar los medios que les permitan reunir las energías necesarias para ayudar a un ser querido aquejado de una enfermedad grave, así como a dar los pasos necesarios para limitar los efectos debilitadores del cuidado de un enfermo en la familia en su conjunto. Se trata de hacer lo correcto por alguien que lo necesita sin correr el riesgo de crear otros problemas familiares, ya sea a corto o a largo plazo. Y se trata también de poner en práctica el amor y la lealtad del modo más inteligente y flexible, siendo conscientes del precio de los compromisos que adquirimos, pero también de la compensación del sacrificio por una buena causa. Los que se inician en el papel de cuidadores hallarán un útil mapa de los retos a los que se van a enfrentar en cada etapa del viaje. Podrán sumergirse en capítulos específicos para leer la historia de otras familias en situaciones similares que encuentran sus propios métodos para salir adelante. Los cuidadores experimentados entenderán mejor las interacciones entre pacientes y parientes, entre parientes y profesionales, y entre todos los individuos (exaltados o tranquilos, estoicos o llenos de vida) que conforman el reparto de cualquier familia que atraviesa el trance de una enfermedad grave. Reconocerán y verán normales la mayoría de sus reacciones emocionales, y comprenderán mejor las respuestas de los demás.

El libro está organizado en torno a la historia de una familia cuidadora y su matriarca, enferma de cáncer. No se basa en ninguna de las familias de mi experiencia personal o profesional, sino que se trata de un compendio de muchas familias. La intención es representar a una familia normal que se quiere y se enfrenta a una enfermedad grave. He tomado un camino intermedio en cuanto a las descripciones de la enferma y sus parientes. Nadie es ejemplar, no hay héroes ni villanos. Las hermanas no serán del agrado de todos los lectores. Cometen muchos errores y chocan cuando se encuentran sometidas a presión. Creo que son las cuidadoras típicas. Del mismo modo, no he retratado a profesionales sanitarios ejemplares, sino a aquellos cuyos conocimientos y trato consideraría dentro de la media. Son personas normales, con atributos buenos y malos, que hacen todo lo que pueden en un sistema sanitario con muchísimos fallos. En pocas palabras, son muy humanos. Lo que vemos de ellos es a través de los ojos de la enferma y sus cuidadoras.

El capítulo introductorio presenta a la familia en la fase inicial del diagnóstico de la madre. Ofrece hallazgos en investigación y anécdotas clínicas para explorar el impacto de una enfermedad grave en las familias y del cuidado familiar en el transcurso de la enfermedad de un ser querido. Asimismo, introduce dos ideas centrales en todo el libro: en primer lugar, las relaciones entre los miembros sanos y el enfermo y los profesionales sanitarios determinan, en general, que los cuidados puedan mantenerse o no en el tiempo. En segundo lugar, por muy satisfactorias o útiles que resulten esas relaciones, dependerán en gran medida del éxito o el fracaso de las familias en su lucha con siete tareas psicológicas básicas.

Esas tareas (definir los compromisos, utilizar apoyos, gestionar el sacrificio, sopesar las esperanzas y la aceptación, fomentar la conciencia y la flexibilidad, proteger la intimidad y mantener el espíritu) se subrayan en los capítulos siguientes. Cada uno de esos capítulos sigue a nuestra familia cuidadora, que se va enfrentando a los tratamientos médicos, las discusiones entre las hermanas, las peleas matrimoniales, los malos entendidos con los profesionales sanitarios y las vicisitudes de la enfermedad. Al final de los capítulos hay una sección de preguntas y respuestas que exploran diferentes facetas de la tarea de cuidador y ofrecen consejos y estrategias para hacerlo bien. La mayor parte de esas preguntas y respuestas se publicaron originalmente en la columna «What Can I Do?» que escribí para *Take Care!*, el boletín quincenal de la National Family Caregivers

Association (NFCA; Programa Nacional de Apoyo para los cuidadores familiares), y surgieron de las cartas que me enviaron cuidadores de todo el país. El epílogo completa la historia familiar al tiempo que repasa los retos a que se enfrentan los parientes cuando la tarea de cuidador llega a su fin.

Mi deseo es transmitir a los cuidadores los conocimientos necesarios para afrontar lo mejor posible la enfermedad grave de un pariente mayor. La vida familiar sale ganando con los cuidados prolongados. Sin embargo, si sabemos identificar las primeras señales de fatiga del cuidador y acordar las acciones pertinentes para apoyar a todos los miembros de la familia, nuestra unión ganará en fortaleza en lugar de debilitarse, y cada componente del clan gozará de mayor respeto y amor.

1

Primeros días

Por la noche, cuando los pacientes se acurrucan en sus camas, los pasillos del hospital se quedan en silencio y las malas noticias se escuchan desde bastante lejos. Un joven médico de cabello alborotado que visita a sus pacientes hospitalizados después de pasar consulta avanza apresurado por el pasillo; sus mocasines hacen ruido al pisar el suelo pulido de linóleo. Se detiene ante la enfermería, lee una nota para confirmar lo que le han dicho por teléfono y entra en la habitación de una mujer de 80 años. A pesar de lo tarde que es, sus dos hijas continúan sentadas en sillas de plástico junto a su cama, observando con desaliento a su madre dormida. El doctor les hace un gesto con la mano para pedirles que se reúnan con él en el pasillo.

—Como saben —comienza entrecortadamente—, después de que ayer trajesen a su madre a urgencias por un dolor de espalda agudo se le practicó una ecografía transvaginal que reveló la presencia de una masa en el ovario derecho. La ingresamos para realizar más pruebas. Los resultados de la laparoscopia de hoy para tomar muestras de tejido no son buenos.

Se detiene y dedica una mirada de comprensión a cada una de las hermanas antes de proseguir:

—Su madre tiene cáncer de ovario. Es un tumor de grado 2, o moderadamente agresivo. Lo más probable es que se extienda fuera de los ovarios. Definitivamente, hay que operar.

Una nueva pausa y declara:

—Voy a hacer todo lo que esté en mi mano para darle los mejores cuidados. ¿Tienen alguna duda?

Las hermanas, aturdidas, le devuelven la mirada y niegan con la cabeza.

El médico se excusa y se marcha. De espaldas, su bata blanca parece un espectro que huye.

Las hermanas no salen de su asombro. Una no reacciona, la otra llora. Se agarran con fuerza de las manos y permanecen en silencio. Cuando pasen varios años, recordarán ese momento como el punto de inflexión entre lo que eran (una familia normal con una madre anciana pero llena de vida) y lo que pasaron a ser: una familia herida y apenada. Las enfermedades graves siempre producen un choque, como si un barco que llevase mucho tiempo navegando en corrientes suaves o en mar abierto encallase de repente en unas rocas que habían pasado inadvertidas. Incluso en las familias que afrontan las crisis con decisión y optimismo se produce un temor inicial porque la estructura de sus vidas se tambalea. Ni siquiera los miembros de la familia propensos al fatalismo, siempre pendientes del siguiente acontecimiento negativo, se libran de la impresión. Incluso en las familias en las que la edad de los progenitores debería preparar a los hijos para cualquier eventualidad médica, el anuncio de la enfermedad por parte del doctor altera por completo la rutina diaria.

Las hermanas se sujetan con fuerza a la barra que recorre la pared del pasillo y empiezan a hablar en susurros, como si estuviesen compartiendo secretos que la madre no debe oír. Aunque las dos pasan de los cincuenta (una es 5 años mayor que la otra), bajo la presión del momento recurren a los patrones establecidos de hermana mayor y hermana pequeña.

—Hay mucho que hacer. Tenemos que pensar bien las cosas —dice la mayor en un tono urgente. Su hermana la mira con expectación. La impresión inicial ha dado paso a la incertidumbre. ¿Qué ha querido decir el médico exactamente?, se preguntan. ¿Cuál es el verdadero alcance de la enfermedad? ¿Se ha precipitado porque tenía prisa o por temor a darles demasiada información y pintarles un panorama desalentador? Y después de estas preguntas siguen otras más inmediatas: ¿Debemos comunicar a nuestra madre el resultado de las pruebas? ¿O que sea el médico el que se lo diga mañana y después le hacemos creer que nosotras no lo sabíamos? Su padre murió de cáncer; ¿no dificultará ese factor la asimilación del diagnóstico por parte de la madre? ¿Y qué ocurre si se han equivocado? ¿Deberían buscar una segunda opinión antes de hablar con su madre? Y todavía surge una tercera batería de preguntas: ¿Cómo vamos a dejarla sola esta noche sabiendo que tiene cáncer? ¿Qué pensarían nuestros maridos si no volvemos a casa? ¿Qué somos primero: hijas o esposas?

Escuchan la risa de dos enfermeras junto a la mesa de la secretaria de la unidad. Por lo demás, el pasillo es un lugar silencioso y solitario. La hermana mayor entra un momento en la habitación de su madre, sale y empieza a caminar lentamente. La más joven la observa y se mordisquea los labios, nerviosa. En cualquier otra crisis vital recurrirían a su madre en busca de consejo. Ahora, tras la visita relámpago del médico, eso no es posible. Ya sienten la pérdida de la madre que conocían.

En instituciones y oficinas asépticas, noche y día, se desarrollan escenas de ansiedad como esta. Para los médicos se trata de problemas estimulantes para los cuales la biomedicina indica posibles tratamientos basados en las pruebas. En un caso de cáncer, los médicos tendrán en cuenta el tipo de tumor, el órgano en el que se encuentra y la capacidad del paciente para soportar el arsenal de tratamientos posibles (cirugía, quimioterapia y radioterapia). Sin embargo, para la mayoría de las personas sorprendidas negativamente por el diagnóstico, la noticia se recibe en un entorno de historias personales y familiares y despierta sentimientos y asociaciones que poco tienen que ver con la patología orgánica. No es sólo que no entienden la ciencia que se oculta tras su amenazante enfermedad: es que la amenaza provoca que toda la atención recaiga en esas vidas. De pronto, sus recuerdos y sus sueños, ahora más vulnerables, les parecen más reales.

Sus relaciones con la familia y con los amigos, antes frágiles, parecen más decisivas.

Por la mañana, cuando la madre se despierta, recibe el saludo de su médico (que presenta un estudiado aspecto sombrío). Mira a sus hijas: tienen cara de sueño y están arrellanadas en las sillas de plástico, como si hubiesen dormido allí. (En realidad, volvieron a casa pero han regresado temprano para estar presentes cuando pase el médico). Cuando el doctor se aclara la garganta y anuncia en voz baja que el tumor es un cáncer ovárico, la madre se pone rígida y después suspira. El médico continúa explicando con qué especialistas ha contactado y en qué consistiría la operación (como mínimo, extirpar el ovario derecho), pero la paciente ya está demasiado preocupada para seguir escuchando. En esos primeros momentos, miles de preguntas pasan por su mente: «¿Cuánto tejido me van a extirpar? ¿Me dolerá mucho? ¿Quién me llevará a la consulta del médico? ¿Quién me limpiará el piso si me quedo demasiado débil?». El médico dirige una mirada inquieta a las hijas, que niegan con la cabeza. A continuación, el doctor se despide discretamente de la enferma y sale de la habitación a toda prisa. Ella está mirando hacia la ventana y no le responde.

Durante la hora siguiente, la madre y las hijas conversan de forma esporádica, con pausas muy largas. La compañera de habitación de la enferma ya ha puesto la televisión, y los sonidos alegres de los anuncios forman un fondo surrealista para los pensamientos negativos de las tres mujeres. Llega el desayuno, pero la madre apenas lo prueba. Expresa sus pensamientos con una voz brusca, sin matices, que sus hijas conocen: es la que siempre ha utilizado para intentar tapar sus miedos. Las mira fijamente con sus ojos azules apagados, varias veces, como si intentase adivinar si puede contar con ellas para todo. El maquillaje de sus rostros cansados se halla en un estado lamentable, pero parecen atentas y preocupadas. Se le ocurre que no va a pedirles más de lo que ella misma les ha dado y considera que merece: que dejen a un lado sus ajetreadas vidas por un momento para dedicarle toda su atención, igual que hizo por ellas como madre, y por su esposo moribundo como mujer.

A medida que el día avanza y el primer impacto empieza a desvanecerse, la multiplicación descontrolada de células en su interior no ocupa sus pensamientos: más bien se preocupa de si podrá organizar la comida de Acción de Gracias para toda la familia y si a sus yernos les molestará que su necesidad de cuidados les robe tiempo con sus mujeres. Tumbada en la cama, quieta, con el rostro decaído y el cabello plateado despeinado, revisa su pasado e intenta recordar qué pensaba cuando, siendo niña, se quedaba observando a personas demacradas enfermas de cáncer. Se pregunta qué pensarán sus nietos y sus bisnietos cuando la observen en los meses venideros. Reflexiona sobre las decisiones que tomó su marido para luchar contra la terrible enfermedad en sus últimos días y recuerda la elegancia con la que afrontó su propia muerte. Se lamenta de que él no esté ahora para ayudarla.

Mientras tanto, cuando las hijas sienten la mirada de su madre, experimentan una oleada de compasión y de sentido de la protección, pero también una ligera y desconcertante vergüenza. Intuitivamente, perciben que la enfermedad grave de un ser querido afecta a todos los miembros de la familia. Los parientes cercanos, en especial, sienten la presión de la regla número uno del clan: estar ahí en los momentos de necesidad. La respuesta de los familiares a la llamada para estar en el hospital, para prestar dinero o para dejar de trabajar y acoger en casa a un padre o una madre enfermos se convierte en una medida de su lealtad y su amor. Aunque todavía no se ha pedido ni se ha discutido nada, las hijas ya son conscientes de que su madre está tomando nota de si ellas aceptan o rehúyen su mirada lastimera. Creen que las juzgará por lo que hagan o no hagan por ella a lo largo de su enfermedad.

La conversación va y viene, la televisión suena monótona y la bandeja con la comida llega sin más. Las hijas observan que sus miradas se buscan cada vez que se mueven incómodamente entre la cama y la ventana oscura de su mitad de la habitación. Se debe, en parte, a la conmiseración y a la solidaridad no manifestada entre ellas. Se miran con expresión triste pero de complicidad, como si dijesen: «Sabíamos que sería difícil si algún día llegábamos a esto, pero estamos juntas». Sin embargo, a veces sus miradas se pierden, como si flotase en el aire una pregunta para la que necesitan reafirmación mutua: «¿Realmente estamos juntas en esto?».

¿Qué significa ser el cuidador de un familiar? En algunos casos, implica realizar algunas tareas para un pariente mayor que ya no puede ocuparse de su casa por sí solo. A medida que ese ser querido continúa envejeciendo, se espera que el cuidador haga cada vez más cosas por él. En otros casos, ser un cuidador significa tener que ocuparse las 24 horas de un familiar aquejado de una enfermedad grave que le ha incapacitado por completo. En casi todos los casos, los hermanos y otros parientes se ven obligados a negociar el modo de atender a su ser querido y a repartir la tarea de forma justa y equitativa entre todos los implicados. Incluso en las familias más unidas, comprometidas y comunicativas, siempre se plantean dudas sobre quién se va a hacer cargo y por cuánto tiempo (no sólo durante la crisis inicial, sino en los meses, y posiblemente los años, venideros). Cuando los miembros de la familia no se ponen de acuerdo, la ira resultante acaba arraigando profundamente. Como los recuerdos de no haber acertado con el regalo de una boda o de un comportamiento inadecuado en un funeral, mantiene vivas durante décadas las desigualdades respecto a los esfuerzos dedicados a cuidar al enfermo. Los sentimientos negativos pueden dañar para siempre las relaciones familiares.

Estas hermanas siempre han manejado los conflictos surgidos entre ellas y colaboraron sin problemas durante la última etapa de su padre, 10 años atrás. Sin embargo, ahora les asaltan las dudas, más discordantes que el ruido del sistema de megafonía del hospital. La más joven sabe que el marido de su hermana ha empezado a preparar un viaje. ¿Se sentirá su hermana presionada a dejar la ciudad y a su madre?, se pregunta. Pero también conoce la inclinación de su hermana a adjudicarse el mando en todas las situaciones, y no quiere que se lleve toda la gloria de asumir el grueso de los cuidados. La mayor repara en que su hermana tiene un nuevo nieto del que espera hacerse cargo. ¿Se ocupará también de su madre? Además, siempre ha criticado la tendencia pasiva de su hermana a dejar que los demás tomen las riendas. Todo lo que saben la una de la otra (sus caracteres, sus circunstancias y sus hábitos) se convierte en una de las múltiples variables a sopesar en un intento de establecer su futuro como cuidadoras.

Aquí es donde entra en juego el trasfondo de vergüenza. Frente a la preocupación sobre la voluntad de la otra hermana de ocuparse de la madre, estas hijas son ambiguas sobre los sacrificios a los que se sienten obligadas. Desean ayudar a su madre a vivir con comodidad y dignidad el mayor tiempo posible, tal como prometieron a su padre antes de su muerte. Sin embargo, han alcanzado un punto en que sus hijos y nietos necesitan su ayuda, mientras que sus maridos desean que se tomen las cosas con más calma. Nadie de la familia confesará abiertamente que envidia el tiempo que dedican a su madre, pero ellas sentirán la presión de ser tan buenas hijas como abuelas y esposas. Además, trabajan. La obligación de atender a su madre las dejará exhaustas.

> Muchas personas añaden la vergüenza a la carga de preocupación, tristeza, ira o temor que provoca el diagnóstico de una enfermedad grave a un miembro de la familia mientras luchan contra los sentimientos encontrados hacia la tarea cuidadora que se les plantea. Sin embargo, es natural sentirse abrumado ante la perspectiva de sumar el cuidado de un enfermo a la lista de problemas personales. La ambivalencia hacia la tarea de cuidar de alguien debe considerarse una reacción normal que no invalida el amor o la devoción por el familiar enfermo. No es necesario ni útil sentirse avergonzado por ello.

Existen otras razones por las que no les entusiasma tener que cuidar de su madre, una mujer decidida que les ha educado con mano firme. Saben que merece que ahora sean ellas las fuertes, pero temen dar la vuelta a los roles madre-hijo y quitarle su poder. El hecho de decirle qué pastillas tiene que tomar, cuándo debe irse a la cama, qué decirle a los médicos, etc., sería una impertinencia por su parte. ¿Quiénes son ellas para sumar al dolor del cáncer el insulto de la condescendencia? La mera posibilidad de que hacerse cargo de todo eso reste valor a lo que su madre ha sido les llena de culpa.

Además, una vez reorganizadas sus vidas para atender a su madre, nadie sabe cuándo llegará el fin. Su padre murió relativamente pronto, pero saben que su madre es más dura y luchará con más empeño. Las semanas podrían convertirse en meses, los meses en años. Si el cáncer progresa y queda discapacitada, tendrán que intensificar su dedicación. ¿Levantarla? ¿Cambiarle la ropa? Todo es posible. ¿Llegarán a hartarse? ¿Cuándo empezarán a sentir resentimiento? Tal vez incluso lleguen a rezar pidiendo su muerte. Ahora parece inconcebible, pero han oído casos de otras hijas que después de mucho tiempo cuidando a un enfermo han deseado ese alivio con desesperación.

La tarde se hace interminable. La madre intenta dormir, pero no puede. Pide a su hija mayor que haga unas llamadas de teléfono en su nombre y a la menor que vaya a buscar a la enfermera para que le lleve una manta. Las hermanas se alegran de poder hacer algo útil, pero retroceden para sus adentros en el momento en que su madre les da órdenes. Aunque es normal que los cuidadores alberguen sentimientos negativos, las hijas se sienten avergonzadas por ello. Intentan sofocarlos concentrándose en las necesidades de su madre, arreglando la ropa de la cama, toqueteándole el pelo. Una parte de ellas desea volver a casa con sus maridos, pero se sienten obligadas a quedarse para que la madre no permanezca sola con sus pensamientos demasiado tiempo. Les resulta estresante tener que pasarse las horas sentadas sin hacer nada, observando a su madre con angustia, pero las dos saben que cada momento que vivan junto a su madre es un tiempo muy preciado porque su enfermedad es mortal. Sólo es el primer día, y las hijas ya se sienten emocional y físicamente cansadas. Temen que su madre va a necesitarlas muchos más días.

Como la mayoría de los familiares, estas hijas se enfrentan a los posibles significados del sacrificio. Para algunos cuidadores, dedicar su vida a cuidar de un ser querido les compensará como la conducta más significativa y ennoblecedora que hayan mostrado nunca. Recordemos el papel de Susan Sarandon en *El aceite de la vida**: una madre que renuncia a su trabajo, a sus amigos y casi a su matrimonio para buscar una cura para la enfermedad congénita terminal de su hijo. La misión de salvarle se convierte en su razón de ser. Otros cuidadores experimentan el sacrificio como una forma de trampa o explotación. Pensemos en *Ethan Frome*, la novela de Edith Wharton en la que el marido agobiado por las preocupaciones es rechazado por su esposa, gruñona y amargada, y busca el amor fuera del matrimonio. Al escapar de ella, intenta transformar el ser amargado y sin vida en el que se ha convertido después de dedicarse a cuidar de su mujer.

Estos retratos dramáticos son los extremos de un amplio espectro. Pocos parientes se obsesionan tanto por cuidar de un progenitor, una pareja o un hijo como Susan Sarandon o se ven tan oprimidos como Ethan Frome. El hecho de cuidar a un enfermo provoca un amplio abanico de reacciones emocionales frente a una complicada elección vital que implica sacrificios personales en beneficio de la familia. La mayoría de los cuidadores experimentan una mezcla de emociones en función de si reflexionan sobre su suerte como seres individuales o como miembros de una familia a la que se deben. Puedes sentirte orgulloso y enfadado a la vez; enfadado por la carga, culpable por sentir ese enfado, y enfadado otra vez por haberte sentido culpable. Las combinaciones son infinitas y agotadoras. La tensión que acompaña a las emociones en conflicto provoca sentimientos de coacción.

Probablemente, las hermanas habrán conocido a muchas buenas personas que han cuidado de seres queridos enfermos. Quizá vean los esfuerzos de los demás como pruebas de que los miembros de las familias siempre se han cuidado unos de otros, de que el deber se im-

* *Lorenzo's Oil* (1992), de George Miller. *(N. del t.)*

pone a las excusas personales y a las dudas, al trabajo y al dinero, e incluso a la búsqueda de la felicidad. En consecuencia, es posible que se autoimpongan un castigo por sus recelos e intenten apartarlos. Sin embargo, eso sería una injusticia. El cuidado de enfermos siempre ha sido una tarea difícil, por mucha valentía y empeño que algunos individuos le pongan. Plantea retos logísticos y emocionales desalentadores, y cada vez resulta más complicado afrontarlos. Porque estas hijas se están embarcando en el viaje del cuidado de un enfermo en una época en que existe una extraña paradoja: los profesionales de la salud disponen de conocimientos y tecnologías que les permiten luchar contra la enfermedad con más eficacia que nunca, pero los cuidadores familiares de esta sociedad se encuentran más perdidos que nunca.

En la pasada década se desarrollaron varias tendencias perjudiciales para las familias. Una de las más evidentes es el número cada vez mayor de personas que se han visto obligadas a dejar a un lado una parte de su propia vida para cuidar de otra. Según la National Family Caregivers Association (NFCA), un grupo de ayuda y defensa con sede en Washington, más de 50 millones de personas al año en Estados Unidos proporcionan cuidados a un pariente o un amigo. Según la United Hospital Fund of New York City, alrededor de 25 millones de ellos proporcionan cuidados continuados, un año tras otro, a familiares con enfermedades graves o discapacitados. Un estudio realizado por MetLife afirma que el tiempo medio de cuidados es de 8 años. La mayor proporción de cuidadores es la compuesta por hijos adultos, como las hermanas de nuestro relato, que cuidan de padres impedidos o con demencias. Sin embargo, cada vez hay más cónyuges que cuidan de sus parejas y padres de hijos con enfermedades crónicas o discapacitados. La conclusión es que no deja de aumentar el número de personas sometidas a las presiones de cuidar de un enfermo (en el Reino Unido, por ejemplo, el censo de 2001 detectó que 5,2 millones de personas proporcionaron cuidados a un familiar o un amigo enfermo: una décima parte de la población de Inglaterra y Gales).

Las causas de este fenómeno en aumento son diversas. Algunas responden a la demografía: a medida que la edad media de los estadounidenses continúa aumentando gracias a la mejora de la salud, los casos de enfermos crónicos (demencias, diabetes, de corazón y cáncer) se disparan. Según el informe de 2000 del National Center for Health Statistics (Centro Nacional de Estadísticas de la Salud), más de 35 millones de estadounidenses soportan la carga de una enfermedad mental o física crónica. Más enfermedades equivalen a un incremento en el número de síntomas que dificultan el rendimiento cotidiano de los individuos de mayor edad. Las personas mayores enfermas y parcialmente discapacitadas crean la necesidad de asistencia por parte de otras personas (que suelen ser miembros de su familia). Por ejemplo, cuando un hombre de 75 años con hipertensión y diabetes del tipo II sufre un derrame cerebral que le resta reflejos y visión, ya no puede volver a conducir. Su hijo y su hija tienen que hacer turnos para llevarle al supermercado dos veces por semana. El anciano, enfadado porque le han retirado el permiso de conducir, no deja de criticar su modo de conducir durante todo el trayecto.

Otras causas son tecnológicas. Los innumerables avances médicos de los últimos años (nuevos medicamentos y mejoras en las cirugías cardíacas, neurológicas y vasculares, en las técnicas radiológicas y en los cuidados de los enfermos) han aumentado la esperanza de vida. Sin embargo, vivir más tiempo no necesariamente equivale a vivir bien. El progreso tecnológico permite retrasar el momento de la muerte, pero en muchos casos se trata de pacientes con dificultades para caminar, hablar o cuidarse por sí solos. Vivir más tiempo con déficits funcionales significa pasar una gran parte de la vida dependiendo de otras personas para satisfacer las necesidades básicas. Pongamos por ejemplo el caso de un niño de 6 años que cae en un estanque helado y es reanimado en la sala de urgencias de un hospital. Lo mantienen vivo mediante respiración asistida durante varios días. Sin las sofisticadas máquinas del hospital, el niño habría muerto. Sin embargo, su cerebro ha resultado dañado por la falta de oxígeno durante los largos minutos que pasó en el agua. Años de rehabilitación no le devolverán la independencia. Sus padres pasarán el resto de sus vidas, en el mejor de los casos, vigilando todos sus pasos, y en el peor de los casos, obligados a vestirlo, alimentarlo y empujar su silla de ruedas.

También existen causas económicas. Los recortes del gasto en sanidad han provocado que parte de la responsabilidad del cuidado de pacientes enfermos pase de manos de los profesionales a los familiares. Dado que los ingresos hospitalarios en cuidados intensivos son mucho más breves que una generación atrás, es muy frecuente que los pacientes regresen a sus casas más enfermos. Se espera que sus familiares se ocupen de ellos. El rápido aumento de tratamientos médicos domiciliarios (por ejemplo, diálisis, inyecciones intravenosas, alimentación asistida) exige la supervisión por parte de los familiares de procedimientos que antes sólo llevaba a cabo personal sanitario. Los programas gubernamentales que proporcionan grupos de apoyo, servicios de orientación y ayuda a los cuidadores han recibido más fondos en los últimos años, pero todavía no cubren las necesidades de la inmensa mayoría de personas con parientes enfermos.

Una segunda tendencia que agrava las dificultades del cuidado de parientes enfermos es que el modelo de familia ha cambiado. Durante los últimos 30 años, el aumento de familias con dos sueldos indica que los adultos sanos se dedican a trabajar y, por tanto, no pueden permitirse permanecer en casa al cuidado de un padre, un cónyuge o un hijo enfermos. (La alternativa es que uno de los adultos sanos deje de trabajar, lo cual significa una pérdida de ingresos que provoca un descenso del nivel de vida de toda la familia.) En las últimas décadas, además, ha aumentado la movilidad de las personas: ya no vivimos, en muchos casos, en la misma ciudad o ni siquiera en la misma región que nuestros parientes más cercanos. En consecuencia, cuando un ser querido enferma, es posible que los miembros de la familia que más se preocupan por él se encuentren repartidos por el país y no puedan colaborar en un plan de cuidados.

Ese factor puede distorsionar la dinámica familiar. Si los parientes se encuentran muy diseminados, la carga de los cuidados recae de manera desproporcionada en el pariente que vive más cerca del enfermo. Además, ocurre con frecuencia que los familiares que viven más lejos son los que plantean más objeciones al plan de cuidados, como si quisieran compensar con su opinión todo lo que les falta de proximidad. Puedes estar seguro de que si tú eres el cuidador en el que recae el grueso de la carga diaria, los consejos de los que viven lejos no sólo no serán bien recibidos, sino que además te resultarán irritantes. En las situaciones en que tú y tus hermanos tenéis que discutir las necesidades de vuestro padre o vuestra madre en tensas conversaciones telefónicas o en reuniones familiares tirantes, los desacuerdos sobre quién tiene más derechos para decidir el plan de cuidados pueden provocar rupturas que podrían prolongarse mucho más allá de la muerte del enfermo.

Una tercera tendencia guarda relación con nuestros ideales sociales. En nuestra cultura actual se valora el esfuerzo en el trabajo, la independencia y el ascenso social. El cuidado de un pariente enfermo parece la antítesis de esas aspiraciones. Si bien implica uno de los mayores esfuerzos que cualquier ser humano puede llevar a cabo, tiene que ver con la dependencia de otra persona, con no valerse por uno mismo y con cerrarse en banda contra la espiral descendente de la enfermedad, no con ascender en la escala socioeconómica. Si nuestra cultura parece enamorada de los actos de gastar y obtener, el hecho de cuidar de un ser querido lleva implícito conservar y dar. Si el puesto de líder nos llena de orgullo, el cuidado de un enfermo nos obliga a practicar la humildad. Y todo ello hace que los cuidadores se sientan al margen de la sociedad, ignorados e infravalorados, aislados y desconectados. Incluso pueden experimentar vergüenza por lo que hacen, convencidos de que los demás consideran que están malgastando sus vidas.

Por ejemplo, las hijas de nuestra protagonista con cáncer se lamentarán de que algunos de sus amigos no entiendan que no pueden organizar sus cenas juntos debido a las frecuentes visitas al médico de su madre. Estarán nerviosas por que sus maridos no apreciarán el valor de la atención que prestan a su madre ni aplaudirán su esfuerzo.

Les parecerá que nadie va a reconocer el acto de generosidad que realizan, excepto su propia madre (e incluso es posible que ésta piense que sólo cumplen con su deber).

Cada vez existen más personas con probabilidades de acabar cuidando de un familiar enfermo, y ello ocurre en un momento en que cada vez resulta más difícil por diversas razones:

- El cuidado puede prolongarse durante años debido al aumento de la esperanza de vida y a los avances en tecnología médica (que provocan la existencia de más adultos con enfermedades ligadas a la edad).
- Los miembros de la familia se encuentran repartidos geográficamente y tienen muchas obligaciones (el trabajo, por ejemplo) que dificultan la tarea cuidadora.
- El cuidado de enfermos va en contra de los ideales actuales de ascenso social e independencia, y provoca sensación de aislamiento social en los cuidadores.

Todas estas consideraciones hacen que los sacrificios de los cuidadores resulten más difíciles de mantener en el tiempo. Los sistemas sociales que podrían amparar la actividad (familias unidas, profesionales sanitarios más sensibles o incluso una sociedad agradecida y que profesa admiración) suelen brillar por su ausencia. Así, el precio que hay que pagar por meses o años de cuidados resulta mucho más alto. Y el desgaste que sufre el cuidador, provocado por la carga física y emocional, siempre es considerable.

Con motivo de un estudio ya antiguo pero muy revelador (publicado en el número de mayo/junio de 1989 de *Geriatric Nursing*), la profesora de enfermería Sandra Gaynor entrevistó a 87 esposas ancianas de hombres con daños neurológicos sobre sus experiencias como cuidadoras. La mayoría de ellas fueron capaces de cuidar de sus cónyuges, con cierto apoyo profesional y sin demasiado esfuerzo, durante los dos primeros años. Sin embargo, cuando las cuidadoras se acercaron al tercer año, comenzaron a manifestar un aumento en su nivel de estrés. Algunas afirmaron padecer dolor de espalda crónico a consecuencia del gesto de ayudar a incorporarse a sus maridos. Otras habían desarrollado problemas de sueño crónicos debido a las numerosas ocasiones en que sus maridos las despertaban por la noche con el fin de pedirles ayuda para ir al cuarto de baño o para que les cambiasen las sábanas sucias. Un estudio realizado en 1998 por la National Family Caregivers Association reveló unos resultados similares: el 51 % de los cuidadores entrevistados sufrían insomnio y el 41 % tenían dolor de espalda. En el cuarto año, siguiendo con el estudio de Gaynor, la mayoría de las esposas se sentían enfermas y se medicaban (por ejemplo, con ansiolíticos). Algunas optaron por otras soluciones para conservar su bienestar.

De esas entrevistas se desprenden dos datos importantes: cuidar de un ser querido no encierra dificultades a corto plazo, pero cuanto más tiempo se prolongan los cuidados, más dañino resulta el efecto acumulativo. Otro modo de decir lo mismo es que la mayoría de los miembros de la familia pueden soportar un «*sprint*» (un breve período de esfuerzo máximo), pero es posible que les falte la energía suficiente para recorrer la «maratón» de la enfermedad de un ser querido. Por desgracia, muchos de los problemas médicos más serios que requieren cuidados (incluyendo las enfermedades renales, hepáticas y pulmonares) son de largo recorrido, de los que pueden dejar «fuera de juego» a los cuidadores debido al desgaste.

Los corredores fatigados sufren calambres o se quedan sin fuerzas. Los cuidadores cansados tienden a «quemarse» o a hundirse. Decenas de estudios afirman que los miembros de las familias que cuidan de parientes enfermos son más propensos a sufrir una depresión que las personas de su misma edad que no realizan dicha actividad. Los estudios citan que entre el 6 % y el 50 % de todos los cuidadores familiares están deprimidos (depende de si los autores de las investigaciones tienen en cuenta una simple irritabilidad o un gran trastorno depresivo). En este último caso, se trata de una enfermedad en sí misma que casi siempre va acompañada de una profunda tristeza y de la pérdida de capacidad para disfrutar de las actividades favoritas, insomnio y pérdida de apetito, y sentimientos de irritabilidad, fatiga o desesperanza. El 5-10 % de cuidadores familiares que van cayendo lentamente en ese estado suelen ser los únicos, como sugieren las entrevistas de Gaynor, que cuidan de un ser querido durante mucho tiempo. Existen otros factores que también aumentan las probabilidades de caer en una depresión: atender a un paciente con un comportamiento negativo o con cambios de personalidad provocados por enfermedades neurológicas; tener conflictos repetidos con el equipo sanitario, y carecer de apoyo social y emocional. Algunas personas se sienten abrumadas desde el principio y mantienen una visión pesimista de tan dura prueba y de las propias limitaciones para enfrentarse a ella.

Sea cual sea la combinación de factores que conducen a este estado, si se termina con una depresión severa se tendrán menos energías y creatividad para realizar la tarea en cuestión. Si es tu caso, es posible que caigas en la rigidez en tus rutinas diarias, incapaz de ver nuevas posibilidades para resolver problemas o pedir ayuda. Si te sientes atrapado en una pesadilla sin fin, serás más vulnerable a la rendición. El ser querido enfermo al que cuidas tendrá más probabilidades de acabar atendido por otras personas, en una residencia o similar.

El segundo punto que se desprende de las entrevistas de la doctora Gaynor es que el cuidado a largo plazo no sólo es potencialmente deprimente, sino también absorbente. Cuanto más te entregas por un ser querido, menos capacidad pareces tener para atender tus propias necesidades. La vida acaba reduciéndose a alimentar, asear y administrar medicamentos, un día tras otro. El abandono de uno mismo provoca aislamiento social cuando dejas de atender a las llamadas de los amigos. No es raro que los cuidadores acaben descuidando sus propios tratamientos médicos, aunque visiten a doctores todas las semanas con el pariente enfermo. Se arriesgan a perder su propia salud física. Y aunque vayas al médico, el cuidado de un familiar enfermo puede influir de manera negativa en tu bienestar. Un artículo publicado en el *Journal of the American Medical Association* de 1999 afirmaba que las esposas ancianas al cuidado de su marido enfermo que padecían enfermedades crónicas tenían un 63 % más de probabilidades de morir que las mujeres de su misma edad sin un enfermo a su cargo. En 2003, *Proceedings of the National Academy of Science* publicó un artículo según el cual el cuidado de parientes enfermos puede afectar al sistema inmunológico. El peligro es evidente: si te vienes abajo antes que el pariente al que cuidas, es posible que los dos acabéis necesitando ayuda.

Las hijas no son conscientes de estas posibilidades extremas. En los primeros días, como la mayoría de las familias, sólo sienten un vago temor ante lo que está por llegar.

Poco antes de la cena, una trabajadora social menuda y de cabello canoso irrumpe en la habitación. Anuncia que la operación de su madre para extirparle el tumor se programará en unos días y que mientras tanto le darán el alta. Ni el doctor, cuando pasó por la mañana, ni las enfermeras que la han atendido durante el día les han dicho una palabra del tema. La madre afirma:

—Muy bien. Me apetece estar en casa, aunque sólo sean unos días.

Las hijas no dicen nada. Están impacientes por marcharse del hospital, de manera que la sola idea de que su madre vuelva a casa las pone nerviosas.

—¿Por qué no la operan ya? —pregunta la mayor. Y la trabajadora social responde:

—No lo sé. Es decisión del médico.

Al comprobar que el estado de nervios de la hermana mayor no remite, la asistente añade:

—Los enfermos de cáncer evolucionan mejor cuando están en su domicilio, rodeados de sus seres queridos. Estoy segura de que afrontará mejor la operación después de descansar unos días en casa.

A continuación, se dirige a la madre:

—Su médico le informará de la operación y de los tratamientos posteriores cuando le entregue el alta. Aquí tiene una lista de agencias por si quiere contratar a alguien para que le ayude a asearse, vestirse o limpiar la casa, por ejemplo. También tengo este manual para el paciente titulado *Afrontar el cáncer*.

La hija mayor interviene de nuevo:

—¿A qué tratamientos posteriores se refiere?

—No puedo responderle a eso. El médico hablará con ustedes —contesta la trabajadora social.

Las hermanas fruncen el ceño. Creen que las cosas no están bien organizadas. La madre agradece a la trabajadora social su visita. Antes de marcharse, ésta pregunta a las hijas si tienen unos minutos para hablar con ella.

A pesar de la prisa (debe visitar a otros pacientes), la asistente quiere comunicar a las hermanas que comprende cómo se sienten. Ha visto a muchas familias luchando contra la enfermedad; sabe que las enfermedades graves afectan no sólo a individuos, sino a la familia completa. Y también sabe que la actitud de los parientes resulta vital en el proceso. No se trata sólo de acompañar a los enfermos a las visitas médicas y asegurarse de que se tomen las medicinas, sigan la dieta y hagan el ejercicio que los médicos les mandan. Son las cosas intangibles que aportan los familiares (ánimo, humor, recuerdos felices, historias favoritas, amor y una razón para vivir) las que suponen la diferencia entre el enfermo con la moral alta y el que se hunde en el pesimismo. Cuando las hijas se desmoralizan, sus madres pierden parte de su espíritu de lucha. Y sin ese espíritu, la medicina resulta insuficiente.

Una vez más, las hermanas se sujetan al pasamanos del pasillo. La trabajadora social les comenta que comprende lo difíciles que son estas situaciones para los familiares. Les entrega su tarjeta y les dice que pueden llamarla para cualquier consulta sobre servicios sociales. Menciona la siguiente reunión del grupo de apoyo del hospital para los familiares de enfermos de cáncer. Las hijas están empezando a sentirse más relajadas con ella cuando añade:

—Si están muy preocupadas por los días que va a pasar su madre en su domicilio, quizás alguna de ustedes pueda acogerla en casa durante esos días.

Las dos hermanas la miran, aturdidas, y durante unos segundos permanecen calladas. Ninguna de las dos desea tener una conversación con sus respectivos maridos sobre la posibilidad de llevar a su madre a casa, aunque saben que deberían hacerlo. Lo esperan de ellas mismas y no necesitan que una profesional que no las conoce les sugiera la idea. Finalmente, la hermana mayor responde en un tono de voz que parece indiferente:

—Eso lo discutiremos nosotras.

La trabajadora social las mira con recelo, como si dudase de que vayan a hablar del tema. Es posible que no sigan ninguna de sus sugerencias. Les desea suerte y se marcha rápidamente a atender a otro paciente y su familia.

Las hermanas no hablan con su madre sobre los comentarios de la trabajadora social cuando regresan a la habitación. La enferma por fin ha recuperado el apetito; está comiendo ensalada y patatas asadas. Al verla comer, sus hijas se convencen de que está empezando a recuperarse del impacto de la mañana y recuerdan su promesa de estar en casa para cenar con sus respectivas familias.

—Tenemos que marcharnos. Volveremos por la mañana —afirma la hija mayor, que se inclina para besar a su madre. Se quedan unos minutos más, toqueteando las sábanas, y finalmente se van de la habitación.

En el ascensor que las lleva al garaje, la hija menor afirma:

—La trabajadora social tiene buenas intenciones.

Su hermana contesta bruscamente:

—Todo el mundo tiene buenas intenciones. Todos tienen consejos y sugerencias, pero es nuestra madre, y esperan que nos sacrifiquemos por ella.

Cuando entran en el garaje, la mayor dice en un tono más conciliador:

—Nos toca a nosotras cuidarla. Por la mañana hablaremos de si conviene llevarla a casa con nosotras. Si es preciso, haremos turnos.

Y da un cálido golpecito en el hombro a su hermana. Después, cada una sube lentamente a su coche.

Mientras conducen, sienten que su carga es todavía más pesada que la noche anterior. No tienen intención de eludir sus responsabilidades. Sólo quieren hacerlo bien, pero no tienen muy claro cómo hacerlo.

Existen tareas que las hermanas tendrán que dominar para cuidar de su madre con la mayor eficacia posible. Tendrán que decidir qué compromisos están dispuestas a aceptar respecto al cuidado de su madre y revisarlos periódicamente, a medida que las circunstancias vayan cambiando. Tendrán que aprovechar todo el apoyo que reciban, aunque crean que no lo necesitan y que no va a aliviar la carga «real» que supone cuidar a una enferma. Tendrán que encontrar el equilibrio entre sacrificar lo suficiente y sacrificar demasiado. A medida que la enfermedad siga su curso, tendrán que lograr un equilibrio más: entre la esperanza y la aceptación. Para mantener ese equilibrio tendrán que ser conscientes de lo que le ocurre a cada miembro de la familia y así poder responder con flexibilidad a las necesidades cambiantes. Y por si todas estas preocupaciones no fuesen suficiente carga, tendrán que protegerse contra la deshumanizadora pérdida de intimidad entre ellas mismas y su madre, y entre ellas y sus maridos e hijos. Por último, necesitarán encontrar el modo de mantener el ánimo atribuyendo un significado especial a este doloroso capítulo de la vida de la familia. Estas tareas no requieren un orden exacto, pero todas deberían tenerse en cuenta en algún punto del proceso. En los siguientes capítulos trataremos cada una de ellas, junto con los retos que plantean a las hermanas.

Sin embargo, antes de emprender con éxito cualquiera de las tareas mencionadas, hay que considerar el nivel de compromiso. ¿Qué quieres hacer? ¿Qué eres capaz de hacer, siendo realistas? Son preguntas que, probablemente, responderás de manera distinta en diferentes momentos de la enfermedad de un ser querido. ¿Qué nivel de compromiso puedes mantener mientras el paciente te necesite? (posiblemente, años). En general, los cuidadores se comprometen en exceso y después se sienten atrapados por las promesas que han hecho y que no pueden cumplir. En el capítulo 2 se tratan ésta y otras cuestiones para ayudarte a considerar qué estás dispuesto a hacer y qué puedes hacer de manera que te sientas cómodo con los compromisos adquiridos.

La movilidad reducida provoca orgullo herido

P: *Mi madre padece artritis. Su movilidad es cada vez más reducida, por lo que la familia realiza más tareas y recados para ella (limpiar la casa, hacer la compra, etc.). La organización ha sido bastante sencilla, e incluso le hacemos bromas para que no se sienta humillada por su dependencia de nosotros. Sin embargo, está empezando a perder también la memoria (ha escrito cheques que ha olvidado introducir en el talonario y no ha pagado las facturas). Sabemos que tenemos que empezar a ayudarla con este tema, pero está muy orgullosa de ocuparse de la economía desde la muerte de mi padre. Podría intentar quitarle parte del trabajo sin que ella se dé cuenta (por ejemplo, pagarle algunas facturas por internet), pero eso me parece tan condescendiente que no estoy segura de lograrlo. ¿Cómo puedo sacar este tema sin que mi madre se sienta avergonzada?*

R: La sensibilidad que demuestras hacia los sentimientos de tu madre es en sí misma el factor más importante para ayudarle a conservar su dignidad en la medida de lo posible. No obstante, existen otras estrategias que tener en cuenta para fomentar este valioso objetivo, y consisten en impulsar la conciencia y la capacidad de elección.

Un primer paso sería aclarar su situación médica para ayudarte a determinar mejor qué ayuda necesita ahora y qué va a necesitar en el futuro. La pregunta clave para el médico es si sus dolencias son crónicas y progresivas: en caso afirmativo, tu madre necesitará cada vez más ayuda. Mencionas dos problemas diferenciados: la osteoartritis es crónica y progresiva, pero el grado de deterioro que provoca varía de una persona a otra. Te sugiero que preguntes al médico si los analgésicos y otras intervenciones pueden ayudar a conservar las facultades físicas de tu madre o si es probable que pierda gran parte de la movilidad. La otra dolencia (cuyos síntomas incluyen déficits de memoria a corto plazo y dificultades de concentración) resulta más indefinida. ¿Se trata de una primera fase de la enfermedad de Alzheimer (crónica, progresiva y fatal), de una demencia provocada por pequeños derrames cerebrales (cuyos síntomas podrían no empeorar si se pueden evitar nuevos derrames), o de una depresión (de síntomas reversibles)? Dado que el deterioro cognitivo impacta más en los cuidadores que la discapacidad física, el diagnóstico específico por parte del médico resulta crucial para establecer el plan de cuidados.

Un segundo paso podría ser «contraintuitivo»: no protejas a tu madre de los diagnósticos y los pronósticos del médico. Intentar protegerla de malas noticias sobre sí misma que podrían herir su orgullo es un modo de infantilización. Según la ética médica, tu madre tiene derecho a estar plenamente informada de lo que le espera. Esta revelación posee, además, una utilidad psicológica: ella tendrá la información para lamentarse de lo que va perdiendo y prepararse de cara a la falta de movilidad (y de lucidez). Así estará en posición de decidir el tipo de asistencia que desea en el presente y en el futuro.

Una vez completados el primer y el segundo paso, el tercero resultará mucho más sencillo: habla con ella sobre el papel que desea que tú y tu familia desempeñéis en el futuro. Hazle saber que deseas afrontar su deterioro juntos, en familia. Menciona los cambios que ya estás introduciendo en tu casa para acogerla y que estás dispuesta a hacer mucho más. A continuación, deja que te comunique qué necesita: dadas las circunstancias, es el mejor modo de ayudarle a conservar su dignidad. Si rechaza tu ayuda diciendo que no va a necesitarla, recuérdale con mucho tacto las palabras del médico. Por otro lado, si opta por ir a una residencia en lugar de suponer una carga para ti y tu familia, puedes intentar hablar con ella abiertamente, pero en última instancia debes respetar su derecho a decidir cómo vivir sus últimos años.

¿Cómo se traduce todo esto al día a día? Ya estás intentando que tu madre sea autónoma en la medida de lo posible. Estoy seguro de que seguirás buscando el justo equilibrio entre ayudarle a guardar las apariencias y mirar por su seguridad; es posible que le ayudes lo mínimo imprescindible. Sin embargo, habrá casos en los que tendrás que hacerle ver que está perdiendo capacidades (por ejemplo, para pagar las facturas). No es cuestión de avergonzarla, sino de prepararla con delicadeza para que se vaya adaptando a las nuevas realidades. La información médica que las dos habréis asimilado podría facilitar un poco las cosas, pero ello no impedirá que tu madre se sienta triste en esos momentos. Es una respuesta natural, y no deberías intentar eliminarla: se trata del mejor medio emocional para acabar aceptando las vicisitudes de la edad y el destino.

La culpabilidad del cuidador a distancia

P: *Mi hermana cuida a mi padre a tiempo parcial en una ciudad situada a unos 3.000 kilómetros de donde yo vivo. Lo único que puedo hacer es actuar como apoyo emocional e intentar proporcionar consejos prácticos. Nuestras posiciones sobre el modo de afrontar la dolencia de mi padre son distintas, pero hemos logrado ponernos de acuerdo en todas las decisiones sobre su cuidado. Siento la culpabilidad del cuidador a distancia sumada al desgaste emocional de apoyar a mi hermana. Mi padre necesita más cuidados a medida que pasan los días. Mi hermana parece abrumada, y yo siento la frustración de no poder hacer más. Salvo cruzar el país, ¿qué puedo hacer para asegurarme de que mi padre realmente reciba los cuidados que necesita?*

R: El cuidador a distancia es una figura controvertida en los círculos familiares. Aunque sus intenciones siempre son buenas, suele recibir críticas de los cuidadores permanentes. Se le dice que no tiene derecho a mandar desde lejos porque no está suficientemente en contacto con la situación para entenderla realmente. Cuando, en su propia defensa, explica que tiene un trabajo y/o una familia que lo mantienen alejado, le dicen que no debería haberse ido en un principio. Si estas críticas le frustran hasta el punto de que decide desentenderse del problema y no visitar nunca al enfermo o dejar de llamar con regularidad, se le recrimina que ha abandonado a su padre y a sus hermanos.

A pesar de lo injustas que parecen, probablemente hay cierta verdad en todas estas críticas. En muchos casos, los cuidadores a larga distancia son los hijos que, años atrás, se mudaron muy lejos para escapar de sus familias. Cuando los padres ancianos caen gravemente enfermos, tienen tendencia a entrar en escena de repente, como salidos de la nada. Si se niegan a cuidar al enfermo con la excusa de que están demasiado lejos y demasiado ocupados, los hermanos se sienten abandonados y furiosos (y con razón). Con todo, los cuidadores a distancia tienen una clara ventaja que les otorga un papel importante en el plan de cuidados de la familia: la distancia les permite ver el bosque; en cambio, los que están más próximos se hallan demasiado concentrados en los detalles de los troncos de los árboles (es decir, en cada una de las tareas) para percibir el comportamiento de la familia como un todo.

Te aconsejo que intentes llegar a tu hermana sobre la base de tu perspectiva con distancia. Yo la llamaría por teléfono o, aún mejor, tomaría un avión para reunirme personalmente con ella y explicarle qué es lo que ves desde tu posición estratégica. Después de alabar su dedicación como cuidadora, menciona que te preocupa que el deterioro de vuestro padre esté afectando al bienestar de tu hermana. Si responde diciendo que no estás todos los días y, por tanto, no lo entiendes, dile que el hecho de no estar ahí siempre te ayuda a ver con claridad los cambios que van sucediendo poco a poco. Si ella afirma que tu padre no está tan mal, cita ejemplos de los cambios que has observado desde tu última visita (aunque tu hermana no sea consciente de esos cambios). Si tu hermana responde que no está haciendo tantos esfuerzos como tú sugieres, expón tus observaciones sobre lo quemada que parece cuando habláis por teléfono y en tus escasas visitas. Y, sobre todo, dile que los quieres a los dos, a ella y a tu padre, y que deseas hacer todo lo posible para ayudarles (incluyendo más ayuda domiciliaria para tu padre u otras posibles soluciones).

Recuerda que esta conversación tendrá que repetirse en reuniones posteriores hasta que tu hermana confíe en tus palabras y acepte más ayuda. Tu credibilidad como cuidadora preocupada a distancia dependerá de la eficacia con la que logres transmitir que tu padre y tu hermana siempre están en tus pensamientos. Llama y visítales siempre que puedas.

2

Definir los compromisos

Cuando sale del garaje del hospital y entra de lleno en el tráfico de hora punta, la hermana mayor toma una ruta que pasa junto a muchos de los lugares importantes en la vida de su familia. A la izquierda está la casa en la que creció y donde sus padres vivieron durante 40 años, una vivienda construida después de la segunda guerra mundial en una fila de casas idénticas de dos pisos en el que fuera un barrio tranquilo. A la derecha se encuentra la funeraria de salas diminutas donde tuvo lugar el velatorio de su padre, una lluviosa noche de marzo. A diez minutos está el edificio de ladrillo rojo, de seis plantas, donde su madre vive ahora (en el segundo). Las ventanas de su apartamento de una sola habitación parecen oscuras y vacías entre las iluminadas de los pisos que las rodean. Cuando el padre murió, la madre decidió vender la casa porque ella sola no podía ocuparse de todo. Además, quería vivir cerca de su hija mayor, ir de compras o tomar un café con ella siempre que le apeteciese. El apartamento que compró está tan cerca de la casa de dos plantas de su hija (al doblar la esquina, después de la señal de stop, junto al bloque de la derecha) que la madre, cuando gozaba de buena salud, llegaba en poco más de 3 minutos caminando a paso rápido.

Este recorrido traza las vidas que han vivido. Ahora, la hermana mayor se pregunta si se sumarán lugares nuevos a consecuencia de cambios no deseados. ¿Podrá su madre seguir acudiendo a su casa a pie, o las visitas empezarán a ser en una sola dirección? (es decir, para cuidar a su madre en su propio apartamento). ¿O se trasladará a una de las habitaciones de sus nietos, en la casa de su hija mayor? Si la enfermedad se agrava hasta el punto de que se necesita ayuda externa, la residencia de la ciudad es el último recurso. El destino de la madre estará determinado en parte por el desarrollo del cáncer. Sin embargo, al pasar con el coche junto a esos lugares familiares por enésima vez, la hermana mayor se da cuenta de que el futuro también está, en parte, en sus manos. Sus decisiones sobre los cuidados, el compromiso que adopte, tendrán un gran peso no sólo en el lugar donde su madre pase los últimos días de su vida, sino también en la calidad de esos días.

Estos pensamientos provocan un cúmulo de sentimientos en la hermana mayor, como sucede en la mayoría de los cuidadores familiares. Golpetea con los dedos el volante mientras su mente va y viene de un motivo de ansiedad a otro: ¿qué ocurrirá si se compromete a ayudar a su madre pero mete la pata o toma decisiones poco acertadas? ¿Qué pasará si a su madre, una mujer con carácter, le molesta que decidan por ella? De vez en cuando aprieta con fuerza el volante, al sentirse indignada por el cáncer, por la presión de las responsabilidades que va a tener a partir de ahora, por la perspectiva de que su madre va a morir. Conduce a velocidad moderada, pero sus emociones parecen desbocadas.

Es posible que tú también te sientas abrumado por sentimientos intensos en los primeros días posteriores al diagnóstico. La ansiedad y la ira son habituales; la tristeza, casi universal. La culpabilidad (por no hacer lo suficiente para ayudar o por pura pasividad) también podría atormentarte. La intensidad de cualquiera de estas emociones será suficiente para nublar tu pensamiento en el preciso instante en que tu ser querido te mire con ojos suplicantes o una enfermera o trabajadora social intente hacerte precisar cómo vas a planificar la ayuda. Lo más probable es que te sacudan varios sentimientos abrumadores a la vez (por ejemplo, una mezcla de preocupación y pena, o bien oleadas de ira y culpabilidad). El cuidado del enfermo te parecerá una tarea imposible.

En esas condiciones, muchos cuidadores se sienten paralizados. Sin embargo, en medio de la crisis médica, tu ser querido y el equipo que se encarga de sus cuidados dependerán de tu decisión. Si te distancias sin tomar una decisión consciente, puedes acabar atrapado en otras cuestiones. El hecho de dejar que tus emociones dicten tus acciones puede obstaculizar tareas esenciales en momentos cruciales y hacer que tu familiar se ponga furioso. Tienes que retroceder y pensar de modo racional qué estás dispuesto a hacer por tu ser querido.

¿Cómo ves la enfermedad de tu familiar y la perspectiva de cuidar de él de un modo lúcido? A la hermana mayor nunca le ha resultado sencillo acallar sus sentimientos, y mucho menos tomar una decisión sobre cuidar a otra persona. Cuando su padre enfermó de cáncer, 10 años atrás, se sintió tan alterada que no supo qué hacer. Fue una época en la que Alcohólicos Anónimos estaba ganando notoriedad y el lema del movimiento («De mañana ya nos ocuparemos cuando llegue») empezó a aparecer por todas partes, en adhesivos pegados a los parachoques. Sus amigos le explicaron que esa expresión hace referencia a la idea de vivir una vida centrada en el presente para evitar que las preocupaciones sobre el futuro nos abrumen. Le convencieron de que le resultaría beneficioso aplicar esa filosofía a los cuidados de su padre. En lugar de dar vueltas a los inquietantes «¿y si...?» (por ejemplo, «¿Y si pierde fuerzas hasta el punto de no poder caminar?», «¿Y si se cansa demasiado y no quiere seguir luchando?»), se centró en los pequeños detalles mientras estaban juntos. En lugar de pensar demasiado en el pronóstico médico o de preparar los seguros, intentó concentrarse en administrar a su padre la siguiente pastilla, en programar la siguiente visita médica y en doblar la colada. Al vivir un día tras otro y reaccionar a las tareas que cada día iban surgiendo, evitó tomar decisiones a muy largo plazo sobre qué haría y qué no haría a medida que el cáncer de su padre avanzase.

Cada vez que pasa junto a la funeraria y recuerda aquellos días horribles, se siente literalmente helada. Durante los 7 meses que transcurrieron entre el diagnóstico y la muerte de su padre, ella se agarró al «De mañana ya nos ocuparemos cuando llegue» mientras el cáncer invadía los pulmones del enfermo, dejándole sin aliento y agotado; después se extendió al cerebro. A lo largo de ese período, el hecho de centrarse en las tareas cotidianas le permitió limitar los pensamientos obsesivos acerca de acontecimientos futuros sobre los que no tenía control. Concentrarse en el presente también le permitió poder sentarse y hablar, y llevar a su padre en lo más profundo de su corazón. Eso todavía le aporta cierto consuelo ahora que él ya no está físicamente.

No obstante, es consciente de que el hecho de vivir el día a día también ha tenido algunas consecuencias muy negativas para ella: se «adormeció» y quedó vulnerable a la confusión emocional posterior. Dado que no estableció ningún parámetro claro para juzgar qué debería o podría hacer por sus padres durante la enfermedad paterna, la lentitud se impuso cuando los síntomas fueron empeorando. Al principio de la enfermedad, ella visitaba a su padre varias veces a la semana para llevarle al médico o ayudar a su madre en algunas tareas domésticas. Cuando empeoró y las necesidades se multiplicaron, acudió cada día para asear y alimentar a su padre. Su madre también comenzó a sentirse agotada. La casa era un desastre porque ya nadie tenía energías para limpiarla. Cada día, la hermana mayor se despertaba con terror y se iba a dormir sintiéndose abatida. A pesar de estar agotada física y emocionalmente, sentía que ya no tenía libertad para hacer otra cosa que no fuese esperar el final. Cuando su padre murió, se odió a sí misma por sentir alivio. Tardó varios meses en deshacerse del yugo de un trauma que se había prolongado más de medio año.

Recuerda todos esos momentos con un gesto de dolor en el rostro. Dobla la esquina del edificio de pisos, deja atrás la primera señal de stop y continúa hasta que su casa aparece en escena. El brillo amarillento del farol junto a la acera le provoca una sensación cálida por primera vez en todo el día al sentir que llega a su hogar y su refugio.

Al ver que las luces de la cocina están encendidas recuerda el asado que puso a descongelar por la mañana y que, espera, su marido estará calentando en el horno. Llega con el coche hasta el camino de entrada, apaga el motor y espera unos minutos. «Esta vez lo haré de otra manera», se promete a sí misma. «Quiero estar ahí cuando mamá me necesite sin perder el contacto con mi marido y mi casa. Pensaré en el presente, pero también trazaré un plan que me sirva de guía». Su marido abre la puerta de casa y asoma la cabeza, observándola burlonamente. Ella sale del coche y entra rápidamente en casa.

En el punto donde la hermana mayor gira a la derecha al salir del garaje del hospital, en dirección a la vieja casa familiar, la hermana menor gira a la izquierda. Después de sortear el tráfico durante varios kilómetros, se desvía para entrar en la autopista que le llevará a la zona donde vive con su marido desde hace 8 años. Cuando se encuentra en la carretera de cuatro carriles que discurre junto al límite de la ciudad, baja la ventanilla como si quisiera dejar entrar el aire de las afueras, limpio de los humos y las frustraciones de la inhóspita metrópolis. La muerte de su padre le afectó de manera distinta que a su hermana: ésta arraigó en el viejo barrio y se implicó más con la madre; su vida actual es una prolongación del modo de vida cerrado que imperaba en la familia varias décadas atrás. En el caso de la hermana menor, en cambio, la muerte del padre la animó a intentar romper con el pasado, a escapar a un entorno más abierto, menos cargado de recuerdos. Todavía pisa a fondo el acelerador, como si no pudiese alejarse de la ciudad y de los problemas de su familia. Con cada kilómetro que pone entre ella y el deprimente hospital donde se encuentra su madre enferma de cáncer se siente más libre y más aliviada.

No significa que no se preocupe. Al contrario: cada vez que piensa en sus padres, cosa que hace muy a menudo, llega a la conclusión de que quizá se preocupa demasiado. En la historia de su familia, su hermana era la preferida de mamá y ella la de papá. Como él, siempre había sido callada, pensativa y susceptible; carecía del dinamismo y la fuerza que su hermana había heredado de la madre. También como su padre, tiende a afrontar el estrés centrándose en la tarea que tenga entre manos en esos momentos. Si la hermana mayor intentó manejar la enfermedad del padre viviendo al día, la menor limitó todavía más su manera de ver las cosas para dedicarse a una tarea concreta cada vez. Durante el deterioro del padre, guardó en su monedero una lista de cosas que hacer. Cada vez que el padre gritaba confuso o la madre se alarmaba, ella sacaba la lista y miraba fijamente los puntos anotados en el papel, como si ese acto de concentración sirviese para mantener a raya sus emociones. De hecho, completar las tareas la ayudó a seguir adelante porque así evitaba los sentimientos más intensos, pero también impidió que se preparase emocionalmente para afrontar la muerte del padre. De pronto, en la lista ya no hubo más tareas, sólo lamentar la gran pérdida. Más que nadie de la familia, se sintió superada. La hermana mayor reaccionó con una falta de su habitual energía durante unos meses, pero ella se quedó sin energía ni motivaciones durante un año. Ante la insistencia de su marido, finalmente fue a ver al médico de cabecera: le diagnosticó un dolor prolongado y no resuelto por la pérdida que había desembocado en una depresión.

Conduciendo a gran velocidad por la autopista flanqueada de árboles, la hermana menor piensa en aquellos días y recuerda que su médico la envió a ver a una psicoterapeuta que era más o menos de su edad. Al principio sintió vergüenza, pero siguió adelante y se sorprendió al comprobar que aquella mujer le ayudaba en ciertos aspectos. Se dedicaba a escuchar sobre todo, pero la guió sutilmente hasta comprender que con el enfoque de la crisis médica de la familia que consistía en dedicarse a una tarea cada vez había reprimido sentimientos que más tarde se desbordaron y aplacaron su capacidad de enfrentarse a las cosas. La terapeuta le enseñó que enfrentarse a las crisis y a los sentimientos poco a poco mantiene las aguas del dique a un nivel soportable. Además, la hermana menor aprendió que aunque la habían educado para sentirse responsable de los que le rodean, no tenía que ser así forzosamente; los miembros de su familia eran personas capaces. Esta última revelación resultó especialmente liberadora. De pronto, se sintió capaz de responder al deseo de su marido de mudarse para poder gozar de mayor libertad sin sentirse demasiado culpable. Siguió viendo con frecuencia a su madre y a su hermana, pero no como antes. La distancia (geográfica y emocional) le ayudó a controlar mejor sus emociones.

Está tan concentrada en sus pensamientos que casi se pasa la salida. Con un volantazo, gira hábilmente al carril derecho y sale de la autopista. De repente, se encuentra en otro mundo. Los arbustos altos ocultan los jardines, y los árboles esbeltos cubren la carretera: parece que esté atravesando un bosque espeso. Los sonidos de la autopista quedan aplacados de inmediato por un silencio impenetrable. A medida que se acerca a su casa, se permite las preguntas que le han estado rondando incómodamente desde la noche anterior. ¿Le obligará el cáncer de su madre a volver a la ciudad? ¿Desaparecerá la sensación de independencia que ha estado cultivando? ¿Volverá a caer en una depresión? De repente, recuerda que la terapeuta le dijo que es posible entregarse sin perder la identidad si sabemos mantenernos firmes sin perder terreno. La hermana menor piensa que ése será el reto principal. Por el momento, aparca el coche, recorre el césped a la carrera y sube los escalones de casa de dos en dos, feliz de encontrarse en su propio terreno, lejos por ahora de los problemas familiares.

Mantenerse firme ante las presiones de una enfermedad sólo es posible si te conoces a ti mismo, y eso es más difícil de lo que parece. La mayoría de la gente pasa casi todo el tiempo inmersa en las ideas y las emociones que rigen su comportamiento en lugar de reflexionar sobre ellas. Y ocurre especialmente en los momentos más difíciles, como la enfermedad de un familiar, cuando se corre el riesgo de ser arrastrado por las propias reacciones. Enfrentarse a la crisis día a día, o tarea a tarea, o incluso con la actitud de esperar a ver qué ocurre, puede ayudarte a afrontarla temporalmente porque la presión se suaviza, pero no proporciona el autoconocimiento necesario para mantener la firmeza ante una situación de cuidados a un enfermo. Desde el principio de la enfermedad grave de un miembro de la familia, necesitas sobreponerte a los sentimientos confusos y los pensamientos contradictorios, definir quién eres y qué va a significar en tu vida el compromiso de cuidar de un ser querido.

¿En qué deberías pensar exactamente? Es importante realizar un inventario mental de tus pensamientos y sentimientos sobre tres influencias decisivas en tu decisión de cuidar de un familiar: tu familia y tu bagaje cultural, tus valores personales y tus expectativas, y tu relación con el enfermo. En otras palabras, debes esforzarte por entender tu punto de vista sobre la familia, sobre ti mismo y sobre el otro. (Más adelante consideraremos otras dos influencias.) Como las hermanas, la historia de tu familia debe estar presente en tu mente, y sobre todo cómo han afrontado tus parientes otras crisis médicas anteriores. Además, debes reflexionar en cómo puede influir en tu capacidad de cuidar de los demás el hecho de ocuparte de un miembro de tu familia ahora y en el futuro. Probablemente, también tendrás ideas, basadas en convicciones religiosas o morales, sobre qué es lo correcto cuando un ser querido tiene una enfermedad grave. Y tendrás pensamientos sobre lo cerca que os sentís o cuánto os queréis que entrarán en tus cálculos sobre cuánto debes sacrificar por tus familiares. Puede parecerte que una o más de estas preocupaciones (por ejemplo, sentido del deber religioso o una tradición familiar de cuidar a los demás) resuelve tu decisión. Sin embargo, es mejor meditar sistemáticamente sobre estas tres áreas de influencia de manera que la decisión final se asiente en la base más amplia posible.

¿Cómo debes llevar a cabo el inventario? El primer paso es como buscar en una despensa a oscuras para realizar una lista de lo que hay en cada estante. Tienes que mirar hacia dentro, buscar en los recovecos de tu mente para transportar a la conciencia nociones ocultas sobre ti mismo y tu familia, la enfermedad y la responsabilidad. Te exige sofocar la autocrítica sobre las actitudes positivas y negativas que encuentres. El segundo paso es como planificar una comida con los ingredientes de la despensa. Tienes que evaluar con realismo qué puedes conseguir con los recursos de que dispones. Sin carne o verduras, no podrás preparar un guiso. Sin una parte de voluntad y una reserva de amor, no lograrás ser un cuidador eficaz.

Sobre todo, realizar un inventario mental requiere tiempo para la meditación. Puedes optar por sentarte en un espacio tranquilo y hablar francamente contigo mismo sobre tus reacciones ante la perspectiva de cuidar de un familiar enfermo. Una alternativa más formal consiste en escribir una lista de ventajas e inconvenientes, o incluso una carta dirigida a ti mismo en la que hables de lo que tienes en tu cabeza y en tu corazón. Si te cuesta distanciarte lo suficiente de tus propios pensamientos y sentimientos para hablar o escribir sobre ellos con claridad, desahogarte con un amigo de confianza o con un consejero puede ayudarte a descubrir lo que tienes en tu interior. Si te entiendes mejor cuando contrastas tus ideas y emociones con las de otras personas, el hecho de escuchar las reacciones de otros afectados mediante grupos de apoyo a cuidadores (presenciales o a través de la red) puede ayudarte a diferenciar y aclarar tus propias respuestas. En cualquier caso, el resultado final debería ser el conocimiento y la aceptación de los puntos fuertes y las limitaciones, las idiosincrasias y el bagaje psicológico que aportas a las exigencias de atender a un pariente enfermo.

Existen varios modos de realizar un inventario mental de tus pensamientos y sentimientos respecto al cuidado de un enfermo con el fin de definir tu compromiso:

- Mantén una conversación sincera contigo mismo sobre cómo te afectará el hecho de cuidar de un enfermo.
- Escribe una lista de ventajas e inconvenientes.
- Escríbete una carta a ti mismo.
- Habla con un amigo o un consejero.
- Comparte experiencias con un grupo, en persona o a través de internet.

Cuando empiezan a repasar el día tan difícil en el hospital, por la noche, las hermanas encuentran sus propios métodos para realizar inventarios. Ante el estofado, en la mesa de la cocina, la hermana mayor explica a su marido en tono triste todo lo que ha oído de boca de los médicos y las enfermeras. Él escucha atentamente, con los codos sobre la mesa y la barbilla apoyada en las manos, pero no hace preguntas ni ofrece consejos. Hacia el final de la exposición, el marido asiente con la cabeza y dice en un tono deliberadamente optimista:

—Eres fuerte. Cuando hablas pareces muy segura.

Sin embargo, esas palabras no animan a su mujer, que siente que la está distrayendo con un cumplido fácil para no tener que pedirle que profundice en el tema. Ella piensa: «Esto es lo que consigo siendo la persona que lo hace todo: un golpecito en la espalda, pero nada de ayuda». A continuación, monta en cólera: «¡Eh! Aquí soy yo la que lo hace todo. ¿No tengo derecho a que me apoye más cuando lo necesito?». Como si intuyese que su mujer no para de darle vueltas, el marido sugiere tímidamente:

—Si quieres que mañana vaya al hospital, intentaré salir un poco antes del trabajo.

La hermana mayor experimenta varias reacciones distintas a la vez: «él odia ir al hospital porque allí murió su madre; la situación de mi madre probablemente le traerá malos recuerdos. ¿Se supone que mamá saldrá del hospital mañana? ¿Qué vamos a hacer con ella? Será mejor que llame a mi jefe para preguntarle si me da algunos días libres más».

—A propósito del trabajo —dice el marido mientras empuja la silla hacia atrás—, esta semana tenemos pago de nóminas. Me espera el papeleo.

Mientras sale de la habitación arrastrando los pies hasta el estudio, en el sótano, su mujer lo observa con fastidio pero no dice nada.

Ella siempre comparte con sus amigas la broma de que las mejores ideas se le ocurren mientras lava los platos. Por mucho que el agua caliente y jabonosa le arrugue las manos, siempre le ayuda a relajarse y centrarse. Por suerte, se le ocurre irónicamente, su marido le ha dejado una gran pila de cacharros en el fregadero para ayudarle a concentrarse en sus pensamientos. Mientras el agua empieza a crear una capa gruesa de espuma, ella ya está profundamente absorta en lo que debe hacer. Nunca ha hecho promesas específicas a su madre, se dice, pero sabe que es esa mujer menuda y avasalladora que cuidó de su propia madre y de su marido con total lealtad. Se da cuenta de que su madre espera la misma dedicación sin que ella se lo cuestione. Mientras lo piensa, frota cada plato con todas sus fuerzas, como si la empujase la presión incómoda que siente. Además de asegurarse de que cada plato quede limpísimo antes de ponerlo en el escurridero, también sabe que ella tiene sus propias exigencias. No sólo quiere hacer lo correcto, sino hacerlo como debe ser. «¿Debería contar el cuidado de la madre enferma como algo correcto?», se pregunta. Algunos lo considerarían una obligación desagradable, como lavar una montaña de platos muy sucios, pero es un trabajo necesario que se puede soportar e incluso disfrutar.

Después de secarse las manos y sentarse de nuevo, la hermana mayor hojea la guía familiar que le ha dado la trabajadora social. Se dirige a la sección sobre «Estrategias para hacer frente a la enfermedad» y lee el consejo que consiste en anotar los pensamientos en diferentes categorías como ayuda para establecer prioridades. Arranca una hoja del bloc de notas de la nevera y escribe tres títulos: «Familia», «Mamá» y «Yo». En el primer bloque anota rápidamente las palabras «Leal» y «Cercana». Bajo «Mamá» escribe «Difícil», «Exigente» y «Buena amiga». Observa el papel durante unos segundos y finalmente escribe en la tercera hoja: «Responsable... demasiado». Al repasar las palabras que acaba de escribir, sonríe y piensa: «Con una familia leal y una madre exigente, no es de extrañar que me sienta responsable de cuidar de todos». Cuando escucha los pasos de su marido subiendo la escalera del sótano, recoge los papeles a toda prisa. «Si me ve haciendo esto, pensará que me estoy volviendo loca. Por la mañana, cuando se haya ido a trabajar y antes de volver al hospital, puede que pruebe el ejercicio otra vez».

Después de cenar, mientras esperan el silbido de la tetera, la hermana menor y su marido charlan sobre la jornada en el hospital. Al principio, ella sólo comenta el calor que hacía en la habitación de su madre y que el tiempo parecía hacerse eterno bajo los fluorescentes. Sin embargo, después de 30 años de matrimonio, su marido la conoce lo suficiente para distinguir las señales de un gran descontento en sus pequeñas quejas. Ella no necesita dar muchos detalles para que él entienda que tiene miedo de verse atrapada y agotada por la enfermedad de su madre.

—¿Crees que el cáncer de tu madre es muy grave? —pregunta el marido.

—No estoy segura, creo que sí —responde dubitativa—, y no sé cómo voy a afrontarlo.

Se levanta de pronto para apagar el fuego y regresa con dos tazas de té Earl Grey. Mientras él da un sorbo, ella le comenta que el hecho de esperar y esperar para hablar con los médicos y las enfermeras, hacer cola para pagar en la cafetería gélida del hospital, incluso el olor ligeramente clorado de las sábanas grisáceas le recuerdan la enfermedad de su padre.

—No soporto la idea de que mamá vaya a sufrir como él —confiesa—. No sé si podré aguantar sin venirme abajo otra vez.

Él le dirige una mirada de preocupación, pero evita tranquilizarla inmediatamente. Hace una pausa antes de pedirle que siga explicándole qué es lo que la asusta. Ella permanece en silencio unos segundos antes de responder:

—Si me preocupo demasiado por lo que voy a ver, puedo acabar deprimida. Si no soy capaz de aguantarlo, voy a tener que salvarme evitando a mamá en un momento en que me necesita. Y entonces me sentiré terriblemente culpable por haberle fallado.

Él vuelve a dar un sorbo de té antes de decir con tono pausado:

—No vas a dejar de lado a tu madre. Vas a hacer todo lo que puedas. Tu madre lo entenderá.

Ella mira su taza, todavía intacta, y responde:

—No lo sé.

Los dos permanecen callados unos segundos. Él se levanta para calentar más agua. Cuando vuelve a sentarse en el sofá, pregunta:

—¿Tienes idea de en qué momento crees que podría superarte?

—No lo sé —responde ella de nuevo. Y entonces añade en voz baja, como si estuviese expresando sus pensamientos con palabras, con cautela y vergüenza—: Será horrible si llega a necesitar muchos cuidados directos, como llevarla al cuarto de baño. Y no creo que pueda soportar que entre en coma, como le pasó a papá.

—Muy bien. Harás lo que puedas por tu madre hasta ese momento. Por supuesto, yo te ayudaré en todo lo que pueda.

Después de dejar su taza en la mesa, el marido añade:

—Creo que sería mejor que hablases con tu madre sobre lo que crees que puedes y no puedes hacer si llega a esos extremos. Habla también con tu hermana.

La hermana menor, todavía con voz tenue, responde:

—De acuerdo.

Y se toma el primer sorbo de té, ya tibio.

Existen otras influencias mayores que alteran los compromisos respecto al cuidado adoptados por los miembros de la familia. La propia enfermedad del ser querido (ya sea temporal o peligrosa, de lenta recuperación, prolongada o invalidante en mayor o menor medida) definirá el carácter de la crisis familiar. Serán los detalles de la enfermedad los que provoquen recuerdos intensos de la familia y de historias personales. El transcurso de la enfermedad de una fase a la siguiente establecerá las exigencias contra las que medirás tus expectativas sobre ti mismo. La presión que provoca la enfermedad determinará si los lazos con el ser querido sufren demasiada tensión. Debes conocer la enfermedad para saber a qué te comprometes cuando llegue el momento.

Muchas personas se muestran reacias a saber demasiado sobre la enfermedad de sus parientes. Ponen excusas o se les humedecen los ojos cuando los profesionales sanitarios intentan informarles sobre la enfermedad y sus tratamientos. En general, se dan dos razones: se sienten obligados a permanecer junto al ser querido por muy grave que sea la dolencia (decidir cuidar a los que sufren enfermedades específicas o sólo durante determinadas fases de la enfermedad, afirman, sería como condicionar su amor a circunstancias biomecánicas). Y puesto que no tienen intención de echarse atrás, no necesitan conocer los detalles de la dolencia. Otras personas no quieren saber demasiado porque las malas noticias aumentan su ansiedad hasta el punto de que se sienten abrumadas. Para ellos, la ignorancia no equivale exactamente a la felicidad, pero les ayuda a mantener las esperanzas (e incluso la insensatez).

Sin embargo, carecer de una información básica sobre la enfermedad del paciente es como conducir sin luces por una carretera muy oscura, llena de baches y de curvas. Si no conocemos los rigores del terreno, nos veremos en apuros para prepararnos de cara al viaje o incluso nos plantearemos si estamos preparados para emprenderlo. Es una imprudencia. Es posible que no desees conocer hasta el último detalle (de hecho, saber demasiado puede llegar a resultar abrumador). Sin embargo, es esencial disponer al menos de un mapa general del curso de la enfermedad para poder hacer planes respecto a los puntos importantes del camino hacia la recuperación o el fallecimiento. Si se solicitan en pequeñas dosis, las instrucciones de los profesionales sanitarios pueden resultar esclarecedoras y disminuir el nivel de ansiedad.

Un buen punto de partida consiste en conocer la información básica sobre la enfermedad a partir de material escrito disponible en la mayoría de hospitales y consultorios o en páginas web que contengan información general acerca de la dolencia. Cuando empieces a buscar, descubrirás que existe incluso exceso de información. Intenta limitarte a las fuentes más autorizadas (grandes organizaciones especializadas en las enfermedades, como la Asociación de Enfermos de Alzheimer, la Asociación Española Contra el Cáncer o la Sociedad Americana del Corazón) o a páginas reputadas como familydoctor.org, a cargo de la American Academy of Family Practice (Academia Americana de Médicos de Familia), o la American Academy of Pediatrics (Academia Americana de Pediatría). Proporcionan información sólida, actualizada y clara. Los artículos sobre salud en periódicos y revistas pueden proporcionarte cierta información, pero no los conocimientos completos que ofrecen las fuentes principales. Por otro lado, las revistas médicas aportan información muy técnica sobre terapias experimentales, difícil de entender y posiblemente no aplicable a los cuidados de tu familiar.

Numerosos folletos y recursos de internet recomiendan unas preguntas específicas para formular al médico. En general, incluyen las siguientes: ¿Qué puede ocurrir con la enfermedad de mi familiar (en 1 semana, en 1 mes, en 3 meses, en 1 año)? ¿Cuáles son las opciones para el tratamiento? ¿Cuáles son las ventajas y los inconvenientes de cada opción (por ejemplo, los efectos secundarios de la medicación)? ¿Qué medidas tiene en mente si los tratamientos iniciales resultan inadecuados? ¿Cómo puedo ayudar a mi pariente enfermo? ¿Cuál es el medio más adecuado para comunicarme con usted de forma continuada? ¿Debería considerar la posibilidad de buscar una segunda opinión, y en caso afirmativo me recomendaría otro médico? Las preguntas más concretas dependerán de cada enfermedad y de la edad, el historial y el estado de salud del paciente. El objetivo no es convertirse en un experto sobre la dolencia y sus tratamientos, sino manejar cierta información acerca de las posibles opciones y los motivos del enfoque adoptado por el médico. Además, debes intentar llegar a un acuerdo con el doctor sobre objetivos médicos comunes (por ejemplo, salvar al paciente, ralentizar su declive, evitar que vaya a una residencia, lograr que esté cómodo en casa, etc.). Saber que el médico y tú compartís el mismo objetivo aliviará parte de la presión a la que te vas a someter y generará mayor confianza en los profesionales que atienden al enfermo.

Hombre prevenido vale por dos en lo que respecta a estar informado sobre la enfermedad del ser querido, pero con ciertas limitaciones. Nunca se puede saber realmente cómo va a afectar la enfermedad a cada uno hasta que llega el momento, razón por la que es tan importante tomar conciencia y ser flexibles (capítulo 6). La conciencia te ayudará a atravesar con mayor agilidad el «campo de minas» médico.

Los métodos de comunicación de los médicos son muy variados, pero muchos observan primero a los familiares para decidir qué información comparten. Si preguntas al médico sobre el pronóstico (es decir, la valoración de cómo va a evolucionar el enfermo), puede resistirse a contestarte directamente por temor a que te disgustes con él si sus previsiones resultan ser erróneas. Sin embargo, si le aseguras que quieres sinceridad y que no le vas a pedir cuentas, se mostrará más comunicativo.

También puedes especificar a los médicos y las enfermeras hasta qué punto quieres estar informado (desde toda la información disponible hasta la mínima imprescindible, pasando por la fundamental). Lo importante es que te hagas una imagen realista de la situación. Hombre prevenido vale por dos. Los cuidados resultarán menos penosos si dispones de la información que te permita prepararte para lo que te espera.

Cuando llegan al hospital, al día siguiente, las hermanas descubren que no se encuentran preparadas para lo que está ocurriendo, que están menos informadas de lo que pensaban. Cuando entran en la habitación y ven el rostro enrojecido de su madre, recostada en la cama, se dan cuenta de que está enfadada.

—Todavía no me voy a casa —les espeta sin darles tiempo a que la saluden. Con voz temblorosa, les explica que el cirujano la visitó la noche anterior, muy tarde, y le dijo que los resultados de la prueba de ultrasonidos señalan que el cáncer de ovario se ha extendido, con toda probabilidad, a las trompas de Falopio y el útero. En lugar de extirparle únicamente el ovario derecho, tienen que hacerle una histerectomía completa para extraer los ovarios, el tejido linfático que los rodea y todo el tejido que pudiese estar afectado.

No hay tiempo para que recupere fuerzas: el cirujano quiere operar de inmediato. La trabajadora social estaba mal informada. El especialista había malinterpretado la nota del cirujano. En lugar de marcharse a casa, debe entrar en quirófano cuanto antes para someterse a una cirugía radical.

Las hermanas están aterrorizadas. Se sienten culpables por haberse marchado a casa y no estar presentes para hablar personalmente con el cirujano, como si así hubiesen podido proteger a su madre o evitarle la decisión sobre la operación. Se sienten furiosas con la autoritaria trabajadora social, con el especialista demasiado ocupado y con la falta general de comunicación y coordinación entre el personal sanitario. El hecho de estar mal informadas sólo aumenta su temor de que esta crisis médica escape a su control. Sin embargo, lo que más les asusta es la cirugía. ¿Sobrevivirá su madre a la operación? ¿Sufrirá dolor? ¿Eliminarán el cáncer por completo?

—¿Por qué no me llamaste anoche? —pregunta la hermana mayor de forma brusca. La madre no se molesta en responder. Tanto ella como su otra hija saben que esa es la manera que tiene la mayor de expresar el miedo que las tres sienten en esos momentos.

Pasan casi toda la mañana esperando al cirujano para poder preguntarle todo lo que se les pasa por la cabeza. Sin embargo, está ocupado y no aparece. La madre continúa en la cama, de mal humor, mientras las hermanas apenas hablan y miran la televisión sin verla. Las enfermeras entran y salen cada dos horas para comprobar las funciones vitales de la paciente, pero no saben nada de la programación de la operación. Nerviosa y molesta por la falta de información, la hermana mayor deja un mensaje urgente en el contestador del especialista. Hacia mediodía, cuando las hermanas están a punto de bajar a la cafetería para buscar unos bocadillos, el médico las sorprende al entrar en la habitación con aire resuelto y se detiene a los pies de la cama de su madre. Permanece así unos segundos, sin dejar de apoyar el peso alternativamente en uno y otro mocasín.

—He oído que la van a operar enseguida —se dirige a la madre en un tono de voz pausado que pretende ser tranquilizador, pero que suena casi frívolo. La madre fuerza una débil sonrisa y responde:

—Eso es lo que dicen, pero no sé ni cuándo ni qué me van a hacer.

—Lamento la confusión —afirma el especialista manteniendo el tono calmado—. A veces, las cosas cambian muy rápidamente y otras veces nos cuesta mucho arrancar. Anoche hablé con el cirujano. Está preparando una operación para extirparle el útero y el tejido que lo rodea. Ha hecho muchas operaciones de este tipo y es un gran cirujano.

Realiza una breve pausa y mira a las hermanas como si quisiera comprobar los efectos de las que considera unas palabras tranquilizadoras. Sin embargo, la madre sigue angustiada y la hermana mayor lo observa con el ceño fruncido.

—Me gustaría que nos hubiesen informado de que la operación iba a ser tan pronto y tan seria —protesta con frialdad—. ¿A qué más va a tener que enfrentarse mi madre? ¿Y si queremos una segunda opinión?

De repente, el especialista deja de moverse. Al percibir el disgusto de la hija mayor, intenta hablar con gravedad para responder mejor a su estado de ánimo. Les explica que se trata del procedimiento estándar en caso de cáncer de ovarios. El cirujano extirpará lo que pueda y posteriormente consultará con oncólogos para decidir los tratamientos adicionales. En la mayoría de los casos, señala el especialista, los pacientes se someten a quimioterapia (posiblemente, varias sesiones con diferentes agentes tóxicos). También se puede recurrir a la radioterapia si el cáncer se ha extendido. En cuando a la segunda opinión, explica que todo el mundo tiene derecho a ella (de hecho, debería ser rutinaria en casos de enfermedades graves como el cáncer), pero no es el momento ideal. Desviar a la paciente a otro hospital para que la visitase otro cirujano, o incluso ver a otro cirujano en el hospital en el que se encuentra, supondría un par de días, y la enfermedad exige una actuación inmediata.

—En mi sincera opinión —dice el médico—, creo que debemos seguir con este cirujano. Tengo confianza en él.

A continuación, añade con gesto serio, parafraseando su intervención de dos noches atrás:

—Les prometo que vamos a hacer todo lo que podamos. En algunos casos, estas combinaciones de tratamientos dan buenos resultados.

La madre y las hijas se quedan en silencio. Si las cosas son tan urgentes como parecen, una segunda opinión (al menos sobre la cirugía) parece fuera de lugar. En realidad, nada de lo que han escuchado les sorprende, pero la descripción de la sucesión de tratamientos les hace tomar conciencia de lo larga y difícil que va a ser la lucha que se avecina. Aunque el médico ha pretendido darles ánimos, la expresión «en algunos casos» les sugiere la posibilidad de un fracaso. ¿Va a sufrir su madre durante la aplicación de esas terapias agresivas para acabar muriendo de todos modos?

De repente, el busca del médico emite un sonido estridente. Se gira para apagarlo, y después de observar el número de la pantalla anuncia:

—Me llaman del despacho del cirujano. Supongo que me dirán cuándo van a operarla. La llamaremos enseguida.

Encamina sus pasos hacia la puerta sin dejar de mirarlas.

—Los obstáculos, de uno en uno. Vamos a hacer todo lo que esté en nuestras manos para ayudarla —repite—. Volveré en cuanto pueda.

Se gira y sale de la habitación a toda prisa.

La hija mayor mira a su hermana y señala con la cabeza hacia la puerta. La menor le devuelve la mirada, sorprendida, y sigue a su hermana hacia el pasillo.

—¿A dónde vais? —pregunta la madre. La hermana mayor responde:

—A por los bocadillos.

Las hermanas sorprenden al especialista esperando el ascensor. Él se gira cuando la mayor le tira del codo de la bata blanca.

—Una pregunta, doctor. ¿Puede decirnos si nuestra madre va a superar el cáncer?

El médico, algo nervioso porque se siente abordado, se aclara la garganta y responde con cautela:

—Es difícil saberlo. Depende de muchos factores, entre ellos lo que encuentre el cirujano y la valoración de los oncólogos. Entonces dispondremos de más información.

La mayor vuelve a tocar el codo del médico, esta vez con más delicadeza.

—No buscamos garantías —explica—, sólo toda la información que podamos recabar para saber cómo vamos a organizarnos.

El especialista responde con un tono más cálido:

—Todo depende de cuánto se haya extendido el cáncer. Por desgracia, el cáncer de ovarios suele ser fatal porque se detecta tarde. Para que su madre tenga posibilidades de sobrevivir, tenemos que actuar con rapidez y aplicar todos los tratamientos posibles.

La hermana mayor le agradece la sinceridad. Cuando llega el ascensor, el médico dice:

—Hasta pronto.

Entra en el ascensor y se cierran las puertas.

Si la naturaleza de la enfermedad influye en el modo en que los miembros de la familia contemplan sus expectativas personales, sus antecedentes familiares y sus relaciones para decidir cómo se van a aplicar los cuidados, esos factores personales y familiares también condicionan la visión de la enfermedad por parte de los enfermos. En consecuencia, los diferentes miembros de una misma familia asimilan la información de los médicos de manera distinta y llegan a conclusiones distintas sobre las posibles implicaciones del cuidado del enfermo. Se trata de una frecuente fuente de conflictos entre parientes durante las crisis médicas. Un pronóstico que a ti te parece malo puede resultar inconcluyente para otra persona. Quizá te consideren pesimista y tú protestes porque crees que están negando la evidencia. Lo ideal sería discutir estos puntos de vista en un entorno donde el enfermo y el personal sanitario no estén presentes. Preguntas como «¿Qué ha dicho el médico?» y «¿Qué sabes sobre el transcurso de la enfermedad?» pueden ayudaros a desarrollar un punto de vista común sobre la situación médica. Si compartís la misma perspectiva sobre lo que os espera, estaréis en mejor disposición para llegar a un acuerdo sobre los cuidados que va a necesitar vuestro ser querido. Preguntas como «¿Necesita ayuda mamá en sus tareas cotidianas?» y «¿Va a necesitar más ayuda en el futuro?» pueden ayudar a encuadrar la conversación. Una visión compartida sobre las necesidades os permitirá empezar a organizar los cuidados esenciales del enfermo.

Así surge otra gran influencia en la definición del compromiso en cuanto a los cuidados: cómo tiene en cuenta tu elección lo que el resto de los miembros de la familia va a hacer y no va ha hacer por el paciente. No todas las conversaciones acaban en consenso. En ocasiones, los familiares se aferran a ideas divergentes sobre el estado del enfermo sin tener en cuenta las explicaciones repetidas del médico. A veces se producen disputas sobre lo que se espera que el paciente haga por si solo. En general, lo máximo que se logra es una exposición respetuosa de los puntos de vista y un acuerdo empático para no coincidir. En esos casos, un miembro de la familia puede decidir incrementar su compromiso para compensar lo que percibe como una falta de compromiso por parte de otros. Del mismo modo, algunos familiares retroceden ante la responsabilidad de los cuidados si creen que otro miembro de la familia se ha comprometido a soportar la mayor parte de la carga.

Los cinco factores que hay que tener en cuenta para definir tu compromiso respecto a los cuidados son:

1. Antecedentes familiares y culturales.
2. Valores y expectativas personales.
3. Relación con el enfermo.
4. La enfermedad.
5. Participación de otros miembros de la familia en los cuidados.

El ascensor se marcha.

—Olvida los bocadillos —dice la hermana mayor—. Ahora mismo no puedo comer. Vamos a hablar a la sala.

La hermana menor asiente. La sala, llena de sillones, revistas viejas y folletos sobre enfermedades y programas hospitalarios, está vacía. Se sientan pesadamente en un sofá de vinilo.

—Bueno, el médico ha dicho que se va a morir —anuncia la mayor en tono grave. La pequeña parece desconcertada.

—Eso no es lo que yo he oído. Ha dicho que es probable que necesite diferentes tratamientos.

—¿Y qué crees que significa eso? —le espeta la mayor—. Ya hemos pasado por esto con papá. Le van a hacer un montón de cosas que no van a servir para nada, y morirá.

La hermana menor no responde y observa la alfombra gastada. De pronto, añade en tono sumiso:

—Creo que deberíamos preguntarle otra vez o preguntar al cirujano para asegurarnos de que sabemos realmente qué va a pasar.

La mayor la mira con incredulidad.

—*Si* va a morir —afirma con excesivo énfasis en el «si»—, voy a hacer todo lo que esté en mi mano para ayudarla hasta el final. No puedo decir que me guste renunciar a una parte de mi vida, pero voy a hacerlo de todos modos.

Y mira a su hermana como si esperase un anuncio de sus intenciones.

—Ya sabes lo que pasé la otra vez —afirma la pequeña, nerviosa—. Voy a tener que tomarme esto con más calma y ver cómo me va. Si mamá sigue relativamente independiente, estaré ahí para apoyarla. Si el cáncer y los tratamientos la afectan hasta el punto de que no puede valerse por sí misma, tendré que ver si soy capaz de seguir cuidándola o si debemos buscar otras soluciones.

La hermana mayor frunce ligeramente el ceño.

—Me imaginaba que dirías algo así —replica en voz baja—. Al final, siempre tengo que ser la fuerte. Siempre me llevo la peor parte.

Su hermana, muy molesta, responde:

—Siempre crees que tienes que ocuparte de todo. Tú misma te lo buscas. He dicho que haré todo lo que pueda siempre y cuando mamá no sea totalmente dependiente. Nunca reconoces mis méritos.

—He reconocido tus méritos cuando los has tenido —rebate la mayor—. De no ser por mí, durante los últimos días de papá, él y mamá habrían estado prácticamente solos.

La hermana menor, conteniendo las lágrimas, responde:

—¡Eso es mentira! Yo estaba allí. Eres muy injusta.

La mayor mira al suelo durante una larga pausa, como si estuviese recuperando la serenidad, antes de decir en tono tranquilo:

—Es verdad, he sido injusta.

De repente, se levanta y dice con voz cansada:

—Volvamos a la habitación. Mamá estará enfadada con nosotras por haber desaparecido así.

La hermana menor se incorpora lentamente. La mayor le toma la mano, le da un apretón y dice:

—Ya seguiremos hablando. Ahora estoy muy disgustada. Sé que vamos a ayudar juntas a mamá.

A lo largo de la enfermedad de su madre, las dos hermanas deberían hacer algo más que volver a hablar. Les convendría repetir periódicamente el proceso de definir sus compromisos (realizar inventarios mentales de sus expectativas, sus antecedentes y sus relaciones), aprender todo lo que puedan sobre la enfermedad y reunirse para hablar largo y tendido de lo que piensan. De ese modo, sus compromisos con respecto al cuidado de la enferma no serán viejas promesas estáticas ni obligaciones en las que se puedan sentir atrapadas. Volver a pensar en sus respectivos roles y en sus responsabilidades les permitirá renovar sus promesas para con el ser querido y volver a dedicarse a la misión de cuidarla. Es el mejor medio de permanecer en sintonía con las necesidades cambiantes de su madre y con las suyas propias, de manera que los compromisos que vayan surgiendo admitan los cambios médicos, psicológicos y económicos que se planteen. Se trata de un modo de intentar ser realistas para que los cuidados puedan mantenerse en el tiempo.

> Tan importante como definir compromisos es redefinirlos. Debes revisar tu compromiso de manera regular, pero también cada vez que surjan cambios que puedan influir en los cuidados dispensados por la familia (un giro de la enfermedad, un cambio en las circunstancias familiares o de responsabilidades) y cuando sientas que cambian tu propia claridad mental o tus reacciones emocionales con respecto a ese compromiso.

Por supuesto, ni siquiera el compromiso definido con mucha frecuencia es sostenible sin el beneficio del apoyo de los demás. Solicitar ese apoyo es sólo una parte del reto. Sentirse cómodos utilizando el soporte disponible resulta, casi siempre, más difícil. Muchas personas evitan pedir ayuda y se sienten disgustadas cuando se les ofrece. Colocan su orgullo por encima del pragmatismo. En el siguiente capítulo examinaremos estos puntos en profundidad.

El ingreso en una residencia: una decisión difícil

P: *Hace poco ingresé a mi madre en una residencia (cuando su comportamiento empezó a asustar a mis gemelos, que tienen 6 años). Llevaba unos meses viviendo con nosotros y era maravilloso estar todos juntos, aunque ella necesitaba mucha ayuda física. Después empezó a dormir a deshoras. Al principio se despertaba muchas veces por la noche, lo cual era muy molesto para los niños porque hablaba en voz alta y les despertaba. Yo creía que hablaba en sueños, pero parecía despierta y lo que decía no era coherente. Más tarde empezó a dormir varios días seguidos y a estar despierta también varios días. Durante esa fase de «vela» se mostraba cada vez más hostil y trastornada, y a los niños les daba miedo estar con ella. La medicación no parecía servir de ayuda, y aunque sabíamos que nada de eso era culpa suya, no podíamos dejar que alterase el funcionamiento de la casa hasta ese punto. Todos estábamos agotados, así que buscamos una buena residencia. Sin embargo, ahora me siento muy culpable. Me parece terrible que mis propios hijos tengan miedo de mi madre, a la que siempre he adorado, y que ahora esté rodeada de extraños y no de su familia.*

R: Sentir culpabilidad en estas situaciones es normal y terrible. Nadie lleva con facilidad la carga de sentir que hemos fallado a nuestros seres queridos, sobre todo si previamente hemos meditado mucho y nos hemos comprometido a su cuidado. Sin embargo, la emoción más complicada para la mayoría de cuidadores familiares es la profunda tristeza que acompaña a la pérdida. Por tus palabras, parece que has sufrido dos pérdidas significativas. La primera es la del valor que otorgas a cuidar de todos los miembros de tu familia. Seguir cuidando a tu madre en tu casa habría minado cada vez más el bienestar de tus hijos. Has redefinido tu compromiso de cuidados de manera acertada en respuesta a unos cambios enormes; realmente, no tenías más opción que la que has adoptado. La segunda pérdida es la de tu propia madre. La demencia la ha transformado. Con las emociones y los comportamientos que muestra, es probable que apenas la reconozcas ya. Posiblemente, es una extraña para ella misma. La culpabilidad tiende a ser un callejón sin salida psicológico que no lleva a ninguna parte, sino a más pensamientos culpabilizadores. Si la tristeza puede ser un camino más duro, lleno de baches y muy lento, al menos es directo. En el mejor de los casos, conduce a la aceptación. El hecho de aceptar las tragedias irrevocables tiene el poder de aliviar los sentimientos de tristeza y culpa. Por tanto, te recomiendo que centres tu atención en los sentimientos tristes que, seguramente, albergas. Expresar esos sentimientos ante tus hijos y otros miembros de la familia te ayudará a dejar a un lado los malos recuerdos sobre los períodos de agitación de tu madre y a recordar la gran pérdida que compartís. Si podéis soportar esa tristeza en familia, estarás en mejor disposición de aceptar las consecuencias de la enfermedad de tu madre. Así podrás concentrarte en valorar el tiempo que has pasado con ella en tu casa en lugar de castigarte por no arreglar lo que no podías evitar.

Decir «no» cuando la situación nos supera

P: *Durante los últimos 15 años, he sido el cuidador primario de mi mujer, mis padres y mis suegros. Mi suegro vive a 1.500 kilómetros de nosotros, pero se niega a que alguien de fuera le eche una mano, así que mi mujer se queda con él cada dos meses mientras hace «malabarismos» para acudir a sus visitas de control del cáncer* *que padece. Mi madre, que vive cerca, se encuentra en fase terminal a causa de las complicaciones de una diabetes sin controlar. Cuidé a mi padre y a mi suegra hasta su muerte. En los últimos años, mi mujer se ha sometido a una mastectomía y a quimioterapia en dos ocasiones. Hace poco, nuestro único hijo pasó un año recuperándose de un grave accidente de tráfico, y yo sustituí a la cuidadora a domicilio cuando tuvo que dejarlo. Ahora, mi suegro quiere venir a vivir con nosotros. Cuando dije que no, mi mujer me tachó de malvado y egoísta. Parece que no se da cuenta de que el temor de perderla por el cáncer de pecho, sumado al estrés que me produce tener que ir de aquí para allá para cuidar a nuestros padres ancianos y a nuestro hijo, me ha dejado sin fuerzas. No tengo nada más que dar y sueño con huir de todo esto. ¿Cómo puedo transmitir esta situación a mi familia y lograr que todos lo entiendan?*

R: Ninguno de los que hemos leído tu relato de todos los cuidados dispensados podríamos culparte de que sueñes con huir (a ser posible, volando). Parece que has dedicado gran parte de los últimos 10 años a cuidar de tu familia de manera desinteresada y correcta. La ironía es que la tenacidad con que lo has hecho ha provocado que tus seres queridos te consideren el cuidador de todos y en todas partes. Tu gran dedicación te ha encasillado. Por eso resulta incomprensible que tu mujer se sorprendiese cuando rechazaste una nueva ocasión de ejercer de cuidador, aunque la formulación de tu pregunta sugiere que más que sorprendida, se mostró ofendida. Tal vez sea porque el miembro de la familia al que finalmente decidiste decir «no» es su padre. Sin embargo, sospecho que en la intensidad de su reacción se oculta algo más. Si tu mujer se diese cuenta de que tanto tiempo cuidando a tantas personas ha acabado por superarte, habría considerado la presión que ejerce en ti su enfermedad. En lugar de sentirse culpable por ser una carga, podría estar aferrándose a las ideas de que tú no te sientes abrumado (sólo eres egoísta) y que los cuidados a los demás deberían llenar tu vida. Si esta es su postura, no demuestra demasiada empatía.

¿Cuál es mi consejo? En primer lugar, debes aceptar que tú sólo no vas a poder convencer a tu esposa (ni, posiblemente, a nadie de la familia) de que necesitas ponerte a salvo de un sacrificio continuado. Es posible que los demás ejerzan cierto dominio sobre ti. Tu doctor podría escribir una «orden del médico» en la que indique que debes reducir los cuidados a los demás para cuidar de tu propia salud. El sacerdote de tu parroquia podría proporcionarte algún tipo de dispensa moral en vista de todas las buenas obras que has hecho hasta el momento. Sin embargo, la intervención de estas personas ajenas a la familia podrían obstaculizar las quejas de tu mujer, en el mejor de los casos, pero no le gustarían. En última instancia, creo que tendrás que mantener tu decisión sin su aprobación. Teniendo en cuenta el tiempo que has dedicado a satisfacer las necesidades de los demás, probablemente será un reto difícil para ti.

Si, en efecto, el reto es demasiado grande, recuerda esta gran verdad: cuanto más te quemes, menos útil serás para los demás. Dar los pasos necesarios para protegerte en cierta medida te permitirá ser un cuidador eficaz, si decides serlo. Seleccionar los cuidados te dará mejores resultados que si intentas llegar a todas partes.

Si la lógica de protegerte tampoco logra convencer a tu mujer, siempre puedes recurrir a un sencillo pero poderoso instrumento: «No» significa «no». No tiene que estar de acuerdo contigo, sólo respetar tu decisión irrevocable. Mantente firme y lograrás controlar tu vida.

Las relaciones familiares van de mal en peor

P: *Vivo con mi padre, que tiene 55 años. Es dominante, me amenaza con desheredarme y les dice a mis hermanos y hermanas que le hago cosas terribles. Utiliza su enfermedad cardíaca como excusa para no hacer nada por si mismo ni ayudar en casa. Soy soltera y me niego a emplear mi tiempo laboral en satisfacer sus necesidades. Ningún otro miembro de la familia quiere tenerlo en casa por temor a que arruine sus matrimonios. Yo tenía una relación cuando él vino a vivir conmigo, y no dejó de meter baza. Necesito recuperar mi vida y él necesita ayuda externa. ¿Qué puedo hacer?*

R: Si el mejor previsor del futuro es el pasado, nuestras relaciones familiares anteriores a una crisis médica darán forma a nuestra manera de cuidar al enfermo. El cuidador y el receptor de los cuidados lucharán juntos contra la enfermedad si entre ellos siempre ha existido una relación positiva. En cambio, cuando las relaciones han estado caracterizadas por la ambivalencia, los cuidados estarán llenos de recelos y desconfianza, y los familiares lucharán entre ellos. Los cuidadores pueden proporcionar a los familiares las condiciones idóneas para cambiar relaciones anteriormente tensas (yo he visto a hijos adultos obtener la deseada aprobación de padres enfermos que siempre les habían escatimado ese apoyo). Sin embargo, esas transformaciones son la excepción, no la norma, y tú y tu padre sois más jóvenes que muchas de las personas que logran esa reconciliación. Además, cuando la salud en peligro conduce a una situación de mayor dependencia, las malas relaciones suelen empeorar.

El tono de tu pregunta sugiere que tu relación con tu padre ha sido, en el mejor de los casos, ambivalente. Probablemente, no habrá ayudado mucho el hecho reciente de que tu padre parezca ejercer sobre ti y tus hermanos todo su control para conseguir los cuidados a los que se cree con derecho. Puede que él se sienta justificado, pero tú te sientes pisoteada (y con razón). La culpabilidad que él provoca en ti te tiene subyugada. Si eres como la mayoría de cuidadores en esa situación, acabarás harta y tirarás la toalla.

Antes de llegar a ese punto, te sugiero que tengas una conversación larga y sincera con tu padre. Empieza diciendo que aprecias el hecho de que él es tu padre, pero que reconoces también que nunca habéis coincidido demasiado. Explícale que crees que podría ser uno de esos momentos en los que quizás no os pongáis de acuerdo sobre qué es lo mejor. Hazle saber que quieres ayudarle, pero no a expensas de tu propia vida. Pregúntale si tiene alguna idea para alcanzar el equilibrio entre cuidar de él y cuidar de ti misma. Si reacciona de manera positiva a esta línea de conversación, es posible que tengas una base para cuidarle de manera sostenible. Por ejemplo, podría estar de acuerdo en contratar a una persona que le dispense algunos de los cuidados que necesita. Si, en cambio, reacciona de forma negativa, puedes avisarle de que ya no vas a seguir desempeñando el papel que él quiere.

Te aconsejo que hables también con el resto de la familia. Señala que la decisión que han tomado sobre los cuidados de tu padre tiene consecuencias (por ejemplo, influye en sus relaciones contigo). Alejar a tu padre equivale a alejarte a ti. Ofrecerse para ayudar a tu padre supondrá cuidar de ti. Recuérdales que no están obligados a someterse a la manipulación de vuestro padre si tienen muy claro qué están dispuestos a ofrecer y qué libertades no le van a permitir.

Es probable que estas conversaciones resulten difíciles. En el mejor de los casos, tu padre se tomará las cosas con más calma y tus hermanos se ofrecerán para ayudar. En el peor de los casos, tu padre mostrará todo su mal genio y tus parientes harán oídos sordos. En cualquier caso, al menos habrás adoptado una postura firme sobre lo que estás y no estás dispuesta a hacer y qué esperas de tus seres queridos. Exponer todo esto de forma clara y contundente será tu primer paso hacia la recuperación de tu propia vida. Marcharte de la casa de tu padre podría ser el segundo.

Miedo a la soledad

P: *A mi tía, ya anciana, no le gusta salir porque no ve ni oye bien; además, ha empezado a utilizar un andador para desplazarse. Tiene miedo de quedarse sola, lo que me provoca un gran estrés (soy su cuidadora). Me siento atrapada. No puedo hacer nada, ni siquiera simples recados. ¿Qué me aconseja?*

R: Las personas mayores que no oyen o ven bien, que caminan muy despacio o que padecen cualquier otra limitación son muy difíciles de convencer para que salgan de su casa. La ironía es que muchas tampoco se sienten seguras en sus «refugios» si no hay alguien con ellas. Tu tía es prisionera de sus miedos, y el hecho de cuidar de ella te ha convertido en su rehén. En tu pregunta no dejas claro cómo funciona exactamente esta trampa: ¿te insiste (sólo a ti) en que te quedes en casa con ella? ¿O te sientes obligada a cuidarla? (es posible que las dos dinámicas estén en funcionamiento en tu caso).

Si lo que ocurre es que tu tía insiste para que te quedes con ella, puedes consolarte pensando que confía y depende de ti. Sin embargo, la dependencia puede acabar derivando en obsesión hacia el cuidador, como si éste se convirtiese en una especie de talismán o amuleto de la suerte para garantizar el bienestar. He visto a maridos enfermos en plena rabieta cada vez que sus mujeres intentaban salir de la habitación. Esas mujeres acaban teniendo una existencia terrible debido a la culpa que sienten. Al final, les resulta más fácil quedarse para evitar escenas. Por supuesto, cuanto más apaciguan a sus maridos de ese modo, más dependientes y obsesionados están ellos.

Si lo que ocurre es que te sientes obligada a cuidar de tu tía, puedes enorgullecerte de tu compromiso con ella. Sin embargo, cuanto más te dediques a ella sin la ayuda de nadie, más esperará que sólo tú la cuides. Si, con el tiempo, acabas sin fuerzas y decides buscar ayuda, es más que probable que tu tía se resista.

Una sugerencia que siempre hago a los cuidadores es que fomenten las capacidades del paciente, no sólo su comodidad: por ejemplo, pidiéndole que haga más cosas por si solo o que se adapte a cambios en el plan de cuidados. En tu caso, te recomiendo que hables con tu tía y le hagas saber que el hecho de cuidarla está limitando tu vida. A continuación, plantéale una elección: salir de casa y acompañarte en tus recados, o aceptar ayuda domiciliaria regular con el fin de que tú tengas tiempo para ti. Si no acepta ninguna de las dos opciones, exprésale tu malestar pero elige la solución que mejor te vaya a ti. Si ambas posibilidades le parecen aceptables, ponlas en práctica.

En cualquier caso, puedes comunicarle que los cambios te permitirán dedicar más tiempo a lo que tú quieras y seguir cuidándola con mucho cariño.

Equilibrar las responsabilidades económicas con las exigencias de cuidados

P: *Mi padre tiene 75 años y en los últimos años ha padecido varias enfermedades, incluyendo cáncer de próstata, enfisema y un infarto casi mortal. Actualmente tiene problemas para cuidar de sí mismo en su casa. Mi mujer y yo nos hemos ofrecido a traerle a vivir con nosotros, pero él tiene otros planes. Quiere que uno de nosotros pida reducción de jornada para estar disponibles durante el día y ayudarle a vestirse, prepararle la comida, etc. Tenemos un hijo que va a la universidad y estamos pagando una hipoteca y otros préstamos. No podemos prescindir de nuestros salarios, pero mi padre no lo entiende. Cree que estamos dando más importancia a los bienes materiales que a la familia. ¿Qué podemos hacer?*

R: El dinero define los cuidados, igual que la mayoría de comportamientos humanos, poniendo límites a lo que podemos hacer y obligándonos a priorizar. A menos que algún hermano u otro familiar esté dispuesto a apoyarte económicamente para que puedas ayudar a tu padre como él quiere, tienes derecho a convertir el bienestar de tu propia familia en tu mayor prioridad. No se trata de materialismo, sino de cumplir con la responsabilidad que tienes hacia tu mujer y tus hijos (proporcionarles educación, un hogar adecuado, etc.). Tu responsabilidad hacia tu padre es cuidarle durante su vejez, pero no necesariamente como él pretende.

Te sugiero que te reúnas con él a solas, sin tu mujer, para tener una conversación sincera. Dile que le quieres y hazle saber el dilema en el que te coloca cuando te hace elegir entre él y tu propia familia. Reitérale que puede ir a vivir con vosotros, que así podréis cuidarle mejor y no tendrás que dejar de trabajar. Sospecho que no le gustará oír todo eso, pero espero que reconozca que eres sincero en tu esfuerzo para comprometerte, y que eso aplaque parte de su enfado. Aunque no coincidáis en este punto, prométele que volverás a hablar con él en unos meses para ver si ha habido algún cambio en vuestras posiciones que permita nuevos compromisos.

Existen otras posibilidades. Si llamas a la oficina de atención a los mayores, un consejero te remitirá a especialistas en temas económicos para personas mayores. Estos profesionales pueden informaros a ti y a tu padre sobre mecanismos como las «hipotecas inversas», que permiten permanecer en la vivienda y costear la ayuda que necesita. Una reunión con el director del banco de tu padre también puede servir para despejar dudas. Existen soluciones razonables para satisfacer las necesidades de todos antes que obligarte a ti o a tu mujer a dejar de trabajar.

3

Utilizar los apoyos

Después de mudarse a la casa de su hija mayor, unos días después de la operación, la madre tiene la incómoda sensación de haber entrado en una especie de purgatorio. Sabe que su suplicio no ha terminado; debe someterse a quimioterapia en cuanto cicatricen las incisiones. Se encuentra muy débil, así que de momento está de más pensar cuándo tendrá las fuerzas suficientes para cuidar de sí misma en su piso. Permanece acostada en la estrecha cama del antiguo dormitorio de su nieta pequeña, observando con desconcierto su extraño nuevo hogar. Los pósteres de grupos de rock, ya amarillos, se despegan de las paredes pintadas con un fucsia apagado. Animales disecados y frascos de perfume, todos cubiertos de polvo, adornan una maltrecha cómoda de madera. Adora a la niña valiente que una vez ocupó esa habitación y que hoy vive lejos, en su propia casa, con su marido y su bebé. Sin embargo, el hecho de encontrarse en una habitación infantil subraya el dramático cambio de roles. Ahora ella es como una niña, despojada por la enfermedad de sus facultades de persona adulta. Ya no es independiente y se siente como una carga para su hija.

El cambio ha sido tan rápido que no ha sentido el impacto hasta mucho más tarde. Dos días después de la operación, se encontraba descansando en la cama del hospital cuando entró la trabajadora social seguida de sus hijas. Era obvio que habían estado hablando. La trabajadora social anunció que le daban el alta al día siguiente y que podía ir a una residencia durante un par de semanas antes de regresar a su apartamento, o bien alojarse en casa de su hija mayor. Antes de que la madre tuviese ocasión de responder, la hija dijo en voz alta:

—Mi madre no va a ir a ninguna residencia.

Y la trabajadora social respondió rápidamente:

—Me alegro de que se vaya con usted.

Cuando la madre se disponía a protestar, las tres se lo impidieron y ella acabó cediendo. Ahora piensa que si hubiese sido más contundente en ese punto, tal vez podría haber expresado su propia decisión. De todos modos, habría elegido lo mismo. No le apetecía nada ingresar en una residencia, aunque fuese por poco tiempo, pero al menos se habría sentido más respetada si le hubiesen permitido expresar su opinión antes e tomar una decisión que ya habían acordado.

Desde que ocupó el dormitorio de su nieta, la madre se siente todavía más como una niña debido al trato que recibe por parte de su hija mayor: la atiende en todo momento, le prepara comidas sencillas y apetitosas, y le lava y le dobla la ropa que va trayendo de su piso. Sin embargo, tiende a preocuparse exageradamente por todo lo que concierne al cuidado de su madre con una ligera expresión agria en el rostro. Es como si cada detalle fuese una tarea muy costosa que se soporta sin ninguna alegría. Como si la madre no fuese para su hija más que una fuente de preocupaciones. La madre sabe que probablemente está siendo demasiado susceptible, que ella misma fue una cuidadora con cara de pocos amigos. Lo que ocurre es que estar en el otro lado, ser ella la cuidada por su agobiada hija, ha acabado con la poca confianza que el cáncer le ha dejado.

Tres días después de su llegada, en un descuido, la madre comparte esos sentimientos con su hija pequeña. Ella la escucha con gesto de preocupación, pero sin decir nada. Ahora la madre está inquieta por lo que su hija pueda hacer con esa información. Le horroriza pensar que la mayor pueda enterarse de cómo se siente. ¿No parecería una completa desagradecida al criticar a la persona que se desvive por ella? Tendrá que guardarse sus sentimientos. Se da la vuelta con dificultad y se jura que va a presionar a su hija pequeña para que permanezca también callada.

Mientras la madre sigue cavilando, la hija mayor prepara la cena. Se escucha un ruido intenso cuando pone una sartén en el fuego. A continuación, un rápido golpeteo del metal sobre la madera mientras corta las verduras con energía. A la madre le parecen los movimientos apresurados de una mujer herida. No es de extrañar que tema que su hija mayor esté enfadada con ella por necesitar su atención. Sin embargo, en ese momento, a la hija mayor le preocupan otras cosas. No es faltar al trabajo y ayudar a su madre lo que la irrita. Sólo desea que alguien le hubiese dicho antes a qué atenerse. La fisioterapeuta del hospital le dijo que su madre podría levantarse en un par de semanas; han pasado 5 días más y todavía está demasiado débil (sólo puede sentarse). Ni los terapeutas ni las enfermeras le avisaron de que también necesitaría ayuda para ir al lavabo, lo cual significa tener que levantarse todas las noches cuando mamá la llama desesperadamente porque necesita aliviarse. Si la hija mayor hubiese sabido que iba a tener tantos problemas para dormir, habría intentado descansar más antes de llevar a su madre a casa.

Mientras sofríe la cebolla en la sartén sin dejar de removerla con la espátula, piensa en el poco apoyo que recibe. Su marido se mostró conforme en llevar a su madre a casa, pero ahora se pasa el tiempo encerrado en el despacho del sótano (lo cual sugiere cómo se siente en realidad). Sus tres hijas la animaron al unísono a ayudar a su madre, pero ahora apenas se pasan por la casa porque están muy ocupadas con sus propios hijos. Y, por si fuera poco, esta misma mañana ha recibido una llamada de su hermana que la ha dejado especialmente preocupada.

Después de la conversación de la hermana menor con la madre, aquélla se pasó los siguientes días pensando qué hacer. No quería enfrentarse a su hermana ni poner a su madre en una situación comprometida o convertirse ella misma en objeto de la ira de la mayor. Sin embargo, conoce a su hermana lo suficiente para identificar las señales de que algo ocurre. Hacer las cosas a toda prisa, con un gesto amargo, sólo puede significar que cuidar a su madre es una fuente de tensiones. Lo que empeora la situación es que la hermana mayor siempre desempeña el papel de mártir, insiste en cuidar a todo el mundo y después se lamenta de que nadie la ayuda. La hermana menor cree que si fuese capaz de pedir ayuda explícitamente no acabaría agotada e irritada. Si pudiese convencerla de que se acercase a los demás para pedirles su apoyo, a mamá también le iría mucho mejor.

Sin embargo, la llamada de la hermana menor a la mayor para hablar de ese asunto no fue bien. Cuando sacó el tema de lo importante que es que los cuidadores soliciten la ayuda de los demás, la mayor respondió de manera cortante:

—Te refieres a que te convenza para que nos visites de vez en cuando.

La sola sugerencia de que necesita ayuda parece enfurecerla.

—Nos va muy bien así —dijo de muy mal humor—. Si los demás quieren echar una mano, yo no voy a impedírselo. Pero tampoco voy a suplicar a nadie.

Y añadió, casi como un reto:

—No creo que nadie vaya a cuidar a mamá tan bien como yo.

En lugar de picar, la hermana menor se limitó a suspirar, prometió que intentaría visitarlas con más frecuencia, y pidió a su hermana que pensase en lo que le había dicho. La mayor también suspiró antes de decir en tono tajante:

—Muy bien.

Y colgó el teléfono.

Ahora, mientras prepara la cena, la mayor repasa mentalmente la conversación con el ceño fruncido. Una parte de ella sabe que su hermana sólo intenta ayudar. También sabe que la ayuda de los demás es realmente lo que está pidiendo a gritos. Sin embargo, su respuesta es muy negativa, como si su hermana hubiese tenido el atrevimiento de criticarla por no realizar bien su tarea de cuidadora. En su opinión, es una persona fuerte, y tener a su madre en casa durante unas semanas no debería (y no va a ocurrir) alterarla. Su hermana suele huir cuando las cosas se ponen muy difíciles. Ella sabe que no va a permitirse huir, aunque no reciba ningún apoyo.

Asoma la cabeza por la puerta de la cocina y grita:

—¡La cena estará en diez minutos!

La madre, que no deja de cavilar en la cama, se encoge ante lo que le parece un tono enfadado en la voz de su hija.

—Gracias, querida —responde débilmente después de unos segundos. Imagina a su hija de muy mal humor. Se promete que cuando le traiga la bandeja con la cena, tendrá cuidado de no dar pie a ninguna discusión. Esa situación le provoca un nudo en el estómago y le quita el apetito, pero se dice que será mejor comerse lo que le ponga para que su hija no se enfade todavía más.

Si eres un cuidador familiar, siempre escucharás el consejo de que busques más apoyo. Los profesionales de la salud te presionarán para que consigas toda la ayuda posible con el fin de evitar el síndrome de estar quemado. Tus amigos y tus parientes insistirán en que contrates a alguien y saques tiempo para ti, como si te sobrase el dinero y el ocio fuese una de tus prioridades. Sin embargo, como ocurre en el caso de la hermana mayor de nuestra historia, el apoyo, aunque deseable, puede ser problemático. En general, surgen tres tipos de dificultades.

La primera consiste en la falta de comunicación con los profesionales de la salud. Como ya hemos mencionado en el capítulo 2, sus estilos a la hora de compartir la información son muy diversos. Muchos médicos, enfermeras y trabajadoras sociales se dedican con todo su empeño a trabajar con los familiares en la creencia de que ello influirá de manera positiva en la recuperación de sus pacientes y evitará que sus familiares desarrollen trastornos físicos o mentales. Otros sólo fingen estar de acuerdo con estas ideas. Con las prisas por dar el alta a los pacientes o enviarlos de una consulta a otra, no se toman el tiempo necesario para informar adecuadamente a los familiares. Y los hay tan centrados en el estado clínico del enfermo que olvidan por completo las necesidades de sus parientes.

Estos problemas se confirman en un informe de la United Hospital Fund of New York titulado *Rough Crossings: Family Caregivers´ Odysseys through the Health Care System*. El estudio se basó en grupos de cuidadores familiares que narraron sus experiencias con el sistema sanitario. Entres otras decepcionantes conclusiones, el informe asegura que el personal del hospital se comunicaba de forma fragmentada y descuidada con los parientes de los enfermos. Como consecuencia, muchos de esos familiares montaban en cólera cuando descubrían, después de llevar a sus seres queridos de regreso a casa, que no estaban preparados para suministrar las medicinas, manejar una bomba intravenosa, utilizar una sonda de alimentación y demás cuidados.

Un ejemplo que cita el informe es el de un hombre mayor que se llevó a casa a su mujer, de 71 años y afectada de esclerosis múltiple, después de una operación agresiva para combatir una infección que amenazaba su vida. Ninguno de los profesionales sanitarios le dijo que la enferma había pasado a padecer incontinencia: él mismo lo descubrió al encontrarse la cama empapada en su primera noche en casa. Tampoco le explicaron cómo tenía que cambiarle los vendajes, sólo que era imprescindible hacerlo a diario. El hombre se sentía indefenso. Ya era difícil cuidar de su mujer en su estado, y encima el equipo médico no le había dado la información necesaria para hacerlo bien.

Si los profesionales con los que tratas no son muy comunicativos, existen algunas soluciones para pedirles la información básica. Numerosas organizaciones dedicadas a enfermedades específicas, como la American Heart Association (Asociación Americana del Corazón) y OncoLink (del University of Pennsylvania Abramson Cancer Center; Centro de Cáncer Abramson de la Universidad de Pensilvania) han creado folletos con consejos para educar a los pacientes y sus familias sobre cómo lograr una comunicación más eficaz con los médicos y las enfermeras. Otras organizaciones tratan el problema de manera más exhaustiva. Por ejemplo, la National Family Caregivers Association ha creado un programa de formación para enseñar a los cuidadores a formular preguntas, tomar notas y transmitir información sobre los pacientes. The National Institute of Aging (Instituto Nacional sobre el Envejecimiento) ha producido un folleto titulado *Talking with Your Doctor: A Guide for Older People* que indica cómo encontrar a un médico que se ajuste al estilo de comunicación del paciente y así aprovechar al máximo las visitas médicas (www.niapublications.org/pubs/talking/index.asp).

Incluso los familiares bien informados sienten en ocasiones que les falta apoyo. La información por sí sola no proporciona compasión ni ayuda concreta. El segundo problema con el que puedes encontrarte en lo que respecta al apoyo tiene que ver con la disponibilidad de los recursos emocionales y la ayuda práctica (por ejemplo, ayudas a domicilio, alguien para llevar al enfermo a las visitas médicas, una persona para hacer la compra, etc.). Algunos familiares disponen de uno de esos recursos en abundancia, pero no del otro. En general, se necesitan los dos para cuidar a un ser querido durante mucho tiempo.

¿Qué te hará sentir que realmente cuentas con apoyo? Tu mayor deseo tal vez sea contar con alguien que se reparta las tareas prácticas del cuidado del enfermo contigo. Puede que tener alguien con quien hablar al final del día te ayude a aligerar todavía más la carga. O quizás una asistente con conocimientos limitados de enfermería demuestra un comportamiento con el enfermo que hace que todos los miembros de la familia se sientan tan aliviados que se muestren más dispuestos a colaborar en las tareas prácticas. Cuando se trata de apoyo, lo importante para decidir qué aceptar es si supone realmente una ayuda.

En respuesta a los cuidados que dispenses al enfermo, puedes experimentar multitud de emociones intensas (incluyendo tristeza, ira y ansiedad). Lo que hace que esos sentimientos resulten más difíciles de asimilar es que los amigos y los parientes no capten la gravedad de tu situación o no se solidaricen con tu falta de libertad. Por ejemplo, la madre de 37 años de un chico de 16 que sufrió una lesión cerebral en un accidente por conducir borracho se sentía vencida cada vez que los demás le decían lo «fuerte» que era. Ella no se sentía así, sino llena de rabia y de dolor. Hacía lo que hacía por su hijo porque, por desgracia, no tenía otra elección. Escuchar los elogios de los demás sobre su fuerza sólo le servía para convencerse de que no querían o no podían saber cómo se sentía en realidad. Y además le sugerían que los demás pensaban que ella era lo suficientemente fuerte para cuidar a su hijo por sí sola, de manera que nadie tenía que ayudarla. El resultado es que la mujer se sentía aislada y frustrada.

La empatía es la «moneda» del apoyo emocional: sentirse escuchado, entendido y cuidado. Si los demás comprenden tus sentimientos de forma precisa y empática, es muy probable que soportes las cargas pesadas mucho mejor. Si los demás no muestran interés en tus reacciones emocionales, es posible que te sientas desgraciado y vacío aunque la carga sea relativamente ligera.

La mayoría de nosotros buscamos las conexiones empáticas principalmente en la familia (parejas, padres, hermanos, primos...). En ocasiones, sin embargo, las relaciones familiares son conflictivas o distantes y los parientes no están en disposición de escuchar o entender que nos sintamos atrapados en las dificultades de los cuidados a un enfermo. Algunos se resignan a esta falta de apoyo emocional; otros la consideran una fuente de amargura. En cualquier caso, tendrás que recurrir a otras fuentes de empatía para mantenerte al pie del cañón. En el mejor de los casos, tu familiar enfermo o los profesionales sanitarios se darán cuenta de que los cuidados te afectan emocionalmente, se tomarán el tiempo necesario para escuchar tus reacciones y responderán con empatía. Todavía mejor: la asistencia a grupos de ayuda a cuidadores te permitirá expresar tus sentimientos y obtener apoyo de otras personas en situación similar.

Encontrar personas de buen corazón que te presten apoyo emocional resulta bastante fácil. Encontrar ayuda práctica de confianza puede ser más difícil, al menos de forma prolongada. Al principio de una crisis, lo habitual es que los miembros de la familia se reúnan y prometan al enfermo que se van a ayudar unos a otros. Sin embargo, cuando la enfermedad se prolonga, algunos familiares empiezan a volver a sus responsabilidades personales y familiares, y el cuidado del enfermo recae cada vez en menos personas. En muchos casos, un solo familiar carga con el grueso de los cuidados cotidianos (alimentar al enfermo, tranquilizarlo, levantarlo, vestirlo, convencerlo de que haga las cosas, mantenerlo entretenido...). Puede que uno o dos familiares colaboren yendo a buscar las medicinas a la farmacia, haciendo la compra o quedándose de «canguro» del enfermo de vez en cuando para que el cuidador primario se tome un respiro.

Visto como una estrategia a corto plazo, el hecho de que un reducido número de familiares realicen el trabajo práctico probablemente sea el modo más eficaz de organizar los cuidados del enfermo. En este caso, es cierto el viejo refrán según el cual «muchas manos en un plato hacen mucho garabato»: la implicación de demasiados miembros de la familia dificulta las decisiones sobre los cuidados diarios. O, como he oído decir a numerosos cuidadores primarios, «nadie sabe cuidar a nuestro familiar enfermo mejor que yo porque soy el que está siempre con él». Sin embargo, cuando se trata de establecer un plan a largo plazo, el hecho de concentrar los cuidados en pocas manos es garantía de desastre. Si tú haces la inmensa mayoría del trabajo, es probable que acumules la carga física y emocional que los cuidados provocan a lo largo de los meses y los años. Si dejas a un lado tu propia vida, es muy posible que desarrolles cada vez más resentimiento hacia los miembros de la familia que todavía disfrutan del lujo de seguir con las suyas. El peligro es que sin un apoyo logístico consistente acabarás quemado e incapaz, por tanto, de cuidar bien de tu ser querido.

Existen dos medios básicos para obtener ayuda práctica diaria. El primero consiste en aprovechar los cuidados profesionales a los que todos los enfermos crónicos y graves tienen derecho. Su objetivo consiste en realizar una parte del trabajo práctico necesario y aliviar así el desgaste del cuidador familiar primario. Esos profesionales pueden resultar caros si se contratan a través de agencias especializadas; en cambio, si se recurre a los anuncios de la prensa o a las recomendaciones de la parroquia, sus servicios son algo más económicos. El segundo medio consiste en delegar tareas en los parientes interesados. Se puede organizar mediante reuniones familiares periódicas para compartir información y repartir las tareas. En el mejor de los casos, son negociaciones abiertas y sinceras en las que hermanos, padres y tíos discuten a fondo quién va a hacer qué en un ambiente lo más democrático y justo posible. Cuando funciona, el sacrificio se comparte y todos los familiares se enfrentan lo mejor que pueden a la crisis médica.

Pongamos como ejemplo el caso de un padre solo, de mediana edad, con cinco hijos adultos, que empezó a perder la salud debido a una enfermedad cardíaca grave y pasó a necesitar ayuda diaria para comer y subir y bajar las escaleras de su casa. Uno de sus hijos se mudó a vivir con él. Los otros cuatro expresaron su compromiso de hacer todo lo que estuviese en sus manos. Los hermanos se reunían cada varios meses para hablar sobre el deterioro del padre (él estaba presente) y los cuidados que necesitaba. Establecieron un plan de cuidados que incluía un acuerdo sobre las tareas concretas que cada hijo iba a asumir. En realidad, el plan general que idearon, y que ajustaban con cierta regularidad, no era equitativo. Dos de los hermanos tenían problemas en sus familias y sólo podían prometer una colaboración mínima; los otros tres hicieron casi todo el trabajo. Sin embargo, incluso un plan imperfecto como este sirvió para aliviar al hijo que vivía con el enfermo de toda la responsabilidad y para compartir la carga de manera que todos los hijos se sintiesen apoyados.

Existen muchas otras soluciones creativas para darse apoyo entre familiares. Se pueden concertar llamadas telefónicas semanales o mensuales, o bien utilizar un servicio web para establecer un «calendario de cuidados familiares». Es posible llegar a acuerdos económicos que incluirían que cada miembro de la familia ingrese una cantidad mensual en una cuenta para pagar los servicios de apoyo al paciente. Y también se puede organizar un calendario para que los familiares implicados disfruten de descansos periódicos. Los únicos límites en cuanto a las posibilidades son la imaginación y el grado de cooperación entre los miembros de la familia.

La información, la empatía y la ayuda práctica son los tipos de apoyo que animan en cualquier situación de cuidados a un enfermo. Sin embargo, existe una condición: hay que estar dispuesto a utilizar los apoyos disponibles. Esto nos lleva al tercer problema habitual entre muchos cuidadores: no aprovechan al máximo la ayuda que se les ofrece. Dicen cosas como «Dios te envía sólo aquello con lo que puedes cargar» y aseguran que no necesitan ayuda. Responden encogiéndose de hombros a las preguntas de los profesionales de la salud sobre cómo les va y dan respuestas como «Estoy perfectamente; es del paciente de quien se tienen que preocupar». No aceptan la ayuda domiciliaria, aunque esté incluida en el tratamiento, porque no les gusta que entren extraños en su casa y creen que tienen que ser ellos quienes cuiden a sus seres queridos. Estos son los cuidadores más propensos a acabar agotados. ¿Por qué no utilizan toda la ayuda que está a su alcance? Las razones para algunos son altruistas. Se sienten privilegiados por ocupar una posición en la que pueden mejorar la vida de alguien y no quieren que otros carguen con los deberes que ello implica. Para otros, las razones son más egoístas. Quieren evitar la experiencia de la culpabilidad que sentirían por aceptar ayuda si los demás van a juzgarles con dureza por eludir sus responsabilidades. Aunque los demás no realicen tales juicios, estos cuidadores se identifican tanto con su papel de héroe que se condenan a sí mismos si no demuestran una dedicación total. Además, están convencidos de que nadie puede desempeñar mejor la tarea que ellos y que los otros cuidadores son un estorbo. Son personas tan absorbidas por su misión de cuidar al enfermo que todas las demás consideraciones desaparecen. Como ocurre con la hermana mayor de nuestra historia, la lógica por sí sola no sirve para convencerles de que utilicen los apoyos.

Si no te gusta aceptar ayuda y apoyo, ¿por qué no?
¿Porque crees que cuidar al enfermo es un privilegio?
¿Porque nadie puede hacerlo tan bien como tú?
¿Porque, en tu opinión, tienes más tiempo y más energía que nadie?
¿Porque sería como eludir tus responsabilidades, lo cual te haría sentir culpable?
¿Porque has adoptado un compromiso y cualquier cambio sería como si lo rompieses?
¿Porque has empezado a definirte únicamente como cuidador?

Durante la semana siguiente, la hermana mayor no comenta nada con la pequeña sobre su tensa conversación telefónica, pero sus formas bruscas indican que todavía está molesta. La hermana menor no sabe cómo responder a lo que percibe como un doble mensaje en el comportamiento de su hermana. Por un lado, la mayor se enfada ante la menor sugerencia de que necesita ayuda. Por otro lado, sigue moviéndose por la casa con cestas de ropa sucia hasta arriba y el aspecto agobiado de una criada cargada de trabajo. Tal vez ese modo pesado de moverse es un intento de llamar la atención de su marido, que sigue refugiado en su despacho del sótano. Tal vez intenta ser una súplica a la madre para que se recupere pronto y alivie su carga (con la ayuda de la fisioterapia que recibe en casa, mamá está un poco más fuerte y ya puede caminar con un andador, aunque todavía necesita la ayuda de su hija para comer y subir y bajar las escaleras). O quizá sea el modo de protestar a los dioses por las dificultades de salud de su familia.

La hermana mejor tiene tres opciones, y las tres negativas: puede proteger su delicada ecuanimidad evitando una confrontación con su hermana, pero entonces tendría que soportar ver el dolor de su madre mientras la hermana la ataca. Puede intentar hablar con su hermana sobre el trastorno emocional que supone para todos el cáncer de su madre y ofrecerle más apoyo, pero teme provocar una reacción airada y a la defensiva. Y puede intentar intuir qué ayuda necesita su hermana. Muchos cuidadores estoicos no piden ayuda porque les parece que es como admitir la derrota y perder prestigio. Es como si esperasen que los demás lean en su mente qué es lo que necesitan y se apresuren a dárselo sin tener que pedirlo. Sin embargo, la menor no tiene el don de la clarividencia. Sin unas instrucciones explícitas por parte de su hermana, sólo le queda adivinar y probar posibles formas de ayuda. Y si se equivoca, está segura de que será objeto de sus críticas.

La hermana menor opta por la tercera opción con la esperanza de que el conocimiento del carácter de su hermana le guíe por el buen camino. Cada pocos días se pasa por la casa para llevar ropas y otros objetos personales del piso de su madre, además de comprar alimentos y productos de higiene. La primera vez que llega con uno de esos «equipos» de cuidados, la mayor lo acepta a regañadientes. En la siguiente ocasión, sonríe fugazmente, como si estuviese agradecida. La hermana menor se siente animada y decide dar un paso más. Un día, se acerca a su hermana, en la cocina, y le ofrece quedarse con la madre unas horas para que ella pueda salir. Sin embargo, la mayor se pone rígida y dice con frialdad:

—No es necesario. Estoy bien aquí. No, gracias.

La pequeña añade con calma:

—Vale, pero si cambias de opinión...

Pero la mayor se gira hacia el fregadero, lleno de platos, dejando claro que la conversación ha terminado.

Aquella noche después de cenar, mientras toma el té con su marido en el salón, la hermana pequeña todavía sigue dolida por la reacción de la mayor. Se queja de que al insistir en hacerse cargo de todo, su hermana hace que ella se sienta mal, su marido irritado y su madre nerviosa. No es que ella quiera ser la cuidadora primaria de su madre, explica a su marido. Quiere contribuir, pero desde una distancia segura para no verse absorbida por los cuidados como su hermana. Desearía poder compartir más tareas para que todos se sintiesen más apoyados. Su marido toma un sorbo de té, deja su taza con cuidado en un posavasos y ofrece a su mujer un consejo:

—Escribe una carta a tu hermana. Saca tus sentimientos. Después ya decidirás si se la envías o no.

Escribir cartas es una técnica terapéutica con diversos fines. Para el que escribe, es un medio de ordenar y aclarar los sentimientos con el fin de entenderse mejor uno mismo. Además, ofrece un modo de dejar salir sentimientos que podrían ser difíciles de expresar o de expresarlos de forma más meditada que en una conversación. Para el que lee, es un modo de conocer el punto de vista del otro y asimilarlo poco a poco. En tiempos del correo electrónico y los mensajes instantáneos, la mayoría de los lectores releen los mensajes escritos varias veces antes de responder. Ese lapso de tiempo es el que permite asimilar mejor lo que se ha leído y responder de forma adecuada frente a la inmediatez de un intercambio verbal. En situaciones familiares en las que las emociones están a flor de piel, como la de cuidar al enfermo durante una crisis médica, alguna que otra carta puede ayudar a que los parientes se escuchen antes de reaccionar de forma impulsiva y acalorada. En general, la comunicación pasa a ser más civilizada y productiva.

Antes de irse a dormir, la hermana pequeña se sienta ante el ordenador y teclea unas palabras. Aficionada a escribir su diario desde que cayese en una depresión, 10 años atrás, está acostumbrada a teclear todo lo que le viene a la cabeza para aclarar sus pensamientos. Esa noche escribe sobre su sentimiento de frustración porque su hermana mayor la trata como si fuese incompetente. Y no sólo ahora: siempre la ha hecho callar con condescendencia, a veces enfadada y a veces brusca. Siente cómo va creciendo su ira a medida que los dedos recorren el teclado. Se detiene y sus pensamientos se centran en su padre. Él siempre se enfrentaba a la mayor cuando creía que se extralimitaba con su hermana. Describe algunos recuerdos de ocasiones en las que él la ayudó, y entonces pasa a escribir sobre su enfermedad y su muerte, como ha hecho tantas veces. Después piensa en el funeral del padre y tiene una visión clara y repentina de su hermana mayor sollozando junto a la tumba. Con esa imagen, parte de su enfado se disipa. Recuerda, como le ocurre a menudo después de sentirse furiosa, que todo lo que tiene su hermana de brusca, lo tiene también de sensible. Sigue tecleando a medida que las ideas acuden a su mente, y entonces escribe una frase que es más una concesión que una revelación: «Mi hermana se esfuerza por hacer lo correcto aunque en ocasiones moleste a los demás con su manera de hacerlo».

Ahora que ya siente más empatía hacia su hermana, la menor guarda lo que ha escrito y se dispone a enviar un correo electrónico a la mayor. Parte del mensaje que escribe con detenimiento reza así: «No voy a intentar ocultarte que en estos momentos estoy muy molesta contigo. No aprovechas toda la ayuda que se te ofrece, y eso me preocupa. Mamá está débil principalmente por la operación que acaba de sufrir. Si el cáncer se desarrolla, estará mucho más débil. ¿Cómo lo harás entonces si no aceptas mi ayuda o la de alguna otra persona?». Termina el correo en tono conciliador: «Me preocupo por ti y sólo quiero lo mejor para todos nosotros». Cuando la relee, se pregunta si no habrá sido demasiado brusca. Sin embargo, conociendo su tendencia a cavilar sin fin, la hermana pequeña dirige la mano rápidamente al comando «Enviar», duda y momento y por fin envía el mensaje. Sea cual sea la reacción que provoque, piensa que al menos ha escrito lo que siente.

La hermana mayor está a punto de irse a la cama cuando su marido entra en la habitación y le comunica que tiene un correo en el ordenador. Ella se sorprende por varios motivos: por recibir un correo tan tarde; porque él haya subido a decírselo cuando lo normal sería que no se molestase en hacerlo; porque él haya subido, sin más, en lugar de seguir trabajando como ha hecho en las últimas semanas. Ella le observa en busca de pistas sobre el remitente o sobre la razón por la que él quiere que lo sepa en ese momento, pero su marido sólo la mira de manera insulsa y se encamina hacia el cuarto de baño. Mientras ella se pone la bata y las zapatillas y empieza a bajar rápidamente las escaleras, se pregunta si su marido habrá leído el mensaje.

Entra en el despacho y se apresura hacia el ordenador, entre los montones de papeles de su marido. Se sorprende al ver un mensaje extenso de su hermana: ella casi nunca le escribe correos. ¿Qué habrá pasado? Se sienta, empieza a leer y frunce el ceño. ¿Su hermana está molesta? Como la mayoría de las personas presas del egoísmo, la hermana mayor cree que nadie puede estar más molesto que ella porque nadie parece entender sus razones para cuidar de su madre. No le otorgan el crédito que merece y la critican a pesar de lo mucho que se esfuerza. Sin duda, debería aceptar ayuda, se dice para sus adentros, pero cuando decida que realmente la necesita. Sólo lleva unas semanas cuidando de su madre; todos están bien, es demasiado pronto para rendirse.

Se sienta en el escritorio y empieza a pensar una respuesta firme. Sin embargo, cuando relee lo que ha escrito, no le gusta el tono irritado y cancela el mensaje. Lo intenta de nuevo, pero se da cuenta de que su enfado va en aumento. Al comprender que se encuentra demasiado agotada para controlar sus emociones, decide dejarlo para el día siguiente. Después de cerrar el ordenador y volver al dormitorio, se sorprende al encontrar a su marido en la cama y despierto. «¿Habrá leído el mensaje?», se pregunta ella de nuevo.

—El correo era de mi hermana —anuncia mientras se toma su tiempo para colgar la bata. Él la mira durante un instante sin responder, y entonces ella continúa:

—Quiere que acepte más ayuda para cuidar a mamá. Dice que hago demasiado. Es una pesada.

Su marido se sienta en la cama, se despeja la garganta y dice en un tono de voz tenue pero firme:

—Por una vez, creo que tiene razón. Te has centrado tanto en tu madre que has descuidado todo y a todos los demás. Yo también he intentado ayudarte, pero el mensaje que he recibido de ti es que tienes que hacerlo todo tú sola.

La hermana mayor, asombrada, responde con voz aguda:

—Creía que no querías tener nada que ver con mi madre. Por eso casi vives en el sótano.

—Tu madre y yo hemos tenido nuestros problemas —continúa el marido—, pero estoy preocupado por ti. Te pasas el día de arriba para abajo completamente nerviosa, como si llevases el peso del mundo a tus espaldas. Es como si pensaras que tienes que salvar a tu madre del cáncer. Yo me encierro en el sótano porque me resulta demasiado doloroso ver todo esto. Tu hermana tiene razón: necesitas ayuda.

La mayor está demasiado asombrada para responder. Su marido espera unos minutos, pero ella continúa en silencio. Finalmente, él se da la vuelta e intenta dormir. Ella permanece despierta mucho rato, asediada por multitud de sentimientos. Algunos ya los conoce: está herida y enfadada porque se siente malinterpretada y criticada una vez más. Otros, en cambio, son nuevos: está nerviosa y confusa ante el hecho de que su hermana y su marido parezcan enfadados con ella. ¿Creen que no puede con todo? ¿Qué quieren de ella?

Si un miembro de tu familia es un cuidador primario que lo hace todo, existen varias estrategias para intentar ayudarle a que utilice apoyos: la persuasión, el permiso o la dispensa, y el mantenimiento del sentido de la utilidad. La persuasión, el medio que todos intentamos en primer lugar y de forma natural, suele ser el menos efectivo. Puesto que las decisiones sobre los cuidados se basan tanto en la emoción como en la razón, un argumento puramente lógico según el cual la ayuda va a sustentar al cuidador (por ejemplo: «Si te cuidas, tendrás más energía para cuidar al enfermo») no logra convencer. Asimismo, las llamadas emocionales al cuidador («Si lo haces tú todo, te pondrás en peligro») pueden hacer zozobrar el «barco», pero es poco probable que cambien su dirección. Como ocurre con la hermana mayor, es muy posible que descubras que ejercer presión para que acepte ayuda sólo provoca consternación y confusión. Las súplicas serán ignoradas una tras otra. Incluso en aquellos casos en los que logres organizar a suficientes familiares para intentar convencer al cuidador, puede que éste se sienta intimidado, pero las tácticas duras provocarán resentimiento y una resistencia pasiva.

Un método mucho mejor para animar a un pariente a utilizar apoyo consiste en darle permiso o una dispensa. Dado que muchos cuidadores primarios tienen un gran sentido de la obligación familiar o del deber moral que les lleva a cuidar del enfermo sin descanso, el hecho de ofrecerles el permiso de la familia (por ejemplo, «Tienes nuestro apoyo si crees que necesitas un poco de tiempo para ti») o una especie de dispensa moral («No hay ningún mal en preocuparte de ti mismo además de cuidar a tu ser querido») tiene más poder de influencia en su comportamiento que los argumentos lógicos o emocionales. En estos enfoques hay una empatía implícita de la que carecen las tácticas de persuasión que ejercen presión y pueden llegar a resultar ofensivas. En consecuencia, la mayoría de los cuidadores experimentan la concesión del permiso como un método más considerado con sus valores y, por tanto, más respetuoso con sus juicios.

Conviene señalar, no obstante, que el impacto de estos enfoques depende de quién conceda el permiso o la dispensa (en concreto, de la autoridad y la comprensión emocional de la persona en cuestión). Los profesionales de la salud, y en especial los médicos, ocupan una posición privilegiada para aconsejar a los cuidadores que acepten más ayuda recetándoles literalmente dicha ayuda como parte de un plan de bienestar personal. Sin embargo, como ocurre con cualquier tratamiento médico, el cuidador primario tiene que sentir que el médico le entiende antes de depositar su fe en la receta. Cuando los médicos no escuchan las preocupaciones de los cuidadores antes de presionarles para que utilicen más apoyo, éstos suelen rechazar su consejo por considerarlo inadecuado para sus necesidades. Una persona todavía más influyente que el médico es el propio enfermo al que cuidar. Cuando éste concede permiso al cuidador (por ejemplo, animándole a buscar ayuda para las tareas cotidianas), los sentimientos de culpabilidad y de obligación que impiden aceptar dichas ayudas se suavizan. Del mismo modo, cuando un paciente suplica al cuidador que no le deje en ningún momento o no permite que le cuide otra persona, el cuidador se muestra mucho más reacio a utilizar los apoyos.

El modo más efectivo de ayudar a un cuidador a que aproveche el apoyo consiste en mantener el sentido de la utilidad que experimenta cuidando a un ser querido enfermo. Antes de ofrecerle consejos no solicitados sobre cómo realizar sus tareas, resulta vital preguntar por qué ha decidido hacer lo que hace y qué opina de ello (por ejemplo, «¿Por qué te dedicas a cuidar a tu familiar todos los días como lo haces? ¿Qué piensas de eso?»). Tienes que plantear estas preguntas de manera que no parezca que estás cuestionando su actividad cuidadora; al contrario, debes transmitir tu sorpresa ante todo lo que es capaz de hacer. Cuando se les pregunta con curiosidad sincera, la mayoría de los cuidadores familiares ofrecen respuestas meditadas que apelan al significado que otorga a sus vidas el hecho de cuidar al enfermo (por ejemplo, «Estoy haciendo lo que Dios quiere que haga», «Estoy devolviendo parte del amor que he recibido», o «Sólo estoy siendo una buena hija»). Sea cual sea el motivo esgrimido, resulta esencial que lo respetes como una misión digna de mérito y que no lo pongas en entredicho. El cuidador necesita sentir tu apoyo para continuar haciendo aquello a lo que se ha comprometido.

Si logras mantener el sentido de utilidad del cuidador, te dará mucho más margen para plantear preguntas sobre sus métodos. En particular, puedes preguntarle si el hecho de aceptar más apoyo podría favorecer su sentido de la utilidad y le permitiría hacer más de lo que se esfuerza por hacer («¿Crees que podrías obedecer mejor a Dios si salieses fortalecido gracias a la ayuda de los demás?»; «¿Puedes devolver más amor a tu ser querido si te tomas el tiempo necesario para reponer fuerzas?»; «¿Puedes ser tan buena hija como quieres ser si te ayudan otras personas?»). Estas preguntas son muy diferentes a la simple persuasión, que consiste en intentar convencer al cuidador de que se ponga de tu parte en una discusión sobre la utilización de apoyos. Cuando preguntas y validas la misión del cuidador en primer lugar, estás en mejor disposición de que perciba que estás a su lado con cualquier observación o sugerencia que plantees.

Para animar a un cuidador primario a aceptar ayuda, prueba estos enfoques:

- Persuasión *sutil*: las tácticas duras sólo producirán resistencia, activa o pasiva.
- Intenta conseguir un médico comprensivo: el cuidador que siente que el médico del enfermo le entiende puede mostrarse más abierto a escuchar.
- Da permiso en lugar de órdenes: «Tienes nuestra bendición para tomarte tiempo libre» en lugar de «¡No puedes pasarte todos los días cuidando de mamá sin descanso!».
- Pregunta en lugar de decir: averigua en qué consiste el sentido de utilidad del cuidador y pregúntale si utilizar ayuda va a favorecer esa misión.
- Implica al enfermo: el permiso para lograr ayuda tendrá más fuerza si viene del propio paciente.

En aquella larga noche, el sentido de la utilidad de la hermana mayor ha sido zarandeado, pero no socavado. El intento de persuasión de su hermana sólo ha conseguido irritarla. La posición de su marido ha provocado más impacto que cambios. Mientras se encuentra acostada, despierta, le da vueltas a la idea de que han sido injustos con ella y se siente menos apoyada que nunca. Se jura a sí misma que piensa continuar haciendo lo que es importante para ella, con o sin su aprobación. Si realmente quisieran ser útiles, ayudarían a mamá y dejarían de criticarla. Piensa ponerles en su sitio por la mañana.

Escucha un ruido que procede del dormitorio de su madre y se da cuenta de que debe haberse levantado y está utilizando el andador para ir al lavabo. Se sorprende de que no la haya llamado, pero entonces cae en la cuenta de que hace al menos una semana que su madre no la llama por la noche. ¿Ha estado yendo al lavabo ella sola?, se pregunta alarmada. ¿Y si se cae y se rompe una cadera? Se levanta y se dirige a la antigua habitación de su hija. La puerta del dormitorio está abierta y la del lavabo que hay al lado está cerrada, pero hay luz dentro. Escucha el sonido del agua al correr y el ruido metálico del andador contra el mueble de formica. La hija espera incómoda en el vestíbulo oscuro durante unos minutos mientras le embarga una mezcla de emociones: ansiedad porque su madre se ha levantado sin ayuda, vergüenza por estar «espiando» a su madre mientras hace sus necesidades, y ligeramente disgustada porque no le ha pedido ayuda. Al mismo tiempo, tiene una extraña sensación de *déjà vu* que procede de cuando vigilaba a sus hijas para acompañarlas hasta la cama. Cuando la puerta del baño se abre poco a poco y la madre empuja el andador a través del umbral, la hija dice con voz suave:

—Mamá.

La madre gira la cabeza con gesto asustado.

—¿Qué haces aquí? No me des estos sustos —replica la madre con voz enfadada cuando reconoce a su hija.

—¿Por qué vas sola al lavabo? —pregunta la hija.

—Ya soy perfectamente capaz de ir al lavabo yo sola —replica la anciana en tono brusco—. ¿Por qué estás levantada? Ya me ayudas bastante. Vuélvete a la cama.

La hermana mayor sabe que su madre, débil y pillada por sorpresa, se encuentra en un estado de ánimo irritable y no debe tomarse en serio sus palabras. Sin embargo, después de la carta de su hermana y del sermón de su marido, esa respuesta le sienta como una bofetada. No puede evitar una reacción a la defensiva.

—¿Qué quieres decir con «bastante»? —pregunta—. Ahora vives en mi casa para que yo pueda cuidarte.

Sin embargo, cuando la madre se pone nerviosa, ni siquiera la hija mayor la supera en brusquedad.

—No necesito que te des tanta importancia y me trates como a una niña —replica—. Voy a volver a mi casa en cuanto pueda.

Y continúa empujando su andador hacia el dormitorio. Antes de entrar, se detiene y se gira de nuevo. La luz tenue no le impide ver que su hija está disgustada.

—Lo siento. La medicina contra el dolor me cansa y me pone irritable —dice la madre—. No me hagas caso.

Y la hija responde en tono lastimero:

—Está bien.

—Estoy muy agradecida por todo lo que haces por mí —continúa la madre—. Haces todo lo que una madre podría desear. Sólo soy una vieja terca e independiente que no está acostumbrada a que le atiendan. Me pongo de mal humor, ya lo sabes. No es culpa tuya.

La madre se detiene para calibrar el efecto de sus palabras, pero la hija se limita a mirarla. La madre siente que todavía debe arreglar la situación y prosigue:

—Teniendo en cuenta cómo me comporto a veces, es un milagro que quieras cuidarme. —A continuación, pregunta en un tono de voz muy bajito—: ¿Por qué haces todo esto por mí?

La hija mayor responde sin dudar:

—Porque te quiero. Porque siempre te has ocupado de mí. Porque al cuidar de papá cuando se estaba muriendo me demostraste cómo deben ayudarse las personas que se quieren.

Al escuchar la mención a su marido, la madre siente una punzada de tristeza.

—Tú también le cuidaste muy bien —recuerda—. Te lo agradezco, y te agradezco que me cuides ahora.

—No tienes por qué agradecérmelo —dice la hija.

La madre vuelve a hacer una pausa y después empieza a avanzar de nuevo con el andador, pero se detiene una vez más y mira a su hija.

—Yo siempre he sido muy orgullosa y no aceptaba ayuda de nadie —explica—. Eso me ha complicado las cosas ahora que soy yo la enferma. Te pido que te hagas un favor y permitas que otras personas te ayuden a cuidarme. Tengo más parientes. Probablemente, las cosas irán a peor cuando empiece la quimioterapia, y no quiero que cargues tú sola con todo el peso.

La hija mayor está a punto de iniciar una discusión, pero decide que no es el momento ni el lugar. De repente, ella también se siente muy cansada. Esa conversación con su madre ha aliviado la tensión que sentía, pero también la ha vaciado emocionalmente y se limita a responder:

—Muy bien. Lo intentaré.

—Buenas noches —dice la madre, que entra en el dormitorio. La hija espera un momento, hasta que escucha que su madre se acomoda en la cama. Después se dirige a su habitación y se queda dormida al instante.

Cuando se despierta, al día siguiente, y mira el reloj, le entra el pánico al comprobar que pasan de las 9. Su marido no la ha despertado antes de irse a trabajar, como hace siempre. ¿Qué pasa con el desayuno de mamá? Se levanta de un salto y se dirige al dormitorio. Su madre ya está vestida, sentada en el sillón de la habitación, leyendo una novela de misterio. La hija le espeta:

—Lo siento, me he quedado dormida. Ahora mismo te preparo el desayuno.

Pero la madre responde:

—Ya he desayunado. Me lo ha traído Bob.

La hija, sorprendida, deja escapar un simple «Ah». Cuando la madre vuelve a centrar su atención en el libro, la hija regresa a su dormitorio para ponerse la bata y baja a prepararse un café.

Todavía se siente muy cansada. Aunque ha dormido mucho, las semanas que lleva cuidando a su madre le pesan. Se toma el café a grandes sorbos, como si buscase energía. Sin embargo, cuando reflexiona cómo se siente esa mañana, también se da cuenta de que está mucho más tranquila que la noche anterior. La conversación con su madre ha sido dolorosa en algunos aspectos: le ha dolido escuchar el comentario sobre creerse muy importante, el recuerdo de la pérdida de su padre, la previsión de tiempos peores debido a los tratamientos agresivos contra el cáncer. Sin embargo, el reconocimiento de los cuidados por parte de su madre significa mucho para ella. Se siente comprendida y apreciada. El comentario de su madre sobre negarse a aceptar ayuda también le ha llegado. Sabe que ella es como su madre: de hecho, está orgullosa por eso. Por tanto, si la madre confiesa que la resistencia es un problema que ha tenido que superar, lo mismo ocurre con la hija mayor.

Después de dejar la taza vacía en el fregadero, se dirige al sótano. Pone en marcha el ordenador y relee el correo de su hermana. El tono, que la noche anterior le pareció crítico y un poco arrogante, hoy se le antoja más atento. No está preparada para admitir los puntos principales, pero sí dispuesta a conversar sobre ellos. Pulsa en «Responder» y empieza a escribir. «Sé que las dos nos sentimos frustradas», escribe. «Deberíamos hablar. ¿Por qué no vienes a casa?». Reflexiona unos segundos y continúa: «Le pediré a Bob que se quede con mamá esta noche para que nosotras podamos salir. Podríamos ir a cenar algo». Relee el correo, se encoge de hombros y pulsa «Enviar».

Utilizar apoyos resulta esencial para mantener las fuerzas durante todo el proceso del cuidado de un enfermo. Sin embargo, con independencia de la cantidad de apoyo que utilices, proporcionar cuidados implica unos sacrificios en la vida personal y familiar. Para algunos cuidadores, los sacrificios son mayores de lo que habían pensado cuando se comprometieron a cuidar al enfermo. La consecuencia es que aparecen problemas para afrontar lo que va surgiendo. Estar mentalmente preparado para enfrentarse y manejar el sacrificio resulta clave para cuidar a un enfermo, sobre todo cuando esos cuidados se prolongan durante años. En el siguiente capítulo trataremos a fondo el tema de la preparación mental.

El cuidador también necesita atención médica

P: *Cuando acompaño a mi madre a la consulta del neurólogo para el seguimiento de su esclerosis múltiple, el médico siempre me dice qué tengo que hacer: las medicinas que tengo que comprar, que mi madre evite el estrés, asegurarme de que el entorno doméstico es seguro teniendo en cuenta que a la enferma le falta estabilidad... Sin embargo, nunca me pregunta cómo me siento en mi papel de cuida-*

dora y si soy capaz de afrontar todo lo que va ocurriendo. ¿Cómo hago que el médico entienda que yo también tengo sentimientos y necesidades?

R: El grado de atención que manifiestan los médicos hacia los cuidadores familiares es muy variable. Algunos se acercan a los hijos cuidadores con sensibilidad, se interesan por su bienestar y les implican en los cuidados de los pacientes como compañeros fiables. Otros parecen no darse cuenta de las preocupaciones de los cuidadores o bien dan órdenes como si fuesen sustitutos de enfermeros. Los médicos pueden mostrarse insensibles a las necesidades de los cuidadores por muy diversas razones: porque les falta la formación o la confianza para trabajar con parientes «emocionales», porque creen que no entra en su especialidad médica, porque se sienten presionados por la falta de tiempo y evitan enzarzarse en conversaciones largas con los familiares, o porque están tan familiarizados con los cuidados a los enfermos que les falta perspectiva de lo que las personas no profesionales entienden y pueden hacer. Sin más información resulta imposible conjeturar las motivaciones del comportamiento del médico de tu madre. No obstante, tú puedes hacer algunas cosas para cambiar tu relación con él.

Nada llama tanto la atención de un médico como la visión de un bolígrafo y un papel. Te sugiero que confecciones una lista con tus preguntas y observaciones y la lleves cada vez que vayas al neurólogo con tu madre. Así le transmitirás claramente que tienes dudas que necesitas despejar antes de terminar la visita. He visto a médicos arrebatar literalmente estas listas de las manos de los cuidadores al principio de las visitas con el fin de acabar lo más rápido posible. Otra opción consiste en programar una visita individual con el médico, sin tu madre. Así podrás hablar abiertamente sobre el pronóstico de la enferma, expresar tus temores sobre su futura falta de movilidad y plantear tus limitaciones para cuidarla. El médico entenderá mejor tu posición y te tendrá en cuenta. Además, te conocerá como persona (al menos hasta cierto punto). Lo más probable es que no vuelva a darte órdenes nunca más.

Existen otros métodos posibles para cambiar tu relación con el médico. En la página web de la National Family Caregivers Association (www.thefamilycaregiver.org) puedes solicitar un folleto titulado *Improving Doctor/Caregiver Communications*; www.webpacientes.org.

Querer hacerlo todo solo

P: *Mi hermano está cuidando a mi madre, que tiene diabetes. Por mucho que insista, se niega a reconocer que es un cuidador familiar. Cree que los cuidados que proporciona a nuestra madre forman parte de su papel como hijo. Me gustaría que mi hermano recibiese algún tipo de ayuda. ¿Cómo consigo que se dé cuenta de que es un cuidador además de hijo y que, por tanto, puede pedir ayuda?*

R: Yo no sería tan sutil con respecto a si tu hermano se autodefine como un cuidador o un hijo atento. La mayoría de los cuidadores familiares hacen lo que hacen sin pararse a pensar que lo son. Te sugiero que le digas que quieres hacer todo lo que esté en tu mano para ayudarle a que cumpla con sus responsabilidades familiares. Después, busca un modo de ayudarle para llevarlas a cabo.

Además, le insistiría para que busque ayuda. Para muchas personas, buscar ayuda equivale a eludir responsabilidades. Puedes argumentar todo lo que se te ocurra (por ejemplo, que disponer de ayuda le permitirá dedicarse mejor a los cuidados del enfermo), pero el acto de preguntar les hace sentir que quedan mal. Te sugiero que le eches una mano sin más. Preséntate en casa de tu madre con una compra. Lleva una película. Dile a tu hermano que te puedes quedar un día determinado para que él pueda salir a cortarse el pelo, a hacer recados, a jugar al golf o lo que quiera. Si protesta, deja sus preocupaciones a un lado y no aceptes un no por respuesta. (Para animar a un cuidador primario a aceptar ayuda, prueba los consejos específicos de la página 100.)

Resultará más complicado convencer a tu hermano de que acepte ayuda profesional, como las ayudas domiciliarias. Él no buscará profesionales por iniciativa propia; tú tendrás que guiarle con cautela. Por ejemplo, puedes contratar un servicio de limpieza con la condición de que va a probar durante un mes y si después no le gusta, podrá prescindir del servicio. En la mayoría de este tipo de casos, he visto a cuidadores orgullosos que aceptan servicios a largo plazo cuando comprueban que los profesionales implicados son personas normales que realmente resultan de gran ayuda.

Por supuesto, tendrás que mostrar el mayor respeto hacia las prerrogativas y la idea de dedicación de tu hermano. Toma la iniciativa y después convéncele sutilmente por su propio bien y el de tu madre.

Identificar las señales del síndrome de estar quemado

P: *Llevo 5 años cuidando de mi padre, que sufrió una lesión cerebral moderadamente grave como resultado de un accidente de tráfico. Desde el año pasado, mis hermanas me dicen que ser su cuidadora me está quemando y que debería ingresarlo en una residencia. Nunca han tenido buena relación con nuestro padre porque es alcohólico. No tengo claro si me dan consejo porque están enfadadas con él o porque realmente les preocupa mi estado. Es cierto que me encuentro muy cansada, pero no sé si padezco el síndrome de estar quemado. ¿Cómo puedo saberlo?*

R: «Estar quemado» (*burnout*) es una expresión popular sin una definición clara. Lo más probable es que originalmente se refiriese al daño provocado cuando se recalienta un aparato eléctrico. Más tarde, se utilizó para describir el punto en el que el combustible del misil se quema y éste cae en la tierra. Cuando la psicología organizativa empezó a estudiar los efectos del estrés crónico en los trabajadores, adoptó la expresión para describir el estado de productividad y satisfacción reducidas que experimentaban en ocasiones dichos trabajadores. La definición del misil sería la mejor para aplicar a los cuidadores a largo plazo que no se ocupan de ellos mismos: si gastas las últimas reservas de energía, puedes acabar cayendo.

Las señales típicas del síndrome de estar quemado incluyen fatiga, irritabilidad, insomnio, sentimiento de desamparo, desengaño con el propio trabajo y tendencia a la falta de autoestima. Muchos de estos síntomas corresponden también a la depresión. Si padeces varios, te sugiero que lo consultes con el médico de cabecera. Es probable que te recomiende alguna de las medidas de autoevaluación para asesorar a cuidadores (la más conocida es la Burden Interview, creada por Steven H. Zarit y asociados; se encuentra disponible en numerosas páginas web, incluyendo www.fpnotebook.com/GER6.htm). Con la puntuación del cuestionario, el médico podrá valorar tu estado y tal vez te sugiera que necesitas modificar tus costumbres cuidadoras para evitar el síndrome.

No obstante, en última instancia serás tú quien debe valorar si cuidar de tu padre es demasiado para ti. Parece que tus hermanas no son precisamente unas observadoras objetivas. Entiendo sus preocupaciones. Si nunca has asistido a una reunión de Alcohólicos Anónimos para familiares de alcohólicos, descubrirás que es una opción muy interesante para entender mejor tus propias motivaciones. Te recomiendo que hables con tus hermanas, que les comuniques tu gratitud por preocuparse de ti. Pídeles que compartan lo que han visto y oído que les haya parecido más alarmante, pero plantea también tus sospechas de que su deseo de protegerte tiene algo que ver con el de distanciar a vuestro padre. Si lo niegan, no vuelvas a mencionar el tema. Debes informales de que es muy importante para ti saber si apoyan tus decisiones o no. Con su apoyo mantendrás las energías necesarias para tu misión cuidadora. Si lo que hacen es criticarte continuamente, es más que probable que empieces a sentir los síntomas del síndrome.

Sentirse solo y paralizado

P: *Mi madre padece insuficiencia renal. Necesita mucha ayuda para su actividad física diaria (y a veces también para la mental).*

Tiene que ir al hospital tres veces por semana para someterse a diálisis. Me está costando mucho encontrar y mantener amigos que me presten apoyo, ya que mucha gente no entiende la naturaleza de esta enfermedad y las exigencias de la diálisis. Los amigos que tenía antes de que mi madre cayese enferma se han esfumado. Nuestra congregación local no me ha prestado ayuda. He intentado participar en grupos de apoyo, pero no parece que encajen con mi situación. Entre mi trabajo a jornada completa, los cuidados a mi madre y la casa me veo incapaz de hacer nada más. Me siento paralizada e incapaz de pensar cómo acabar con mi aislamiento y encontrar apoyo. ¿Qué puedo hacer?

R: Tu situación como cuidadora está envuelta de diversos aspectos angustiosos y frustrantes: luchar contra una enfermedad incapacitante y no siempre entendida, y contra su difícil tratamiento; perder la colaboración y el apoyo de los demás, sufrir agotamiento mental... En tu pregunta, sin embargo, se aprecia la constancia de tu compromiso para cuidar de tu madre y tus deseos de mejorar; de lo contrario, te resignarías en lugar de buscar nuevas posibilidades. Resulta difícil darte consejos adecuados sin tener más información sobre lo que ya has intentado, pero te sugiero que reflexiones sobre tres puntos.

El primero tiene que ver con los recursos que intentas utilizar. La mayoría de nosotros acudimos en primer lugar a la familia y a los apoyos locales. Si has contactado con todos los parientes, vecinos, grupos parroquiales y otras organizaciones posibles, y has recibido respuestas insuficientes, deberías pasar a buscar apoyo nacional o incluso internacional a través de internet. Existen numerosas páginas web dedicadas a las enfermedades renales que pueden ofrecerte información médica, salas de chat y listas de contactos ordenadas geográficamente. Aunque estos recursos no pueden proporcionarte ayuda práctica, sí te brindan consejos para reponer ideas. Y, lo que es más importante, te ofrecen la empatía de personas que entienden tu difícil situación mejor que nadie. He conocido a muchos cuidadores que han hecho verdadera amistad con personas en su misma situación a través de la red, y con quienes se comunican a diario.

La segunda consideración es cómo has intentado aprovechar los recursos existentes. Si bien es cierto que no se puede sacar nada de una piedra, la mayoría de nosotros no estamos rodeados de piedras. En general, podemos obtener cierto sustento de las personas de nuestro entorno si nos acercamos a ellas con la combinación adecuada de sutileza, diplomacia y aceptación de su persona y de lo que tienen para ofrecer. Te recomiendo que te plantees varias preguntas difíciles: ¿Estoy facilitando que los demás nos ayuden a mí y a mi madre dentro de sus posibilidades? ¿Estoy retirando mis peticiones de ayuda porque me siento juzgada o compadecida por ellos? ¿Me siento rechazada por ellos porque no tienen la experiencia necesaria para entender mi situación y, por tanto, responden con lentitud? Si meditas en serio las respuestas a estas preguntas, tal vez llegues a la conclusión de que tus reacciones o las respuestas de los demás podrían haber evitado que consigas su ayuda. Si éste resulta ser el caso, intenta llegar a ellos de nuevo con menos expectativas sobre sus contribuciones potenciales y más indulgencia ante sus carencias.

La tercera consideración tiene que ver con la vida cotidiana de tu madre. Los días que no va a diálisis, ¿tiene actividades que le resulten productivas y satisfactorias, como cocinar, coser o incluso tareas de limpieza sencillas? Si es así, esas actividades contribuirán a minimizar un poco su dependencia con respecto a ti y, en consecuencia, descenderá la presión que sientes como hija y cuidadora. Cuanta más vitalidad demuestre tu madre, más revitalizada te sentirás tú a la larga.

4

Manejar el sacrificio

Una mañana, después de dos semanas más de fisioterapia, la madre anuncia que ha recuperado las fuerzas suficientes para volver a su casa. No hay duda en su voz; su tono firme transmite que tiene intención de irse. La hija mayor levanta la vista y finge estar sorprendida. Ha estado esperando ese día con una mezcla de sentimientos. Tras observar que su madre apenas utilizó el andador en toda la semana anterior, ha desarrollado la esperanza de que se marchase pronto (con el consiguiente y esperado alivio respecto a la responsabilidad de sus cuidados, día y noche). Al mismo tiempo, se ha imaginado con ansiedad a su madre regresando a casa, pisando la alfombra del dormitorio y rompiéndose una cadera, para ser encontrada en el suelo varias horas más tarde. Del mismo modo que habría que culparla por su torpeza, la hija mayor se condenaría a sí misma por permitir que su madre se hubiese hecho daño.

La madre la mira esperando una respuesta. La hija mayor deja la taza de café y pronuncia las palabras obligadas:

—Sabes que deberías quedarte conmigo al menos hasta que termines con la quimio —dice sin su estridencia habitual. Con tristeza, se da cuenta de que si el cáncer continúa creciendo, es posible que los tratamientos no lleguen a hacerse y la situación se alargue hasta que mamá llegue a su fin. La madre la rebate con mucho tacto y promete:

—Si realmente lo necesito, volveré a instalarme aquí.

En su interior, reza por que la intimidad de su casa ejerza un efecto beneficioso en su salud que favorezca su recuperación milagrosa (o que muera antes de tener que suponer una carga de nuevo para su hija mayor). La hija, que sabe que su madre nunca da su brazo a torcer, acepta la decisión y la mira con admiración por aprovechar la que podría ser su última oportunidad de vivir independiente. Cuando están a punto de terminarse el café y la tostada, la madre añade:

—He quedado con tu hermana para que me ayude en el traslado a finales de semana.

La hija mayor se dispone a replicar, pero se lo piensa mejor. Se mantiene callada y se levanta para recoger la mesa.

Aquella misma mañana, más tarde, la hermana mayor llama a la pequeña por teléfono.

—Podrías haberme dicho que mamá estaba planeando volver a su apartamento —le dice con aspereza.

La menor responde a la defensiva:

—Estaba respetando el deseo de mamá de no decírtelo. Creo que tenía miedo de que no la dejases marchar.

Y en un intento de suavizar las cosas, añade:

—Sé que mamá aprecia todo lo que has hecho por ella en las últimas semanas. Sólo quiere dejar de ser una carga.

La hermana mayor protesta:

—Va a necesitar mucha ayuda. Yo no puedo estar allí todo el tiempo como en mi casa. ¿Tienes intención de quedarte con ella?

—Tengo intención de hacer lo que pueda —responde la hermana pequeña. La mayor no oculta sus dudas:

—Ya veremos cómo van las cosas.

El fin de semana, la madre ya está instalada de nuevo en su casa. Sus hijas han colocado su ropa en los cajones de la cómoda de roble y han despejado así la estrecha cama del dormitorio oscuro. Han puesto las medicinas en la mesita de noche en el orden que debe tomarlas. El fisioterapeuta le ha dado un bastón de aluminio para caminar, pero se encuentra apoyado en un rincón del recibidor. La madre, tambaleante, da unos pasos y se apoya en el respaldo alto del sillón y en la consola de cerezo de la televisión cada vez que viene y va de la cocina. En el bolsillo de su bata blanca lleva un móvil por deseo expreso e insistente de sus hijas. Le han dicho que si se cae debe utilizarlo para pedirles ayuda. Si se siente mal de repente, debe utilizarlo para llamar a una ambulancia. Además, sus hijas podrán llamarla en cualquier momento para preguntar cómo se encuentra.

Desde su regreso de la casa de su hija mayor, la madre pasa los días ensimismada, sentada en el sillón con la televisión encendida y las persianas bajadas. Aunque lleva viviendo 10 años en ese piso, desde la muerte de su marido, ahora ha perdido su aire acogedor y cómodo. No puede evitar pensar en el cáncer y en su futuro. En una semana, la incisión estará curada y podrá empezar la quimioterapia. Después podrían someterla a sesiones de una quimio distinta. ¿Y después? Después, se dice para sus adentros, se sentirá tan mal que probablemente no le importará morir. Mientras los miedos recorren su mente, sus ojos se posan en los cuadros polvorientos colgados de las paredes (estampas urbanas de Sloan y perfiles de Renoir que compró junto a su marido); se da cuenta de que hacía años que no los miraba. Repara en la vitalidad de las bulliciosas escenas urbanas, en la vivacidad de las personas con las mejillas sonrosadas. Si hubo un tiempo en que se identificó con ellas, ahora le hacen sentir vieja y alejada de la vida. Observa una y otra vez las fotos familiares que adornan la mesita. Por primera vez en años, ha empezado a hablar en voz alta con la foto de su marido en la que aparece como un cincuentón radiante y un poco achispado, con la corbata suelta, que le hicieron en la boda de una prima. Le cuenta que le echa mucho de menos. Al mirar las fotos de sus hijas y sus nietos, se dice que todos tienen sus vidas y que no quiere suponer una carga para ellos. Se da cuenta de que no deja de repetirse: «Sin ti me siento perdida».

El traslado de la casa de su hija a su propio apartamento ha comportado otros cambios. Las hijas han decidido que la mayor volverá al trabajo y la pequeña se tomará un permiso por enfermedad familiar. Aunque la mayor se pasa por la casa de su madre todos los días, la nueva organización ha permitido que ahora sea la menor la que lleve las riendas de los cuidados. Hoy, cuando llega después de comer, la hermana menor deja dos revistas en la mesita, se inclina para saludar a su madre con un beso y se va a la cocina para ordenar la comida que acaba de comprar. Cuando vuelve al salón, le impresiona la profunda tristeza que ve en el rostro de su madre. Si fuese la hija mayor, habría ignorado esa demostración de desánimo o habría intentado convencerla de que la superase. La hija menor, con su experiencia personal de depresión, siente el impulso de sentarse en el reposabrazos del sillón e intentar que su madre le cuente qué le ocurre. No, le dice su madre con voz monótona, se siente bien. No, no está triste, sólo muy cansada. La hija se da cuenta de que en la televisión están pasando un anuncio sobre un producto para el crecimiento del cabello masculino y supone que su madre no le habrá prestado ninguna atención. Piensa que el cáncer la ha envuelto en un mar de pesimismo. Repantigada en su sillón, incluso parece físicamente encogida y que haya perdido gran parte de su habitual fortaleza.

La tarde, que no ha empezado con muy buen pie, se hace más difícil para la hija menor. La televisión continúa con su sonido monótono; por lo demás, el apartamento está muy tranquilo. La cuidadora intenta hablar con su madre sobre viejos amigos, sobre los nietos, incluso sobre algún artículo de las revistas que ha traído, pero la enferma sólo responde con frases cortas y después vuelve el silencio. La hija prepara dos tazas de té, pero la madre apenas prueba el suyo y deja la cucharilla en el plato con aire distraído. El ambiente es asfixiante. El estado de ánimo de la madre va haciendo mella en la hija hasta el punto de que acaba sintiéndose sin fuerzas. Cuando llega su hermana, en torno a las 5, la hija menor siente la necesidad de compartir su preocupación sobre la depresión de la enferma, pero le pesa más la urgencia de «huir». Llamará más tarde a su hermana para intercambiar impresiones.

Sin embargo, no puede huir de la sensación de que el día ha salido mal. Circula por la autopista a una velocidad liberadora, pero pronto se encuentra atrapada en un atasco típico de hora punta. Llega a su casa pasadas las 6 y media; su marido la recibe con una expresión tensa:

—¿Ha sido difícil el día con tu madre? —pregunta en un tono casi acusador. Ella lo interpreta como un «¿Por qué no has llegado antes para prepararme la cena?». Cuando entra en la cocina, se da cuenta de que su marido no ha preparado nada y ha dejado unos periódicos esparcidos por la mesa. Se gira para reprochárselo, pero cambia de opinión y se dirige a la nevera para sacar unas hamburguesas. Mientras las prepara, llama a su hermana.

—Mamá y yo hemos tenido una conversación muy agradable —revela la mayor en tono relajado—. Le he hablado de los nietos y ella me ha explicado algunas de las cosas que le han dicho los médicos.

La hermana menor se queda estupefacta.

—¿No la has encontrado muy baja de moral? —pregunta.

—No, estaba muy animada —responde la mayor—. Ya sabes que mamá no se deprime. ¿Qué es lo que te preocupa?

La hermana menor se siente muy desconcertada cuando cuelga el teléfono. Duda que su valoración esté tan alejada de la realidad. Mamá tiene que estar deprimida; el cáncer ya les ha roto el corazón en una ocasión y es muy probable que vuelva a hacerlo. Su hermana se muestra excepcionalmente inconsciente. La menor empieza a dudar de sí misma. ¿Es posible que su hermana no se dé cuenta de nada? ¿O es que mamá no estaba deprimida, sólo muy callada, y ella ha malinterpretado las señales a través de su visión depresiva? Esos pensamientos la perturban. Se ha dado cuenta de que tiene tendencia a ver el mundo de color gris y a esperar que los demás lo vean igual. Tiene que protegerse contra sus percepciones erróneas. Cuando empiece a acompañar a su madre a las sesiones de quimioterapia, la semana siguiente, no quiere confundir el cansancio de la enferma con malestar. Cuando la madre no coma porque el tratamiento le quita el apetito, no quiere dejarse llevar por el pánico de pensar que se debe a la falta de esperanzas.

Sin embargo, un pensamiento todavía más perturbador se hace un hueco en su mente. Tal vez mamá se animó cuando ella se marchó.

Quizá se lleva mejor con su hija mayor: siempre han estado más unidas; aunque lo nieguen, es cierto. Puede que la enferma sólo estuviese tolerando la presencia de la hija menor. Al reflexionar sobre todo eso, empieza a sentir un arrebato de ira. ¿Por qué tiene que renunciar a su trabajo, restar tiempo para estar con sus hijos y sus nietos, y retrasar la cena de su marido si su madre no valora sus cuidados? ¿De qué sirve sacrificarse si nadie lo aprecia?

Muchos de nosotros albergamos una especie de ideal platónico sobre la figura del cuidador familiar: debe ser alguien paciente, generoso y fuerte. Algunas de estas ideas proceden de la imagen popular de personajes respetados, como Nancy Reagan junto a su esposo enfermo de alzhéimer, pero sobre todo de nuestras propias experiencias en el seno de nuestras familias. Una mujer de mediana edad me explicó que varios años atrás su madre cuidó de su abuela enferma sin una sola queja. Ahora que la madre es la enferma, esperaba que su hija le cuidase también sin rechistar; la hija, a su vez, tenía las mismas expectativas. Algunas ideas sobre lo que un cuidador debería hacer y ser están arraigadas en las convicciones religiosas. La madre de una adolescente con parálisis cerebral, por ejemplo, argumentaba que Dios había puesto la discapacidad de su hija en su camino a modo de prueba moral que ella superaría entregando su vida para cuidar a su hija.

Existen familiares fuertes que parecen representar estos ideales. Avanzan sin descanso año tras año como si fuesen poseedores de una energía inagotable. Preparados para resolver lo que va surgiendo, se mantienen emocionalmente fuertes a pesar de atravesar largos períodos de conflictos, incertidumbres y tareas pesadas. Como máquinas eficaces, parecen funcionar con un propósito fijo, sin pararse a reflexionar. No se dejan agobiar por las cargas. La falta de sueño les provoca cansancio, pero no les perturba. Ya sea porque no perciben los sacrificios personales que realizan o porque simplemente no se permiten pararse a pensar en ello, sientan un desalentador precedente de dedicación total a los cuidados del ser querido enfermo.

Sin embargo, muy pocas personas pueden comportarse de forma sobrehumana durante años con el solo impulso de los ideales. La realidad del sacrificio es que casi siempre exige un precio. Cuanto más ignoramos esta realidad, mayor es ese precio. Los cuidadores más enérgicos y exaltados podrían no tener en cuenta el impacto de agotar sus propias reservas a diario hasta que llega un día, años más tarde, en que la acumulación les hace sentirse completamente secos, como un pozo vacío. Es como si estuviesen tan ensimismados en el ideal de cuidar al familiar enfermo que pasan por alto el hecho de que sus reservas descienden en picado. Si no las reponen de forma periódica, su capacidad de entrega se reduce. Al final pierden el doble: primero deciden sacrificar gran parte de sus sueños y sus libertades personales en favor del enfermo, y después su capacidad de cuidar con todas sus energías se desperdicia porque no han previsto el modo de paliar los efectos del sacrificio.

Los familiares que, como la hija menor, son menos idealistas sobre el cuidado de un ser querido enfermo suelen sentirse molestos por los sacrificios que se les exigen. Los cuidados les estorban como si se tratase de un uniforme rígido; en muy poco tiempo se sienten irritados ante la rigidez de la obligación. Como me dijo, con un toque de humor negro, el marido de 70 años de una mujer que llevaba tiempo sufriendo un terrible dolor de espalda, «Soy buenísimo cuidando a enfermos durante unas 48 horas. Después, es mejor que se recuperen del todo o que se mueran». Renunciar a tu tiempo y a tu identidad puede resultarte irritante, como les ocurre a muchas personas. No es que no quieras hacer lo correcto. Sin duda, quieres a tu familiar enfermo tanto como los cuidadores sobrehumanos. Lo que ocurre es que, en cierto modo, no puedes lanzarte a dispensar los cuidados sin lamentar el sacrificio de tu vida anterior. Intentas entregarte y conservar tu identidad a la vez. En el mejor de los casos se logra el equilibrio; en el peor, se cae en la ira y la culpabilidad y se sacrifica la paz mental junto con los demás aspectos de la vida personal.

Todos los cuidadores, los sobrehumanos y los simplemente humanos, necesitan tener presente el precio que exigen los cuidados y dar los pasos oportunos para enfrentarse a los sacrificios del mejor modo posible. Ya hemos mencionado dos métodos para lograrlo. El primero es la decisión consciente. Si la hermana menor se sintiese simplemente obligada a cuidar de la madre debido a la urgencia de las circunstancias médicas, a las altas expectativas de su madre con respecto a ella, o a las poco sutiles exigencias de su hermana, se habría sentido atrapada en una servidumbre impuesta. Cada sacrificio por el bien de su madre le habría parecido una sentencia de trabajos forzados. Sin embargo, la hija menor ha encontrado el modo de elegir. No es que la urgencia médica, las expectativas de la madre y las exigencias de la hermana no fuesen evidentes, pero dentro del contexto de esas presiones, la hermana menor ha definido su propio compromiso: hacer sólo lo que pueda y evitar la depresión. Tener ese control sobre una situación negativa elimina la punzada de la coacción de los sacrificios que realiza. El hecho de ejercitar la voluntad le proporciona cierta seguridad de que no le abrumarán las obligaciones y le ayuda a conservar la sensación de que ella manda en su persona. Los sacrificios no dejan de ser difíciles, pero el hecho de elegirlos en cierta medida los hace más aceptables.

El segundo medio para manejar el sacrificio, tratado en el capítulo 3, consiste en acumular apoyos. Recibir la ayuda de los demás permite soportar durante más tiempo las presiones de ser un cuidador. Cuando intentas hacerlo todo solo, te lanzas a quedarte vacío de forma lenta pero segura. Como tantas personas llenas de energía y autosuficientes, la hermana mayor se resiste al principio a que los demás se encarguen de algunas tareas cotidianas para aliviar su carga. Se considera totalmente responsable del cuidado de su madre. Realizar sacrificios personales se convierte en una medida subconsciente de su devoción y su grado de control. Aceptar ayuda, por otro lado, le parece sinónimo de declararse débil y de perder su poder. Sólo cuando su marido y su hermana se le enfrentan, se ve obligada a retroceder para reflexionar sobre la influencia negativa en su vida de los sacrificios que estaba realizando. Finalmente, accede a repartir esos sacrificios permitiendo que otros miembros de la familia participen más en los cuidados. A corto plazo, la tarea de cuidador pasa a ser más llevadera para todos. A largo plazo, buscar y aceptar apoyo regular le permitirá recargar energías. Tendrá más recursos para hacer lo que desee (incluso si se trata de sacrificios más drásticos en caso de que su madre empeore).

Si lo que la hermana menor necesitaba eran opciones y apoyo logístico, no estaba dispuesta a luchar con los sacrificios de la tarea de cuidadora. Sin embargo, esos elementos necesarios no son suficientes para ella. Como muchos familiares, carece de la certeza de lo que está haciendo, y esas dudas agravan su sensación de carga. Para reforzar su capacidad de administrar cuidados, necesita un apoyo emocional considerable. El apoyo emocional puede adoptar tres formas principales: reconocimiento, compasión y respaldo.

Si perteneces al grupo de cuidadores de la hija menor, necesitas que los demás reconozcan tus sacrificios. Afirmaciones como «Estás haciendo mucho por tu madre» (así de directo y de simple) pueden proporcionar una prueba convincente de que los esfuerzos no son invisibles ni inútiles. Sin reconocimiento, es probable que te sientas ignorado (igual que la hija menor). Y después experimentarás la amargura y el descontento por el duro trabajo que estás haciendo. De este modo, será más difícil que perseveres en el transcurso de la enfermedad de tu ser querido.

Todavía más que reconocimiento, los cuidadores como la hija menor necesitan sentir la compasión de los demás. Desbordados por las obligaciones diarias durante años, muchos familiares acaban sintiéndose apartados y olvidados del resto del mundo. Afirmaciones como «Debe ser duro cuidar de tu madre todos los días» transmiten comprensión e interés, y así se mitiga la terrible sensación de aislamiento. Si no percibiera que la entienden y se preocupan por ella, la hermana menor se sentiría más resentida por lo que tiene que hacer por su madre.

Recibir reconocimiento y compasión es esencial. Recibir respaldo o apoyo es ideal. Como la mayoría de cuidadores, es muy probable que desees con todas tus fuerzas que los demás entiendan por qué has decidido cuidar a un enfermo, pero sobre todo deseas que esas razones tengan una base. Afirmaciones como «Entiendo por qué deseas devolver a tu madre parte de lo que ella ha hecho por ti» pueden ayudarte a sentir que tus intenciones, además de los esfuerzos, son respetadas. Cuando nadie pregunta a la hija menor por qué cuida a su madre, siente que sólo les interesa lo que hace, no quién es. Cuando malinterpretan sus motivos (por ejemplo, dar por sentado que cuida de la enferma porque se siente culpable o por motivos económicos), se siente insultada. Cuando entienden sus razones, pero argumentan en su contra (por ejemplo, al decir que en realidad no debe nada a su madre), se siente juzgada de forma negativa.

> Resulta difícil manejar cualquier nivel de sacrificio si no se recibe *reconocimiento* de lo que se hace por el ser querido, *compasión* por lo difícil de la situación y *respaldo* a las razones para hacer lo que se hace (por quién eres y no sólo por lo que haces). El hecho de que muchos cuidadores no reciban estos tres elementos de sus familiares o vecinos es lo que les impulsa a buscar respaldo en grupos de apoyo o asesoramiento.

Para ayudarte a manejar el sacrificio de manera satisfactoria deberías recibir reconocimiento, compasión y respaldo. Sin embargo, lo más frecuente es que falte uno o más de estos elementos de apoyo psicológico. En ocasiones, los cuidadores apenas reciben reconocimiento (ni siquiera de los parientes más cercanos). Por ejemplo, la esposa de un hombre que quedó paralítico a causa de un derrame cerebral descubrió que sus hijos y los hermanos de su marido estaban tan convencidos de que cuidarlo era su responsabilidad que nunca se molestaron en comentarle todo lo que estaba haciendo por él.

Tal vez te des cuenta de que recibes lástima en lugar de compasión, cosa que sin duda hará que te sientas humillado. Probablemente, dejarás de buscar apoyo emocional. Por ejemplo, la madre de una joven con fibrosis quística se enfadó mucho ante el comentario de una amiga según el cual su vida parecía insoportable. La cuidadora consideraba su vida difícil, pero amaba profundamente a su hija; el comentario de su amiga reflejaba una falta absoluta de empatía hacia la gratificación que recibía la madre por dedicarse a cuidar de su hija.

En ocasiones, los cuidadores incluso reciben reproches por sus elecciones respecto a los cuidados. Por ejemplo, los hijos adultos de una madre que cuidaba a su segundo marido, afectado de complicaciones graves por una diabetes, le dijeron que creían que se estaba sacrificando demasiado por él. La madre se sintió tan herida al ver que sus hijos no la apoyaban en sus decisiones que se cuestionó si habían llegado a aceptar a su segundo marido.

Si no se recibe reconocimiento, compasión y respaldo, debes correr el riesgo de enseñar a los demás a solicitar esas formas de apoyo emocional. En ocasiones, ello conlleva acudir a grupos de ayuda en los que los familiares se compadecen de los sacrificios que realizan con el fin de animarse unos a otros. Otras veces consiste en buscar a parejas o hermanos de confianza de enfermos para charlar de tú a tú. Y también puede consistir en preguntas directas al paciente, del tipo «¿Te estoy dando la ayuda que necesitas?» o un «¿Qué tal lo hago?» en tono bromista, o incluso un sincero «¿Te das cuenta de lo muchísimo que me estoy esforzando?».

Para la hija menor, el apoyo emocional no llega con facilidad. Aquella noche se va a la cama convencida de que su madre rechaza sus preocupaciones, su hermana las trivializa y su marido sólo les presta atención cuando tiene el estómago lleno. A la mañana siguiente se despierta con recelo. Se supone que tiene que volver al piso de su madre para pasar la que probablemente será otra tarde gris delante del televisor. Lo que le gustaría hacer en realidad es acompañar a su hija al centro comercial para comprar ropa para su nieta de 4 meses. Eso la alegraría. Sacrificar ese placer para soportar a su madre y ser soportada por ella le resulta irritante.

Después de darse una ducha y vestirse sin prisa, toma el teléfono y llama a su hermana al trabajo.

—¿Qué tal está mamá hoy? —le pregunta. La hermana mayor responde con tono irritado:

—Todavía no he hablado con ella. ¿Por qué no la llamas? No tengo por qué ser la única que esté pendiente en todo momento.

La hermana menor se enfada. No soporta que la mayor insinúe que se está desentendiendo de sus responsabilidades hacia su madre. Su hermana nunca ha reconocido sus esfuerzos.

—¿He dicho yo que tengas que ser la única que esté pendiente de ella? —le espeta.

—No, no —responde la mayor en tono desdeñoso. La menor explota:

—Soy yo la que va a ir a su casa mientras tú estás en tu trabajo —le dice, ya acalorada. La mayor hace una larga pausa antes de añadir con toda tranquilidad:

—No sé qué te pasa. Soy muy consciente de lo que haces por mamá. Esto no es una competición entre nosotras. Me has pillado en un mal momento; de hecho, tengo una reunión y ya llego tarde.

La hermana menor, todavía agitada, no responde. La mayor pone fin a la conversación:

—Te llamo esta noche y seguimos hablando.

La menor responde brevemente:

—De acuerdo. —Y cuelga el teléfono.

En su recorrido desde la cocina al sótano y de vuelta a su habitación, la hermana menor se siente doblemente apenada. Por un lado, su hermana ha reconocido los sacrificios que está haciendo, pero a regañadientes. Por otro lado, sospecha que estaba evitando llamar a su madre y ha reaccionado de manera exagerada a lo que no era más que el humor mañanero de su hermana. La menor, de mal humor, ordena la ropa limpia, va al supermercado y se pasa por el banco, siempre pendiente del reloj y temiendo la hora en que tenga que ir a casa de su madre.

Horas más tarde, mientras conduce lentamente por el carril derecho de la autopista, apenas escucha las noticias de la radio porque está ensimismada en lo difícil que va a ser la tarde. Pero entonces las noticias mencionan un estudio sobre el cáncer, y su atención se concentra por completo en la radio. El locutor explica que su comunidad no posee una tasa de cáncer mayor que la media nacional, aunque un grupo activista local afirma lo contrario. La hermana menor nunca había pensado que alguien pudiese considerar su ciudad un «pozo» de cáncer.

Varios pensamientos se agolpan en su mente: tal vez el hecho de respirar el aire local, lleno del humo de la incineradora y de los coches, y de los gases de la destilería de cerveza, haya provocado el cáncer de mamá. O quizá beber agua de las tuberías revestidas de plomo de su antigua casa sea la causa de que sus células se hayan vuelto locas. Puede que el estrés de la ajetreada vida urbana haya puesto en marcha procesos internos que la han hecho caer enferma. Pensar en las posibles causas del cáncer de su madre le hace tomar conciencia de que la enferma debe estar luchando con el mismo tipo de pensamientos, elucubrando sobre cómo lo ha contraído, sobre qué ha hecho mal. Esa conciencia va seguida del disgusto que siente al darse cuenta de que ha pasado gran parte del día autocompadeciéndose. ¿Qué derecho tiene ella, que está sana como un roble, a quejarse? Mientras cruza el límite de la ciudad, toma la salida a la derecha y se incorpora al tráfico lento, se prepara para regañarse a sí misma por lamentarse de sus males cuando es la vida de su madre la que corre peligro.

Entra en el apartamento decidida a redoblar esfuerzos para dar apoyo a su madre. La enferma, arrellanada en el sillón, lleva la misma bata que ayer, como si no se hubiese movido de allí. Su expresión cansada tiene el mismo aire de desaliento.

—He ido al banco, como me pediste —anuncia la hija mayor en tono alegre—. ¿Has comido ya o te preparo algo?

—Déjalo, cariño. No tengo hambre —responde la madre.

La hija, de nuevo frustrada, se retira a la cocina para calmarse un poco. Saca los platos limpios del lavavajillas mientras no para de dar vueltas a los posibles modos de no repetir la conversación agobiante del día anterior. Decide atreverse a plantear un tema que las dos llevan años evitando y evocar así una época distinta en sus vidas, cuando la madre estaba sana y era independiente.

Al volver al salón, la hija se sienta junto a su madre y dice en tono indeciso:

—¿Te importa si apago la televisión?

La madre la mira extrañada, pulsa torpemente el botón de apagado del mando a distancia y la imagen desaparece de la pantalla. A la hija se le ocurre que parece una jovencita a punto de pedir consejo a su madre. Se trata de un pensamiento que la reconforta: tener a su madre como guía mientras ella se presta agradecida al juego, como si fuese posible deshacer el cambio de roles provocado por el cáncer y reinstaurar el antiguo orden entre ellas.

—¿Cómo fue cuidar de papá durante su enfermedad? —pregunta la hija con mucho tacto—. ¿Cómo te enfrentaste a ello?

La madre la mira de reojo y la hija teme que la pregunta le haya dolido. Pero entonces la enferma dice en un tono de voz sin altibajos:

—Me enfrenté. ¿Qué iba a hacer? Él estaba muy enfermo, necesitaba mi ayuda. ¿Qué más se puede decir?

La hija, atrapada entre el temor a irritar a su madre y la avidez de saber más, decide continuar.

—Sí, pero ¿cómo fue para ti? —pregunta—. ¿No fue duro?

La madre responde sin dudar:

—Tú estabas allí. Ya sabes que fue duro.

Después de una pausa, continúa en un tono de voz más tranquilo:

—Yo hubiese hecho cualquier cosa por tu padre. Estaba muy enfermo. Al final, yo estaba muy cansada. Creo que tú y tu hermana fuisteis la razón de que yo siguiera adelante. A veces pensaba que no podía más, pero tenía que seguir.

—No te recuerdo flaqueando —afirma la hija—. Parecías muy fuerte y muy decidida. Siempre lo has parecido.

La madre se gira para mirarla y responde:

—Era más joven, y entonces era más fácil ser fuerte. El cáncer me asusta. Ya he visto de qué es capaz. Ahora estoy en la misma situación que tu padre. No me gusta, pero ahora soy yo quien necesita ayuda.

Después de la mención a su situación actual, las dos mujeres se quedan en silencio unos segundos. La hija está sorprendida de que su madre haya reconocido que necesita ayuda. Sin embargo, también se pregunta si puede mantener dos perspectivas en la mente de forma simultánea: la de paciente y la de cuidadora. ¿Puede recordar realmente lo absorbente que resulta cuidar a un enfermo y ponerse en la piel de la hija menor? La madre, con expresión triste, parece inconsciente por un momento de que su hija está sentada a su lado; por supuesto, no tiene ni idea de sus sentimientos. La hija vuelve al tema del padre.

—¿Dejaste de quererle? —pregunta.

La madre se gira de nuevo para mirarla:

—Por supuesto que no —responde—. Pero también sabía que tendría que vivir sola después de su muerte; no quería culparme por no haber hecho lo suficiente. Así me sentía.

Y entonces, como si se diese cuenta de que su hija podría estar sintiendo lo mismo en esos momentos, añade en voz baja:

—A lo mejor tú sientes más o menos lo mismo.

La hija se inclina ligeramente hacia su madre pero no dice nada. Se está pensando qué parte de su malestar va a confesar; no quiere herir a la enferma. Pero ésta continúa:

—Ojalá no os hubiese puesto en esta situación. Es muy desagradable, lo sé. Tenéis muchas cosas mejores que hacer que perder el tiempo con una vieja moribunda, pero os agradezco mucho que estéis ahí.

La hija responde rápidamente:

—Es duro para mí. Tú ya sabes de qué va. Pero quiero estar contigo; es mi decisión estar aquí contigo.

La madre toca a su hija levemente en la muñeca, un gesto tierno poco habitual en ella.

—Si se te hace muy difícil, recuerda que puedes decírmelo.

—Muy bien —responde la hija, que no tiene claro en qué podría cambiar los cuidados. De todos modos, se alegra de saberlo.

La madre se gira de nuevo hacia el televisor.

—¿Qué tal si comemos algo? —pregunta.

—He traído un poco de atún —responde la hija, que va a la cocina.

Se siente animada. Había pensado que su madre estaba demasiado ensimismada para notar que sus hijas también lo están pasando mal. Ahora ya ha reconocido abiertamente que su hija menor está haciendo sacrificios y se encuentra en disposición de intuir qué siente. Nada de eso cambia su día a día, pero sentirse comprendida y apreciada logra que los cuidados resulten menos agobiantes para la hija menor. Prepara dos bocadillos rápidamente, sin ningún atisbo de resentimiento. Por el contrario, siente que le apetece hacer más cosas por su madre. Pela un poco de fruta fresca y dispone las rodajas cuidadosamente en el plato de su madre, junto al bocadillo, en una alegre presentación visual.

Cuando vuelve a entrar en el salón con un plato en cada mano, observa que su madre ha vuelto a encender la televisión y que tiene la misma mirada perdida de antes. Otra vez el mismo anuncio de producto capilar masculino. Aunque el día anterior la hija reaccionó con gran preocupación, la escena ya no la altera tanto. Su última conversación le ha dejado claro que mamá no se ha encerrado en sí misma del todo. De hecho, ha logrado que se sienta comprendida. Ahora la hija intenta transmitir a su madre la misma empatía. «¿Quién soy yo para insistir en que existen formas mejores de enfrentarse al cáncer que tener la televisión encendida y no hacerle caso?», se pregunta. El escapismo funciona; la hija menor lo sabe por experiencia propia. Así que, de momento, decide acomodar a su madre (aunque con un cambio).

—¿Te importa si miro qué ponen en otros canales? —pregunta mientras se sienta en el sofá.

—Muy bien —responde la madre. Durante la siguiente hora y media, las dos mujeres comen sus bocadillos de atún y su fruta mientras disfrutan de una vieja película de Doris Day.

Cuando llega la hora de prepararse para marcharse, la hija se da cuenta de que el día ha sido más gratificante de lo que esperaba. Ella y su madre siempre han compartido su afición por las comedias románticas, pero además ha entendido mejor por qué cuida a su madre. Hasta hoy, las grandes preguntas le corroían: ¿Por qué tiene que hacer esos sacrificios? ¿Importará lo que hace si al final su madre va a morir de todos modos? Siempre había envidiado la facilidad con la que su hermana mayor encuentra significado a cuidar de la madre en su papel de hija obediente. Sin embargo, para la hija menor los cuidados nunca han significado salvar la situación o cumplir una obligación. Su experiencia cuidando de su padre le convenció de que es incapaz de salvar a nadie. Y su historia de depresión a causa del estrés le provoca recelo hacia el hecho de cumplir con los deberes familiares sólo por quedar bien. Si los cuidados van a significar algo positivo para ella en esta ocasión, tendría que ocurrir algo nuevo y distinto.

John Rolland y Lorraine Wright, expertos en psicología, hacen hincapié en la importancia de las creencias de los cuidadores familiares. Esas creencias poseen dos dimensiones. En primer lugar, los familiares atribuyen significados a la enfermedad. Por ejemplo, pueden reaccionar a un diagnóstico de cáncer como si fuese una sentencia de muerte aunque los médicos les den muchas esperanzas. O prestar poca atención a la diabetes de un familiar a pesar de las advertencias de los sanitarios si conocen a otros parientes que no han tenido problemas con dicha enfermedad.

La segunda dimensión tiene que ver con la organización de los cuidados. Para algunas personas, cuidar a un pariente enfermo significa demostrar lo que se está dispuesto a hacer en aras de la lealtad. Para otras, el hecho de que los demás esperen que se conviertan en cuidadores debido a los lazos familiares supone una carga injusta. Entre estos dos polos existen numerosas creencias, por lo general en conflicto. Tal vez creas que cuidar a un familiar es una obligación sacrosanta y un auténtico tormento. O que no debes ninguna lealtad a tus familiares, pero tampoco sientes ninguna presión cuando prestas tu ayuda. Incluso es posible que no sepas qué pensar.

Estas creencias influyen en la eficacia con la que te enfrentas a una enfermedad grave. Si crees que tu ser querido va a morir y que tus esfuerzos no van a suponer ninguna diferencia en su calidad de vida, los sacrificios que realices no supondrán más que una causa añadida de sufrimiento. Si, en cambio, tú y tu familia os conformáis con la creencia más positiva de que los cuidados sí importan (porque contribuyen a curar al enfermo o al menos le proporcionan bienestar), percibiréis que el esfuerzo vale la pena y que la sensación de carga resulta más leve.

Antes de este día, las creencias de la hija menor sobre la situación médica de la familia eran muy negativas. Su experiencia anterior con el cáncer le había hecho perder la esperanza respecto al diagnóstico de su madre. Y, lo que es peor, no tenía claro que sus esfuerzos proporcionasen una cura o bienestar a la enferma, y temía que sólo fuesen una fuente de irritación. Mientras conduce en dirección a casa, sin embargo, reflexiona sobre las palabras de su madre y se siente más positiva. No es que ahora sea más optimista sobre las posibilidades de la enferma (ella misma se ha descrito como «moribunda»), pero la expresión de agradecimiento de su madre le ha confirmado el valor de lo que está haciendo. De repente, ya no se siente a la sombra de su hermana y se da cuenta de que los cuidados sí importan. Siente claramente que lo que hace sí tiene unos resultados.

> Cuando sientas que tus sacrificios no sirven de nada, escribe una lista con tres cosas de las que hacen que sí tienen resultados (para tu ser querido, para la familia cuidadora en su conjunto, o para un cuidador familiar individual). Ten en cuenta que puede tratarse de resultados muy modestos («Papá siempre se termina la tarta casera que le traigo, aunque me han dicho que nunca se acaba la comida»), o incluso lo contrario de una negativa («Si no hiciese..., mamá...»).

Al girar en la curva de la carretera que discurre junto al límite de la ciudad, milagrosamente despejada esa noche, la hija menor recuerda las palabras de su madre sobre las razones por las que se sacrificó tanto por su marido: para evitar culpabilidades futuras. La hija menor llevaba varios días dando vueltas a una idea similar. Sabe que evitar la culpa no es exactamente una razón noble para cuidar de un enfermo, pero piensa que si fue bueno para su madre, también es bueno para ella. Su padre bromeaba con la idea de que la culpabilidad es lo que mueve el mundo. Ella está dispuesta a no fallar a su madre en los días venideros para no terminar condenándose a sí misma en el futuro. La hermana mayor está tan segura de sus motivaciones que tal vez no necesite sentir temor o miedo como ayudas para manejar el sacrificio. Sin embargo, equilibrar la evitación de la culpa con la evitación de la depresión tendrá que ser el único modo de proceder de la hija menor.

> ¿A qué actitudes sobre los compromisos y los sacrificios de los cuidados, y la enfermedad de tu ser querido, te has expuesto en tu familia?
>
> ¿En qué se parecen o en qué se diferencian tus propias actitudes a las de tu familia?

Ningún momento es mejor que el presente para aliviar la culpa que no se haya podido evitar. Después de salir de la autopista, se aparta a un lado de la vía de servicio y toma el teléfono móvil del bolso. Sabe que su hermana mayor todavía no está en casa; le dejará un mensaje en el contestador. «Quiero disculparme por mi actitud de esta mañana», dice sinceramente. «Hoy ha ido mucho mejor. Me siento mejor. Lo siento mucho. No hace falta que me llames esta noche. Ya te llamaré yo mañana.»

Enseguida llega a casa. Es como una repetición del día anterior. Su marido la saluda en la puerta con el mismo aspecto tenso. La cena no está en el horno y los periódicos siguen en la mesa de la cocina. Sin embargo, el estado de ánimo de la hermana menor hoy es distinto porque la anima saber que sus sacrificios sirven de algo. Además, piensa que esos sacrificios hay que compartirlos.

—¿Por qué no preparas tus famosos espaguetis con albóndigas?

—pregunta a su marido mientras sale de la cocina en dirección al salón—. Y quita los periódicos de la mesa, por favor.

Él se dispone a protestar, pero se detiene en cuanto ella aparece por la puerta y le dirige una mirada. En unos segundos, la hermana menor oye cómo su marido llena la olla con agua. Sobre eso, al menos por esa noche, no se siente nada culpable.

Crear una estrategia para manejar el sacrificio resulta esencial para enfrentarse a los efectos a largo plazo de la tarea de cuidador. Sin embargo, siempre surge otra pregunta: ¿Cuál se considera un resultado realista de los esfuerzos? Muchos cuidadores sienten que el realismo sólo hace las cosas más difíciles. Otros creen que aferrarse a la fantasía empeora las cosas a la larga. En el siguiente capítulo sopesaremos las implicaciones psicológicas de la esperanza y la aceptación, la fantasía y la realidad.

Labrarse una identidad separada de la de cuidador

P: *Cuando mi madre sufrió las consecuencias de la osteoporosis, yo no tuve reparo en llevarla a vivir conmigo y dejar mi trabajo como interiorista. Mi marido sigue trabajando y tenemos suficiente dinero. Además, yo dejé de trabajar durante varios años cuando tuve a mis hijos; creo que es lo correcto hacer lo mismo por mi madre ahora que ella me necesita. Sin embargo, echo de menos la creatividad de mi trabajo y la socialización con los compañeros. Ojalá existiese un modo de evitar que el amor por mi familia excluya por completo mi pasión por mi trabajo. ¿Tiene alguna idea?*

R: Parece que estás buscando el medio de conservar una pequeña parcela de tu vida para tus propios intereses. Es un objetivo recomendable que comparten muchos cuidadores: disponer de una fuente de identidad y «reabastecimiento» al margen del papel de cuidador. Tu capacidad para lograrlo dependerá de numerosos factores, incluyendo el grado de incapacidad de tu madre, el apoyo que tengas de tu marido y de otras personas, y tu propia voluntad de examinar a conciencia cómo está organizada tu vida en torno a tus deberes como cuidadora. La clave radica en saber si estás en disposición de reservar un tiempo fijo para ti misma.

Este objetivo se enfrenta a dos retos: reservar el tiempo y defenderlo. En lo que respecta al primer reto, te sugiero que hables con tu madre y tu marido para informarles de tus planes de trabajar unas horas cada semana. Pídeles que te comuniquen cuándo les convendría más prescindir de ti. Aunque no muestren un gran entusiasmo ante tu planteamiento, desarrolla un plan concreto con ellos para determinar qué días y qué horas puedes ausentarte. No conozco el campo de la decoración de interiores, pero supongo que podrías encargarte de pequeños trabajos que te exijan unas pocas horas semanales. Lo ideal sería que desempeñes esos trabajos fuera de casa para no estar siempre a disposición de tus familiares.

Esa es la parte sencilla. La parte difícil es no dejar que los demás se inmiscuyan en ese tiempo tuyo. Estoy seguro de que van a ponerte a prueba. Tu madre te necesitará de repente cualquier día. Tu marido intentará escabullirse por todos los medios. Resulta esencial que te mantengas firme. Si das tu brazo a torcer fácilmente, tu familia interpretará que retomar tu trabajo no es prioritario y que no tardarás en dejarlo. Si defiendes ese tiempo con convicción, sobre todo en las primeras semanas después de que empieces a utilizarlo, tu familia se dará cuenta de que tienes intención de conservar ciertos aspectos de tu vida que no son negociables.

Sin embargo, nada es irrevocable. Tendrás que revisar tu plan a medida que transcurra el tiempo. Es posible que tu madre necesite más ayuda en ciertos momentos y que te veas obligada a recortar parte del tiempo que dedicas a tu trabajo. Si tu madre empeora hasta el punto de que necesita más ayuda de forma permanente, quizá tengas que recurrir al apoyo regular de otras personas. A pesar de todo, no abandones la decoración (a menos que deje de interesarte). Nadie puede inmiscuirse en tus asuntos si tú no se lo permites.

Adolescentes: no esperes demasiado

P: *Mi padre vivió solo durante varios años después de divorciarse de mi madre. Era muy independiente y estaba orgulloso de hacer por sí mismo todo lo que hasta el momento había hecho mamá. Sin embargo, sufrió un derrame cerebral leve y decidimos traerlo a vivir con nosotros en lugar de recurrir a una persona desconocida. Mis hermanas hacen lo que pueden, pero no viven cerca, así que todo recae en mí y en mi hijo de 17 años, que estudia y trabaja. Mi hijo se las apaña para no estar cada vez que papá necesita ayuda para bajar las escaleras o vestirse. Mi padre y mi hijo discrepan en muchas cosas. Mi padre es un ex marine y mi hijo... un típico adolescente. Mi problema es que necesito la ayuda emocional y física de mi hijo. Mi marido me dejó, así que necesito la fuerza bruta de mi hijo para levantar a mi padre y su hombro para apoyarme al final del día, cuando estoy agotada. ¿Cómo consigo que «quiera» ayudarnos a su abuelo y a mí?*

R: Cuando los padres se lamentan de la rebeldía de sus hijos adolescentes, siempre les digo que los adolescentes son poco cooperativos por naturaleza. Además, así suelen separarse de sus padres con el fin de forjarse su propia identidad. No es de extrañar que tu hijo haya decidido oponer resistencia en el asunto que más te preocupa: cuidar a tu padre. Si ese es su modo de demostrar su independencia con respecto a ti y al resto de tu familia, no creo que puedas lograr que «quiera» ayudar.

Puedes pedirle que te ayude en algunas de las tareas físicas, igual que le pedirías que corte el césped o que realice otros trabajos en casa. Como la mayoría de los adolescentes, es muy probable que proteste por cargarle con esas responsabilidades y las hará sin ningún entusiasmo. Otra opción consiste en apelar a la fuerza de la relación que os une pidiéndole que te ayude con tu padre para aliviarte de parte de la carga que supone cuidarlo. Seguramente, no le entusiasmará la idea, pero es posible que se esfuerce un poco por ti.

No obstante, te recomiendo precaución en dos aspectos. No te conviene hacer de pacificadora entre tu padre y tu hijo. Ellos tienen su propia relación, y ellos tendrán que lidiar con ella. Te sugiero que te niegues a escuchar sus quejas sobre el otro y que los animes a arreglar sus diferencias. Tampoco es buena idea intentar utilizar a tu hijo como hombro en el que apoyarse. Dado que él está intentando ser más independiente de ti en el plano emocional, tus peticiones de apoyo pueden suponerle una carga especialmente pesada y hacer que se distancie de ti y de la situación familiar.

Un último apunte: teniendo en cuenta que le falta su padre y que su abuelo vive en su casa, tu hijo podría sentirse triste y enfadado por el cambio que ha experimentado su familia. Eso podría explicar también en parte su resistencia a ayudar. Un orientador podría ayudarle a aceptar esos cambios y a manejar sus sentimientos sin expresarlos a través de comportamientos negativos o distantes.

Conexiones inestimables fuera y dentro de la familia

P: *Soy una esposa y madre de 40 años. Mi marido va en silla de ruedas y padece dolor crónico a consecuencia de un accidente que sufrió hace 3 años. Toma una medicación muy fuerte. Mi padre vive con nosotros para ayudarnos económicamente. Tiene 62 años y todavía trabaja, pero hace poco el médico le advirtió que tiene la tensión muy alta y que debe recortar la jornada laboral. Esto significa que tendré que acabar cuidándolo a él también, porque esperará que le prepare la comida y le haga los recados. Esta situación sólo puede ir a peor a medida que mi padre vaya cumpliendo años. No tengo amigas y nunca salgo; sólo voy al cine de vez en cuando con los niños. Me da miedo dejar a mis hijos solos con mi marido o mi padre, y mi tía sólo puede venir una vez al mes porque ella tiene que cuidar de su propia familia. Mi marido tiene muy mal humor y grita mucho. Me siento atrapada en una jaula sin posibilidad de salida. Yo también me medico y probé a ir al terapeuta, pero tuve que dejarlo porque nuestros ingresos son limitados. Vivo en una ciudad pe-*

queña y no hay grupos de apoyo. Me gustaría tener a alguien con quien poder hablar. ¿Qué me sugiere?

R: Los problemas que mencionas son tan variados y complejos que no existen consejos sencillos para intentar solucionarlos. No obstante, te ofrezco lo que está en mi mano, y en especial algo que la mayoría de los cuidadores familiares reciben muy rara vez: reconocimiento. Tú llevas el peso de tu familia. Cuando tu marido no está de mal humor, los niños no se pelean y tu padre no padece un estrés excesivo, creo que en su interior saben que te deben gratitud por los sacrificios que estás haciendo por ellos.

Cuando dices que sólo quieres «alguien con quien poder hablar», estás transmitiendo que la conexión con otras personas que te entiendan es el mejor medio de paliar tu sensación de estar atrapada entre las numerosas necesidades de tu familia. Para ti sería ideal contactar por teléfono, carta o correo electrónico con otros cuidadores de enfermos de dolor crónico. Por desgracia, las principales organizaciones de apoyo parecen dirigidas principalmente a los pacientes y no a sus familiares. Existen páginas web de organizaciones religiosas para enfermos de dolor crónico (Rest Ministries, www.restministries.org, por ejemplo) que ofrecen más apoyo a las familias. También es posible que te vaya bien si contactas con la Well Spouse Association (www.wellspouse.org) y pides que te pongan en contacto con un cuidador en tu misma situación.

Me preocupan igualmente tus conexiones con los miembros de tu familia. No deberían ser como barrotes de una jaula, sino como lazos que os permitan ir juntos hacia un objetivo común: la supervivencia y el desarrollo de todos los componentes de la familia a pesar de la enfermedad. Un primer paso para cambiar la calidad de vuestras conexiones podría consistir en variar tus expectativas sobre la participación de los demás. Tu padre os ayuda económicamente. ¿Le pides también que escuche tus frustraciones legítimas, o temes molestarle? ¿Pides a tus hijos que realicen tareas de casa adecuadas para su edad y que así te ayuden, o te preocupa que el hecho de tener un padre discapacitado les haga estar en desventaja?

Por supuesto, tu relación con tu marido es la conexión más importante. No está bien que grite mucho, aunque sufra dolor y discapacidad. Los pacientes de dolor crónico presentan la misma tasa de depresión que los cuidadores familiares a largo plazo: el 50 %. Los que toman opioides de forma habitual para controlar el dolor forman un porcentaje todavía más elevado. Mencionas que tú también te medicas y que has intentado buscar ayuda profesional, pero es posible que sea tu marido el que está deprimido y necesita tratamiento. Cuando no se encuentre deprimido, estará en disposición de solidarizarse con tu sufrimiento (siempre y cuando le permitas ser tu compañero emocional y compartas con él tu dolor).

Dado que vais justos de dinero, te sugiero que hables con el médico de cabecera de tu marido para que le examinen con el fin de detectar una posible depresión clínica. Un sacerdote de confianza puede guiaros para reequilibrar las relaciones familiares. Las conexiones con otros cuidadores a través de internet te aportarán esperanzas de que las cosas pueden mejorar.

Cuando golpea una tragedia absurda

P: *Mi tío favorito, que no tiene hijos, sufrió hace poco una lesión cerebral grave a causa de un accidente provocado por un conductor ebrio. Su pronóstico es incierto. Todavía no sabemos si recuperará las facultades de ver, caminar o incluso hablar. Estamos destrozados y abrumados por la burocracia necesaria para hacer entender al conductor las graves consecuencias de su acción. Nadie entiende realmente lo que estamos pasando mis hermanos y yo, y pocas personas se prestan a hablar de ello (sobre todo porque la víctima es nuestro tío, y no uno de nuestros padres). No sé cómo asimilar mi dolor y mi rabia.*

R: Muchos de los supervivientes de lesiones cerebrales provocadas por accidentes de tráfico o en combate que hoy sobreviven habrían muerto hace años tras unas pocas horas de agonía. Los milagros logrados con este tipo de pacientes llegaron tras dos décadas de avances en neurociencia, medicina traumática y neurocirugía (incluyendo las medidas para aliviar la presión intracraneal y los sistemas más sofisticados de mantenimiento de las constantes vitales). Sin embargo, los milagros para los pacientes suelen ser retos desconocidos y angustiosos para los familiares. Por supuesto, cualquier miembro de la familia sentirá alivio si su ser querido sobrevive a una lesión cerebral, pero las probabilidades de que una víctima se recupere del todo son escasas aunque se inviertan meses o años de esfuerzos en su rehabilitación. En la gran mayoría de estos casos, los pacientes presentan discapacidades significativas en el funcionamiento cognitivo y/o físico. En los casos más dramáticos, los pacientes viven el resto de sus días completamente dependientes de los demás, en cama y en estado casi vegetativo. No es de extrañar que los familiares, en ocasiones, se cuestionen los beneficios de la ciencia médica. Se preguntan si su ser querido habría elegido morir en lugar de vivir con tantas limitaciones, y sienten culpabilidad al pensar si la muerte más temprana de la víctima les habría ahorrado la pesada carga emocional y económica que supone su cuidado.

Tu pregunta me ha recordado los trabajos de la investigadora familiar Pauline Boss sobre la «pérdida ambigua». Según Boss, cuando un ser querido se encuentra en un estado físicamente presente pero cognitivamente ausente (como en el caso del coma o de un alzhéimer avanzado), sus familiares no pueden lamentar la pérdida porque el pariente continúa vivo. Sin embargo, tampoco se pueden comunicar con él porque resulta emocionalmente inasequible. Las reacciones típicas son de confusión, dolor e ira, además de tristeza, ansiedad e incluso pánico. Teniendo en cuenta todo esto, lo que tú estás experimentando es normal y comprensible. ¿Qué resulta más desalentador que ver a alguien tan cercano sufrir un cambio que lo hace prácticamente irreconocible?

Ante esta situación tan angustiosa, te ofrezco dos consejos. El primero es que canalices tu ira hacia (y no en contra) el proceso de rehabilitación.

La psicóloga Ann Marie McLaughlin señala que los familiares de pacientes con lesiones cerebrales suelen mostrarse tan furiosos por el estado de su ser querido que necesitan dirigir esa ira hacia alguna parte. Con frecuencia, los médicos, los fisioterapeutas y otros miembros del proceso de rehabilitación se convierten en los objetivos de esa ira. Es lo que McLaughlin denomina una «alianza de confrontación». Sin embargo, enfadarse con los miembros del equipo que trata al paciente sólo conseguirá distanciar a las personas que suponen la mayor esperanza de recuperación de tu ser querido. En su lugar, acepta el compromiso de colaborar estrechamente con ellos y convierte tu ira en energía para realizar las difíciles y repetitivas tareas de rehabilitación (ejercicios de estimulación, protocolos de reentrenamiento de los músculos, etc.). Sé un modelo de paciencia y determinación. Lograrás que el equipo y tu ser querido trabajen más.

Puede parecer una paradoja, pero la segunda sugerencia consiste en que expreses tu ira. Participar en grupos de apoyo formados por otras víctimas de accidentes provocados por conductores borrachos te pondrá en contacto con personas que van a entender la intensidad de tus emociones mejor que nadie. Expresa tus sentimientos, escucha a los demás, comparte consejos para superar los peores momentos. El apoyo que recibas y que entregues te será de gran ayuda. Al mismo tiempo, considera la posibilidad de escribir cartas a periódicos o de ofrecer charlas en tu comunidad para hacer saber a los demás por lo que estás pasando y la importancia vital de reconocer los daños y las muertes provocadas por conductores bebidos. Te ayudará a dar algún significado a algo que parece absurdo.

Cuando la familia obliga

P: *Procedo de una familia numerosa en la que la mayoría de las mujeres son enfermeras y se enorgullecen de cuidar a los demás. Yo también soy enfermera, pero no siempre me apetece solucionar los problemas ajenos. Tenemos una tía anciana que padece una artritis* *severa y que espera que mis tres hermanas y yo la cuidemos. He intentado mantenerme al margen, pero mis hermanas y mi madre no dejan de criticarme. Creen que es mi obligación cuidar de mi tía, sobre todo porque no estoy casada. ¿Cómo puedo sobrellevar la presión familiar y no perder mi propia identidad?*

R: En algún punto de nuestra vida, la mayoría de nosotros tenemos que enfrentarnos a la tensión entre los lazos familiares y los deseos individuales. A través del crecimiento, de poner a prueba los límites y de adoptar compromisos, todos hallamos el modo de vivir los valores de nuestra familia sin renunciar a nuestros sueños. En lo que respecta a cuidar de un enfermo, sin embargo, el equilibrio resulta más difícil de lograr. Dado que hay mucho en juego cuando se trata de un ser querido con una enfermedad grave o crónica, existe mucha más presión. En especial en tu familia, en la que no sólo hay un potente legado de cuidadoras, sino también ideas muy arraigadas sobre el papel de la mujer, será más difícil caminar por una senda totalmente independiente.

La primera pregunta que deberías hacerte es si crees que tienes derecho a tomar decisiones para dirigir tu vida. Si la respuesta es afirmativa, las cosas van a ser mucho más sencillas, porque tendrás la seguridad necesaria para decidir por ti misma si cuidas de tu tía o no. Podrás escuchar los comentarios de tus hermanas y de tu madre como lo que son: tácticas de presión basadas en la culpabilidad para que optes por hacer lo que ellas creen que debes hacer. Sin embargos, tú sabrás que la decisión sigue estando en tus manos. Si tienes intención de enfrentarte a su ira, puedes ignorar sus súplicas con total tranquilidad. O puedes decidir comprometerte y ayudar un poco, o participar por completo en los planes que se organicen para cuidar a tu tía. Lo más importante es que sientas que la decisión es tuya, porque así será mayor la sensación de control y aliviarás tu angustia.

Si la respuesta es negativa (es decir, no estás segura de que tengas derecho a tomar tus propias decisiones), te sugiero que retrocedas y reflexiones sobre tu posición en la vida. ¿Hasta qué punto quieres que tu familia te defina? ¿Realmente corres el riesgo de perder el amor de tu familia si no aceptas sus reglas? Estas preguntas pueden ser difíciles de responder. Alguien ajeno a la familia (por ejemplo, un buen amigo) podría ayudarte a aclarar tus pensamientos y tus sentimientos. Existen psicoterapeutas especializados en trabajar como compañeros en este tipo de situación: pueden ayudarte a ser lo que quieres ser.

En solitario

P: *Después de la muerte de mi marido, hace 5 años, mi hermano mayor se trasladó a vivir conmigo. Está soltero y no tiene hijos. Somos los dos únicos miembros de nuestra pequeña familia más directa. En los 2 últimos años, mi hermano ha perdido mucha memoria y muestra signos de demencia. Yo he hecho todo lo que está en mi mano para ayudarle, incluyendo el pasarme noches enteras en vela a su lado intentando calmarle. Estoy tan agotada que incluso me cuesta moverme. El problema es que no tengo parientes que puedan ayudarme a cuidar de mi hermano. ¿Cómo puedo enfrentarme a todo esto sin ayuda?*

R: Tu hermano tiene mucha suerte de contar contigo. Estás haciendo sacrificios que corresponderían a una esposa o a un hijo, pero que la mayoría de hermanos ni siquiera se plantean. Sin duda, esos sacrificios resultan más difíciles si no tienes ni un familiar que al menos te anime. Quizá puedas recurrir a los médicos, a servicios sociales o a la comunidad para que te faciliten un poco la vida.

Desde el punto de vista médico, tu hermano presenta problemas de memoria a corto plazo, episodios de agitación y cambios en el ciclo de sueño y vigilia. Estos síntomas son compatibles con un diagnóstico de enfermedad de Alzheimer en fase II. Aunque no existen fármacos para detener la progresión de esta terrible enfermedad, sí disponemos de medicinas (antidepresivos, antipsicóticos e inhibidores de la colinesterasa, por ejemplo) para mitigar los problemas de conducta de tu hermano y mejorar la calidad del sueño para que los dos podáis descansar. Si todavía no lo has hecho, resulta esencial que lleves a tu hermano al médico de cabecera, al neurólogo o al gerontopsiquiatra para que le diagnostiquen la enfermedad. A medida que la demencia avance, pasará a la fase III y estará mucho más dócil. Sin embargo, también habrá perdido independencia y es más que probable que al final tengas que ingresarlo en una residencia.

En cuanto a los servicios sociales de que dispones, consulta en el organismo que tengas más a mano. Lo ideal sería que tu hermano pueda participar en un programa diario varios días por semana y que dispongáis de ayuda doméstica, de un programa de comidas a domicilio y de formación y apoyo para los cuidadores. Amigos, vecinos y miembros de la parroquia suelen ser de gran ayuda para que el cuidador disponga de pequeños respiros.

Ni los profesionales ni los miembros de la comunidad te darán el amor y la lealtad que sólo se encuentran en el seno de la familia. Estoy seguro de que eso te hace sentir sola en ocasiones. No obstante, todos los cuidadores tienen reservado un atisbo de atención y admiración. Si consigues formar una red segura con los recursos médicos, sociales y comunitarios, te sentirás más apoyada.

En el límite

P: *A veces, cuando me siento muy cansada o frustrada, pierdo la paciencia y lo pago con mi madre. Sé que no es culpa suya estar enferma, pero la discapacidad se manifiesta en su cuerpo y ahí es donde centro mis emociones. Me entran ganas de zarandearla, y a veces lo hago. En ocasiones me doy miedo, y después me siento culpable y quiero llorar. Entiendo que algunos cuidadores familiares lleguen a realizar acciones que a otros les pueden parecer abusivas. ¿Cómo controlo mis emociones?*

R: La señal inequívoca de que un plan de cuidados no funciona y de que el cuidador tiene problemas es el uso de violencia física. En esas situaciones, creo que resulta imprescindible revisar dicho plan para proteger tanto al paciente como al cuidador, que quizá estén físicamente heridos pero sin duda se encontrarán psicológicamente dañados por los altercados. Aunque es comprensible que la presión se acumule y se llegue a perder los nervios, hay que garantizar la seguridad. Cuando las tensiones acaban en un zarandeo, una bofetada, un golpe o un tirón de pelo, podemos decir que los cuidados han dejado de ser tales cuidados para convertirse en una fuente de peligro para ambas partes.

¿Cómo puedes recuperar la seguridad? Un primer paso consiste en tomarte un respiro de inmediato. Es más sencillo decirlo que hacerlo, como probablemente ya sabes. En primer lugar, te sugiero que intentes contactar con tus familiares para averiguar si alguien puede cuidar a tu madre durante una semana y así tú puedas descansar y recuperar la calma. Si la familia no está disponible y tienes suficiente dinero, considera la posibilidad de contratar a una persona para que cuide a tu madre en casa durante varios días.

Averigua si existe alguna ayuda económica para ingresar a la paciente en una residencia especializada de forma temporal. También cabe la posibilidad de que el seguro sanitario de tu madre financie algún servicio temporal que te permita tomarte ese respiro si así logras recuperarte y evitan tener que pagar unos cuidados a largo plazo.

Durante ese respiro resulta crucial que visites al médico de cabecera y hables con él abiertamente sobre lo que ha ocurrido. Sin duda, te dirá que padeces el síndrome de estar quemado y es posible que evalúe la posibilidad de una depresión. El aumento de la ira y la agitación y la pérdida de control de los impulsos son síntomas habituales de ese trastorno psiquiátrico. Los antidepresivos o un fármaco para estabilizar el estado de ánimo (por ejemplo, Depakote) pueden ayudarte a controlar tus sentimientos y permitirte manejar tu ira sin recurrir a la violencia física. La psicoterapia también puede servirte de ayuda para encontrar el modo de aliviar tus frustraciones. Sólo cuando sientas que eres capaz de controlar tus emociones podrás considerar la posibilidad de retomar tu papel de cuidadora.

En cuanto a la pregunta específica sobre el modo de controlar tus emociones cuando estás a punto de perder la paciencia, podrías intentar lo siguiente: recuerda qué ha significado tu madre a lo largo de tu existencia, y no sólo a la mujer discapacitada y difícil en que se ha convertido. Cuanta más empatía sientas con sus pérdidas, más se transformará tu ira en tristeza y así aplacarás la violencia. Intenta recordar quién eres: una persona con amor y dignidad, con deseos de ayudar, y no de herir, a los demás. Identifica los buenos momentos con tu madre cuando la tensión vaya en aumento (por ejemplo, cuando tengas que acompañarla al lavabo en plena noche o al entrar o salir del coche); inventa planes específicos para reducir la tensión o, si eso no es posible, evitar que os pongáis nerviosas mutuamente. Si pruebas estrategias y sigues sintiendo la tentación de zarandearla, evita la situación rápidamente: vete a otra habitación, sal a dar una vuelta a la manzana o llama a una amiga y desahógate. Serán actos de bondad, no de abandono. Si todo falla y la violencia continúa, dejar de cuidar a tu madre y buscar una alternativa será el acto más bondadoso de todos.

5

Sopesar las esperanzas y la aceptación, la fantasía y la realidad

¿Qué deben esperar exactamente con respecto al cáncer de su madre? Después de la última visita con el oncólogo, ninguna de las dos hermanas lo tiene claro. El oncólogo es un hombre bajo y canoso, de cuarenta y tantos años, que luce una bata impecable y un aire formal. Les trata de manera cordial, pero con mucha cautela en sus palabras. La madre le plantea varias preguntas, pero él escatima la información. Cuando las hermanas, con permiso de la madre, le piden hablar en privado, él les dirige una mirada sombría y les conduce hasta una pequeña oficina enmoquetada con las paredes cubiertas de diplomas enmarcados, placas relucientes y fotografías familiares.

—Nuestra madre no quiere saber qué le va a ocurrir, pero nosotras sí para poder planificar mejor el futuro —empieza a hablar la mayor.

El oncólogo se aclara la garganta y comienza a hablar lentamente, como si ya se lo tuviese aprendido, con citas de investigaciones sobre personas que no tienen nada que ver con su madre y con generalidades sobre probables escenarios clínicos. Un boceto confuso cuando lo que las hermanas quieren es un cuadro detallado. La mayor, preocupada, siente el impulso de presionarlo.

—Ya sé que usted no tiene una bola de cristal... —dice antes de intentar obligarle a responder preguntas concretas. Él contesta repitiendo las mismas generalidades sobre la enfermedad para terminar diciendo (no sin cierta irritación):

—Sí, no tengo una bola de cristal. Ningún médico tiene. Sólo nos queda esperar y valorar la respuesta a los tratamientos.

Las hermanas dejan de hacer preguntas y la reunión termina rápidamente.

—Estoy seguro de que tendremos ocasión de volver a hablar —señala el médico, recuperando su tono cordial mientras las conduce hasta la sala de espera. La hermana mayor añade un simple «Sí» y se dirige hacia su madre, sentada en un sillón de cuero con una revista en el regazo.

En el ascensor que las lleva hasta el vestíbulo, las hermanas se dirigen miradas de apoyo por la frustración que sienten ante las evasivas del médico. Con los ojos fijos en la puerta del ascensor, la madre parece no darse cuenta de nada. Tampoco les pregunta qué les ha dicho el oncólogo. La hermana menor quiere ofrecerle algunas palabras de apoyo, pero la madre parece sumida en sus propios pensamientos. «¿Cómo es posible que no quiera saber qué le va a ocurrir?», se pregunta la hermana menor. ¿Es una manera de conservar el optimismo o una especie de práctica supersticiosa? Recuerda que su abuela materna era una inmigrante llena de creencias antiguas según las cuales hablar de cosas malas aumentaba las posibilidades de que ocurriesen. Tal vez de manera subconsciente, por la difícil situación que atraviesa, la madre ha recuperado las lecciones de su juventud y ha optado por el silencio ante la amenaza del cáncer. Ver, oír y callar.

Cuando la puerta del ascensor se abre y la madre sale sin mirar a sus hijas, la menor la sigue con la mirada: no sabe si debe dejarla con sus pensamientos o intentar hablar con ella sobre lo que está ocurriendo. ¿Y qué está ocurriendo exactamente? He ahí la cuestión de nuevo. El doctor les ha explicado por qué no conviene otra operación y por qué la quimioterapia es lo más indicado. Les ha descrito los efectos secundarios del tratamiento, entre los que figuran fatiga, molestias estomacales y posible pérdida del cabello. «De todos modos, mamá tiene poco pelo», piensa la hija menor. Sin embargo, el hecho de que el médico haya desviado el tema del pronóstico, lo que está previsto que ocurra, le parece una mala señal. Cree que a los médicos no les gusta despojar a los pacientes y a sus familias de toda esperanza cuando las perspectivas son poco halagüeñas. Así es como racionalizan situaciones muy difíciles. Por otro lado, vivimos en una sociedad litigiosa, y es probable que los médicos no quieran decir nada por temor a posibles demandas si se equivocan. Dudan incluso aunque los familiares soliciten directamente toda la información. Aunque sea alguien tan agresivo como su hermana quien haga las preguntas, nunca son claros del todo.

No es que la hermana menor quiera perder toda esperanza. Si el oncólogo les hubiese dicho «Lo siento, pero a su madre le quedan tres meses de vida», ella se habría desmayado allí mismo. Le resultaría imposible mirar a su madre a la cara al entrar en la sala de espera. Sería impensable volver a ver películas de Doris Day con su madre sin dejar de contener las lágrimas. Sin embargo, no saber nada sobre el futuro tampoco le hace sentirse muy optimista. Cada vez que se enfrenta a un vacío de información, suele ser temor, y no esperanza, lo que acude a llenar ese vacío. Se imagina unas consecuencias horribles. Podría convencerse a sí misma de esperar lo peor (por ejemplo, que su madre experimente un dolor demoledor e implacable contra el que ellas no podrán proporcionarle alivio alguno). Si, al menos, el médico hubiese planteado algunas de las posibles evoluciones negativas y hubiese despejado ciertas incertidumbres médicas, la hermana menor habría podido mantener sus oscuros pensamientos a raya.

A medida que recorren un pasillo tras otro en dirección al aparcamiento, comprueba que la incertidumbre también está afectando a su hermana: cuando se disgusta, siempre se comporta con movimientos bruscos. Sus pasos rápidos demuestran que está nerviosa. Pero dado que la madre sólo puede caminar muy poco a poco, la mayor se para una y otra vez y mira hacia atrás sin ocultar su irritación, como si regañase a su madre para que se diese más prisa. De pronto, la hermana menor siente el instinto de proteger a la frágil enferma y se apresura a tomar del brazo a su madre.

—No corras tanto —dice la menor, indignada, a su hermana. Ésta se gira y se detiene sin decir nada, pero con una mirada llena de ira.

—Ya la llevo yo a casa —prosigue la menor.

—No, yo la llevaré —le espeta la mayor.

—Déjame a mí —insiste la pequeña—, pareces muy nerviosa.

La hermana mayor parece a punto de contestar cuando la madre las interrumpe.

—Un momento —dice con sequedad—. Todavía puedo tomar mis propias decisiones. Y no soporto esta discusión estúpida entre vosotras.

Las hermanas se callan de inmediato. Es como si aquella mujer enferma se hubiese transformado por un momento en su dominante madre y ellas en dos niñas castigadas. La menor se siente avergonzada; la mayor, herida y enfadada. La madre prosigue, se dirige a la mayor y dice en un tono más amable:

—Estás de mal humor. Seguro que lo que te ha dicho el médico no es para tanto.

La mayor hace una mueca y responde:

—El problema es que no nos ha dicho gran cosa. No ha hecho más que hablar de estadísticas y datos técnicos.

—No des por sentado que los médicos lo saben todo —responde la madre—. Además, seguro que hay cosas que es mejor no saber.

La mayor emite un gruñido de exasperación. Su hermana le dirige una mirada de pocos amigos antes de decir:

—Vamos, mamá. Vamos a casa y después ya hablaremos.

Empiezan a caminar a un ritmo más lento, pero al cabo de unos segundos la mayor anuncia con total naturalidad:

—Yo te llevo a casa, mamá.

La menor decide rendirse para no prolongar la discusión. La madre continúa avanzando con dificultad y no dice nada, pero aprieta el brazo de su hija con suavidad.

La mayoría de las personas afrontan mejor las cosas cuando sienten que tienen cierto control sobre lo que les va a ocurrir. Las diferentes nociones sobre el control, en qué consiste, se manifiestan en las distintas reacciones de los pacientes y sus familiares a una crisis médica. Algunos individuos creen que el conocimiento da el poder, la posibilidad de controlar su salud futura. Visitan páginas web sobre medicina, participan en *chats* y comparan innumerables opiniones de médicos para acumular los secretos sobre el tratamiento, los protocolos y los remedios alternativos para superar su grave enfermedad.

Otros consideran que el conocimiento resta poder. Convertirse en los receptores de declaraciones médicas definitivas les despoja de todo sentimiento de control sobre el resultado de la enfermedad y, en consecuencia, del transcurso de su vida. Cuando intentan protegerse o simplemente rechazan la información, lo llamamos «negación». La madre podría haber dicho: «¿Cáncer? ¿Qué cáncer? No entiendo los resultados de las pruebas». Cuando los enfermos asimilan la información de manera selectiva, lo denominamos «minimización», que es más habitual que la negación categórica para mantener el control. La madre podría haber dicho: «Sé que tengo cáncer, pero el médico ha dicho que la quimio me irá bien. Muy pronto estaré mejor». Las personas que consideran que el conocimiento resta poder quitarán importancia a las advertencias del médico sobre posibles errores o recurrencias de la enfermedad, al menos temporalmente.

Dado que la información médica desempeña un papel muy importante en la sensación de control y bienestar de algunos pacientes y familiares, resulta frecuente tratar a los médicos como adversarios potenciales (ya sea intentando sacarles más información o manteniéndose a distancia para desviar mejor sus palabras). Si bien los médicos experimentados esperan estas reacciones e intentan adaptarse a las preferencias de los pacientes y sus familiares en cuanto a la información, a muchos todavía les resulta una práctica frustrante. Su queja más habitual es que ellos estudiaron medicina para ayudar a la gente, no para recibir presiones o ser apartados como si formasen parte de los problemas de salud de los pacientes.

Muchos sanitarios tienen ideas propias sobre la cantidad de información que hay que dar a los pacientes y a sus familias. Algunos tienen escrúpulos sobre el hecho de compartir información con los parientes de los enfermos y consideran que su trabajo es curar al paciente, no aliviar la angustia de sus allegados.

Estos estilos diversos de manejar la información tienen lugar en el contexto de una cultura médica cambiante. Hace cuarenta años reinaba el paternalismo a la vieja usanza. Los médicos se consideraban expertos no sólo en enfermedades, sino también en lo que había que decir a los pacientes sobre su estado y en el momento en que había que hacerlo (un papel autoritativo que más tarde se calificó con la expresión maliciosa de «jugar a Dios»). El ejemplo más destacado es la práctica no poco frecuente de ocultar un diagnóstico de cáncer por temor a que la noticia desmoralizase al enfermo y acelerase su muerte.

Sin embargo, la cultura es hoy más abierta e inclusiva, y lo mismo ocurre con la medicina desde las tres últimas décadas. La relación ideal entre médico y paciente, según los manuales médicos actuales y las guías de divulgación general sobre salud, es de compañerismo. Hoy, los pacientes mantienen el control asumiendo el papel de clientes que compran servicios médicos y, por tanto, tienen derecho a conocer todos los detalles sobre cada intervención (del mismo modo que un propietario tiene derecho a saber todo lo relacionado con la reparación de su coche). En el caso de los pacientes que no quieren saber (a los que la negación o la minimización sirve como mecanismo para hacer frente a la enfermedad porque el descubrimiento de toda la información les resultaría abrumador), se espera que los médicos-compañeros proporcionen únicamente la información deseada. Por ejemplo, la American Medican Association difundió en el año 2000 un módulo de formación titulado «End-of-Life Care» que aconseja a los médicos que pregunten a los pacientes y sus familiares hasta dónde quieren saber antes de comunicar malas noticias.

En general, el espíritu de compañerismo funciona: los pacientes, sus familiares y los profesionales sanitarios se unen en un ataque coordinado contra la enfermedad. Cuando esa «sociedad» no se compone de unidades efectivas, suele ser porque existe desigualdad entre los estilos de comunicación o las preferencias en cuanto a compartir la información de determinados pacientes y médicos. En general, un paciente desconfiado y un médico audaz no congenian. Tampoco un enfermo atemorizado y un doctor con tapujos. Cuando las personalidades de determinados familiares entran en juego (por ejemplo, si un pariente insistente expresa opiniones no formadas y no solicitadas al enfermo y al médico), la cooperación sufre todavía más presión. En esos momentos, los pacientes y sus familiares son propensos a buscar otras opciones para controlar las circunstancias y se produce la ruptura con el médico, al que culpan de todos los males. Por su parte, los médicos y las enfermeras pueden reaccionar tomando represalias y quejándose de los pacientes «difíciles» con familiares «manipuladores» o «intrusivos» que «se inmiscuyen en el tratamiento».

Cuando la colaboración se interrumpe, el pronóstico del paciente se convierte en uno de los principales puntos de desacuerdo. Pocas cuestiones importan más que saber cómo va a transcurrir la enfermedad. En general, los profesionales de la salud se basan en sus conocimientos científicos y su experiencia clínica y adoptan una visión más circunspecta que los pacientes y sus familiares; éstos, por su parte, depositan casi toda su fe en las ganas de vivir del enfermo, en la ayuda de Dios y en el poder curativo de la familia y del apoyo de la comunidad. En ocasiones, sin embargo, son los profesionales que creen en las tecnologías biomecánicas los que muestran la voluntad de seguir luchando contra la enfermedad mucho después de que el paciente y sus familiares se resignen a un desenlace fatal. (Es como el viejo chiste que se explica en algunas residencias para enfermos terminales. Pregunta: ¿Por qué hay clavos en los ataúdes? Respuesta: para que el oncólogo no entre). En esos dos casos, resulta difícil aseverar qué actitudes reflejan una esperanza razonable (esencial para mantener la moral alta) y cuáles son pura fantasía (bienintencionadas, pero castillos en el aire). No sólo los profesionales, los pacientes y sus familiares discrepan en lo que cabe esperar; entre los enfermos y sus parientes también son habituales las diferencias abismales sobre la visión de futuro que debería predominar. Si un familiar se muestra abiertamente pesimista, otros lo rebaten a voces. Cuando se trata de un optimismo sin tapujos, hay quien realiza comentarios para que ponga los pies en la tierra. A medida que la crisis médica avanza, la tensión entre la esperanza y la fantasía aumenta y se convierte en un gran motivo de estrés para todos los implicados.

> La tensión entre la esperanza y la fantasía afecta a todos los familiares de manera individual y colectiva. ¿Eres optimista o pesimista? ¿Y tus parientes? ¿Las diferencias entre vosotros provocan conflictos con respecto a las decisiones sobre los cuidados del enfermo y el tratamiento médico?

De nuevo en la que fue la habitación de su nieta, la madre observa los pósteres amarillentos de las paredes y los viejos duendecillos colocados sobre el tocador desportillado. Siente como si hubiese retrocedido en el tiempo más de seis semanas. Por entonces se encontraba tumbada en la misma cama con los dolores abdominales provocados por la histerectomía. Ahora se encuentra convaleciente y siente una fatiga que la anula. Desde el comienzo de la quimioterapia, su cuerpo parece estar forrado de plomo. La cabeza se le antoja una bala de cañón que tira del cuello hacia abajo. Incluso le cuesta abrir los ojos, como si ya estuviese muerta y le hubiesen colocado monedas de plata sobre los párpados. Antes de la quimio, la madre se sentía vieja y gris; ahora se siente viejísima y despojada de todo color. Después de dar una vuelta en la cama y desplazarse con mucho cuidado hasta la cómoda, se siente completamente agotada durante media hora. Cuando intenta llamar a su hija para que se lleve el caldo que no ha probado, se sorprende de lo débil que suena su voz.

Eso no es lo que ella quería. Durante la primera semana de tratamiento, cuando su hija pequeña la llevó varias mañanas al hospital para someterse a quimioterapia, la madre insistió en quedarse en su casa. Sin embargo, unos días más tarde observó que arrastraba los pies lentamente al caminar. Una tarde, al apoyarse en el respaldo del sofá, las piernas le fallaron de repente y se dio un golpe tremendo en el hombro y en la cabeza. Más sorprendida que dolorida, se quedó inmóvil durante 20 minutos, incapaz de levantarse, hasta que recordó el teléfono móvil que sus hijas le habían obligado a llevar consigo. Llamó a la mayor, que salió del trabajo inmediatamente. Al llegar al piso de su madre, 45 minutos más tarde, la encontró aturdida en el sillón.

—¡Voy a llamar al médico! —gritó al verla sin ni siquiera preguntarle cómo se encontraba. Después de tres horas de espera en urgencias y de varios escáneres y otras pruebas, se determinó que no se había roto nada, que no había sufrido un infarto ni ninguna otra hemorragia interna, pero que no debía quedarse sola. Por la noche, la madre volvía a estar en el dormitorio de su nieta con una maleta llena de ropa y productos de aseo que sus hijas le habían preparado. La enferma se encontraba demasiado cansada y avergonzada para protestar.

Desde entonces, el médico ha explicado a la madre que su falta de energía es una consecuencia de la quimioterapia, no una señal de que el cáncer vaya a peor. Sin embargo, con cada día que pasa luchando por levantar la cabeza de la almohada, se convence más y más de que ha sufrido una gran recaída. Y no se trata necesariamente de una recaída médica (aunque recuerda que cuando el cáncer de su marido se estaba extendiendo de forma implacable, los médicos también le juraron que la enfermedad había remitido). Ella considera que es más bien un revés de la fortuna. El hecho de que le haya ocurrido algo malo, sea cual sea la razón, constituye una prueba de que hay más cosas negativas que están por venir. Ya no piensa que todo va a salir bien. Las oraciones que ha rezado ahora le parecen inútiles. Se da cuenta de que es una mujer anciana, enferma y extremadamente cansada. Hace mucho tiempo aprendió que la vida sigue su propio curso y su propio ritmo. Si ha llegado el momento de su decadencia, ¿cómo va a cambiar eso?

En los últimos días se ha dado cuenta de que su hija la observa cuando entra en la habitación con su ropa doblada y jarras de agua muy fría (el oncólogo les ha indicado que la madre debe mantenerse hidratada y la hija se lo ha tomado al pie de la letra). La hija frunce un poco el ceño, como si no le gustase lo que ve. Ante esa expresión tan reveladora, la madre piensa que su hija probablemente cree que está deprimida. Sin embargo, la enferma siente que lo que está experimentando no es depresión. Es resignación. Sin duda, va a intentar ponerse bien por todos los medios, pero está dispuesta a aceptar lo que venga. Si intenta explicar eso a su hija mayor, sabe que no llegará a ninguna parte: reaccionará acusando a su madre de que se está rindiendo. Es como si se esperase que la madre luche no sólo por ella misma, sino también por su hija; como si fuese a defraudar a la hija si acaba sucumbiendo a la enfermedad por falta de voluntad. Así, no hablan demasiado sobre el estado anímico de la madre porque ésta considera que no puede salir nada productivo de esa conversación. Cuando la hija la mira con cara de enfado, la madre le devuelve una mirada con toda la alegría que su agotamiento le permite para demostrar así que está bien. El problema es que la hija le mira, a su vez, con expresión de escepticismo y frunciendo todavía más el ceño en señal de preocupación.

Los últimos meses han sido muy incómodos para la hija mayor. Preocupada por el bienestar de su madre, ha reorganizado su vida para cuidarla. Su marido apenas la ha visto. Se ha perdido los últimos festivales y partidos de sus nietos. Solicitó un permiso en el trabajo, después regresó por unas semanas y a continuación tuvo que volver a marcharse de repente (es un milagro que no la hayan despedido). Sin embargo, ninguno de esos sacrificios ha sido demasiado. Lo que le resulta intolerable es que mientras ella hace todo lo que puede para que su madre se recupere, ésta parece estar perdiendo su tenacidad. Mamá siempre ha sido la fuerte de la familia; eran el padre y la hermana menor los que se mostraban abatidos cuando sufrían estrés. La hermana mayor no entiende por qué el cáncer o sus tratamientos tienen que cambiar la personalidad de su madre. La mujer decaída que descansa en la cama le resulta prácticamente irreconocible. Sí, entiende que la quimio la ha dejado sin fuerzas, pero la mirada de su madre ya no es la mirada decidida de una luchadora.

Y no es una cuestión puramente sentimental. Aunque es consciente de que sería poco realista esperar que su madre tenga el empuje que poseía en su juventud, siempre ha oído que la esperanza y una actitud positiva son armas tan importantes contra el cáncer como la quimioterapia y la radioterapia. Si la madre tira la toalla, podría estar firmando su propio certificado de defunción. La hija mayor no está preparada para perder a su madre. Por tanto, debe hacer todo lo que pueda para provocar un cambio en la actitud de la enferma.

«No creo que sirva de mucho pedir ayuda a los médicos en este caso», piensa la hija mayor. Considera que antes los médicos eran especialistas en dar esperanzas. Sabían qué decir para animar a todo el mundo y no se rendían. Hoy, en cambio, los médicos toman muchas precauciones porque no quieren arriesgarse a decir algo que no puedan predecir con total seguridad. La hija mayor cree que el oncólogo de su madre es un mojigato reservado que no se atreve a decir lo que piensa. El internista es mucho más cariñoso y comunicativo, pero siempre está tan atareado que no tiene tiempo para hablar con ellas. Los médicos de hoy no generan esperanza, sólo incertidumbre.

Y no olvidemos a su sensible hermana, reflexiona la mayor con un toque de sarcasmo. Acude varios días a la semana para pasar una hora sentada junto a la cama de su madre, prácticamente regodeándose en cada quejido de la enferma. Es como si la animase a ser pesimista, como si las dos disfrutasen con sus «pensamientos putrefactos». Así no se inspira esperanza, sino todo lo contrario. Su madre necesita centrarse en ideas positivas. Si es necesario, la hija mayor está dispuesta a enfrentarse a su hermana para que adopte una actitud más optimista.

La hija mejor percibe la rigidez de su hermana cada vez que se para en la cocina cuando se dispone a subir para ver a su madre. No tiene muy claro el motivo hasta que un día su hermana le hace el siguiente comentario: «Parece que mamá disfruta llorando contigo». Si bien su primer impulso es reaccionar a la defensiva, de pronto entiende qué está pasando. Su hermana nunca ha soportado la tristeza y prefiere las risas a las lágrimas. Probablemente, quiere que tenga conversaciones animadas con su madre para sacarla de su apatía. Sin embargo, a la hija menor nunca se le ha dado bien la fantasía. Prefiere la realidad, por muy terrible que resulte. Cree que no sirve de nada intentar disipar la fatiga de la enferma con golpes en la cómoda o con una charla ligera. Los rigores del cáncer no admiten edulcorantes. Lo que su madre necesita es alguien que la escuche expresar sus sentimientos, no que intente convencerla de que sienta de manera distinta. En lugar de discutir con su hermana, la menor se encoge de hombros, se gira y continúa subiendo sin contestar. No va a conseguir que deje de hacer lo que ella considera que es lo mejor.

Hay algo en particular sobre lo que la hermana menor ha estado pensando en los últimos días. Tal vez la quimio es excesiva para su madre. Quizá le convendría un descanso hasta que recupere fuerzas. Todavía no lo ha comentado con ella. Habría que hablarlo primero con el oncólogo, y no tiene ni idea de cómo puede reaccionar. La hermana mayor también tendría que estar al corriente; de lo contrario, la madre nunca aceptaría. Probablemente, la mayor intentará poner trabas y argumentará que la madre tiene que luchar. Incluso es posible que se enfade muchísimo ante la sola mención de un respiro. En ese caso, la menor tendría un verdadero problema, pero por el bien de su madre considera que hay que sacar el tema a colación.

Cuando vuelve a entrar en la cocina, después de visitar a su madre, la hermana menor mira rápidamente a la mayor, con rostro malhumorado; ésta aparta la mirada. La menor va directa al grano:

—La quimio es demasiado para ella —dice con voz pausada pero firme—. Necesita un descanso. Unas semanas o un mes, por ejemplo.

La mayor abre la boca para responder, pero vuelve a cerrarla como si intentase ahogar algo que estaba a punto de decir. La menor se sienta en el otro extremo de la mesa y espera la respuesta de su hermana. Ésta se remueve en la silla y coloca las manos sobre la mesa, con las palmas hacia abajo, delante de ella.

—No estamos en la misma onda —dice con un tono de voz atípicamente bajo—. Estamos trabajando en objetivos opuestos. Yo sólo quiero que mamá mantenga viva la esperanza, que ella viva, y tú sigues hundiéndola. Si deja el tratamiento, nadie sabe si tendrá la confianza suficiente para retomarlo. Tiene que creer que le va a servir para algo, pero tú pretendes convencerla de que le está haciendo daño.

La hermana menor no contesta. Se produce una gran pausa y por fin interviene:

—No sé si el tratamiento está ayudando a matar el cáncer o no. Lo que sé es que a ella la está destruyendo. Estoy de acuerdo en que hay que tener más esperanzas, pero no quiero crear la fantasía de que mamá va a estar bien si aguanta la quimio. A lo mejor tú quieres hacerle creer que va a estar bien, pero es posible que sólo sufra más.

La mayor no responde. Las hermanas se miran mutuamente las manos, apoyadas sobre la mesa. Transcurridos unos segundos, la menor pregunta:

—¿Por qué no consultamos con el oncólogo antes de decidir si le planteamos a mamá la opción? Veamos qué opina él.

La mayor suspira ostentosamente y dice con sarcasmo:

—La última conversación con él fue muy productiva.

La menor hace otra pausa antes de añadir:

—Iré sin ti si hace falta. Voy a preguntarle.

Su hermana no dice nada, pero la mira con frialdad. A continuación, empuja la silla para apartarse de la mesa y sale lentamente de la cocina.

El poder del pensamiento positivo, título de un popular libro de psicología, es hoy una creencia muy extendida en nuestra cultura. Hablamos sobre el lado bueno de las cosas y sobre la oscuridad antes del amanecer. Intentamos alcanzar las estrellas mientras miramos al cielo porque la esperanza es lo último que se pierde. El ansia de descubrir nuevas fronteras se basa en la suposición de que en nuestro interior tenemos la determinación necesaria para afrontar todos los retos y salir airosos.

En los círculos académicos se han dedicado las dos últimas décadas a investigar el impacto positivo de las actitudes y las creencias optimistas. A finales de los años ochenta y principios de los noventa, los psicólogos Shelley E. Taylor y Jonathon D. Brown escribieron sobre los efectos beneficiosos de las «ilusiones positivas». Llegaron a la conclusión de que cuando las personas creen en sí mismas y en su capacidad para enfrentarse a hechos adversos, obtienen resultados mucho mejores. En otras palabras, sobrevalorarse suele servir de ayuda. Por el contrario, si te observas a ti mismo y a tu entorno desde un punto de vista más realista, las cosas pueden no salir tan bien y serás más propenso a caer en una depresión. Según Brown, las ilusiones funcionan en varias direcciones. Si te crees fantástico, es más probable que juzgues las circunstancias negativas como retos, y no como adversidades. Si consideras que tienes lo que hace falta para ponerte a la altura de las circunstancias, harás las cosas con confianza en lugar de permanecer pasivo por el temor. Si pasas a la acción con confianza, sentirás que tienes más control sobre las situaciones negativas y, por tanto, sufrirás menos tensión emocional.

Durante las décadas de 1990 y 2000 también se ha extendido ampliamente un movimiento de «psicología positiva». Liderado por Martin Seligman, psicólogo de la Universidad de Pensilvania, investigadores de diferentes disciplinas han estudiado cómo da forma a las reacciones emocionales a los hechos de la vida la manera que tienen las personas de explicarse esos hechos. Una piedra de toque del movimiento es el descubrimiento de que cuando las personas son educadas para ser optimistas (conservan las creencias positivas sobre el futuro incluso en tiempos difíciles), se enfrentan mejor a las desgracias sin caer en la depresión. Cuando desarrollan estilos explicativos que les conducen hacia perspectivas pesimistas y a la autoculpa, caen en la desesperación con mayor frecuencia.

En la aplicación de las teorías de las ilusiones positivas y la psicología positiva a los casos de cáncer, podemos suponer que creer que vas a vencer a la enfermedad tiene ventajas frente a consumirse por la ansiedad sobre el futuro. Puedes considerar las típicas complicaciones del tratamiento como baches en el camino, y no como el final. Puedes reunir la fuerza necesaria para defender tus intereses en lugar de permitir que otros dicten qué se va a hacer contigo. Si eres cuidador, la fe en que estás librando una batalla que puedes ganar puede suponer un bálsamo frente a la fatiga y el sacrificio.

Sin embargo, todavía se está debatiendo si la positividad funciona para todas las personas en todas las posibles situaciones de tragedia. Una enfermedad grave es una circunstancia difícil en la que conviene sujetarse a una posición inquebrantable. En esos momentos, el optimismo sobre los tratamientos del paciente puede servir como un escudo frente al ataque de pronósticos desmoralizadores. Incluso en el triste caso de que la enfermedad de un ser querido acabe siendo fatal, una posición optimista entre los parientes con respecto a la conservación de la familia puede proteger a todos contra el sentimiento de pérdida. Sin embargo, el optimismo desenfrenado también puede convertirse en una venda en los ojos. Si se lleva hasta el extremo, puede bloquear a los pacientes y a sus seres queridos e impedir que vean el peligro y respondan a él. Es en esos momentos cuando los profesionales de la salud que se quejan de aquellos a quienes sirven lanzan acusaciones del tipo «Están negando lo evidente». El propio Seligman, al final de su popular libro *Learned Optimism*, escribió que «el optimismo no es una panacea». La esperanza no puede negar la realidad. Negarse a aceptar las vicisitudes de una enfermedad no es un logro positivo, sino una estrategia que dificultará el ajuste psicológico a largo plazo.

Por tanto, ¿cómo deben sopesar los cuidadores y sus seres queridos la esperanza y la aceptación, la fantasía y la realidad? La popular metáfora sobre el vaso de agua (los optimistas lo ven medio lleno y los pesimistas medio vacío) puede servirnos como guía. Ver el vaso tres cuartos vacío, cuando en realidad el volumen es de al menos un cuarto más, es una distorsión de la realidad que generalmente se asocia con la depresión. Hará que las consecuencias de la enfermedad resulten más dolorosas; aumentará el sufrimiento. Por otro lado, ver el vaso a tres cuartos de su capacidad cuando el volumen real es un cuarto menos constituye una distorsión de la realidad que asociamos con engaños infantiles. Sustituye el estado de preparación por creencias inocentes, de manera que los reveses de la enfermedad resultan más impactantes y crueles. Conviene guardarse de los dos tipos de distorsiones.

Sin embargo, cuando surge el viejo debate entre el vaso medio vacío y medio lleno, no es cuestión de evitar las distorsiones dañinas por igual: hay que sopesar los beneficios potenciales de las percepciones más o menos basadas en la realidad. En este punto, las investigaciones no dejan lugar a dudas: es mejor ver el vaso medio lleno. Los pacientes razonablemente optimistas y sus familiares luchan más para conseguir los mejores tratamientos. Cuando creen que los han encontrado, los siguen a rajatabla. La esperanza les ayuda a superar los baches. Mantenerse positivos les permite probar nuevas soluciones cuando las que se han adoptado no resultan efectivas. Ser optimista no debe excluir los sentimientos de preocupación, ira o tristeza. El hecho de sofocar esos sentimientos porque son demasiado «negativos» puede resultar dañino. Sin embargo, los sentimientos no deben minar la creencia básica de que todo va a salir bien: se controlará la enfermedad y la familia seguirá adelante. Los pacientes, los cuidadores y los profesionales deben unirse en esta lucha y creer que al final saldrán vencedores, por muchas dificultades que surjan. No hay nada quimérico o innovador en estas estrategias; la mayoría de nosotros nos referimos a ellas como optimismo precavido (haciendo hincapié en la precaución).

El optimismo precavido significa...

- Mantener la esperanza para seguir luchando, pero con los pies en la tierra para ver qué ocurre y responder de forma adecuada a las necesidades cambiantes.
- Mantener los pros y los contras diarios en perspectiva y las reacciones emocionales bajo control.
- Evitar el optimismo inflexible que no deja ver los peligros reales y compromete la relación médico-paciente-cuidador.

¿Cómo encontrar el equilibrio que llamamos optimismo precavido en tu propia batalla contra una enfermedad grave? El primer paso consiste en ser consciente de todo lo que sabes sobre la enfermedad y el paciente con el fin de intentar juzgar la situación médica desde el punto de vista más realista posible. Sin embargo, no podrás dominar este primer paso sin otros dos: intentar evitar el vaivén de reacciones emocionales a cada novedad con respecto a la enfermedad. Dicho de otro modo, cuando el pronóstico de un día determinado es bueno, no des por sentado que la cura está cerca. Cuando las señales son negativas, no des al paciente por perdido. Un tercer paso consiste en dejar que pase el tiempo, que los acontecimientos se vayan desarrollando y que las emociones se asienten. Cuanto más tiempo transcurra, más desapasionada y precisa será la visión de la situación. Estarás entonces en disposición de asumir una postura razonablemente optimista.

De nuevo en el despacho del oncólogo, las hermanas se sientan en los sillones de cromo y rota, delante de la mesa negra, y leen los diplomas y los premios colgados en las paredes mientras esperan que el médico de su madre termine «una llamada importante». Escuchan la voz amortiguada del oncólogo, que se encuentra en una oficina contigua. Aunque no entienden lo que dice, sí perciben su monotonía profunda y sobria y su ritmo medido. El perfecto técnico serio y con autocontrol. Cuando le escuchan emitir una risotada breve, las hermanas se miran con una sonrisa afectada, como si se sorprendiesen de que ese hombre sea capaz de una respuesta humana. Inmediatamente, un segundo pensamiento pasa por la mente de la mayor («¿Por qué se ríe este tío mientras nos hace esperar más de 20 minutos?») y la sonrisa desaparece de su rostro. Ella no estaba de acuerdo en celebrar esa reunión, pero no ha podido evitar asistir por temor a que la dejen al margen. Ahora está impaciente por terminar y marcharse a casa.

Unos minutos más tarde, el oncólogo entra en el despacho, se frota las manos enérgicamente y se sienta en su sillón de cuero negro. Mientras la hermana menor expresa su preocupación ante la pérdida de fuerzas de su madre debido a la quimioterapia, el médico escucha con expresión neutra. De vez en cuando toma notas. Permanece impasible cuando la menor le pregunta:

—¿Serviría de algo que nuestra madre se tome un descanso de la quimioterapia?

Y entonces, antes de que el oncólogo tenga tiempo de responder la primera pregunta, interviene la mayor:

—¿Cuáles son los posibles daños?

El médico deja el bolígrafo y frunce ligeramente el ceño.

—Depende —responde en tono profesional—. Las investigaciones sugieren que un breve respiro no alteraría los resultados del tratamiento. Pero estamos hablando de probabilidades. Podría afectar a su madre de manera distinta.

La hermana menor le mira y parpadea. La mayor aprieta los dientes. No quiere oír nada de investigaciones; sólo quiere que le diga lo que él cree que deben hacer. El oncólogo parece percibir su contrariedad, porque de repente cambia de posición y dice rápidamente:

—Una interrupción del tratamiento resulta recomendable si está tan débil. Los riesgos son mínimos.

—Muy bien —dice la hermana menor—. Me alegro de oír eso. Está sufriendo mucho. Estoy segura de que ella también se alegrará.

La mayor no dice nada, pero mira al médico a los ojos.

—Sin embargo —continúa el oncólogo con mayor énfasis—, el descanso tiene que ser breve. El tratamiento es esencial.

Se produce una pausa y la mayor interviene:

—Por supuesto.

La hermana menor pregunta algo amedrentada:

—¿Realmente es esencial?

El oncólogo la mira como si intentase descifrar el significado de la pregunta.

—No entiendo muy bien qué quiere decir —responde perplejo.

—Quiero decir —añade la hermana menor con rapidez, como a la defensiva— ¿de verdad le va a ayudar la medicina?

El médico abre los ojos como si percibiese que su juicio está siendo puesto en duda.

—Es el procedimiento básico para este tipo de cáncer —explica con un toque de exasperación—. No es sólo una ilusión para que sintamos que estamos haciendo algo por ella. Los resultados generales son buenos.

—Ella no habla de la medicina —interviene la hija mayor—. Está preguntando si merece la pena someter a nuestra madre a la quimio o a cualquier otro tratamiento si va a morir de todos modos.

La hija menor mira a su hermana, después dirige la vista al suelo y finalmente vuelve a mirar al oncólogo. Éste se remueve una vez más en su asiento y retira el cuaderno de notas a un lado de la mesa. La hija mayor se pregunta si se habrá enfadado o si va a limitarse a enumerar más estadísticas. Sin embargo, se dirige a las dos hermanas en un tono de voz más delicado que nunca:

—Entiendo lo terrible y estresante que les resulta todo esto. Yo he tenido un caso parecido en mi familia. Trato con ello todos los días. Tal vez no lo crean, pero ya no estamos en aquellos tiempos en que un diagnóstico de cáncer era una sentencia de muerte segura. Hemos avanzado, hay nuevas esperanzas. Su madre tiene posibilidades para mantener la esperanza.

El oncólogo mira a la hermana menor, que le sostiene la mirada. En lugar de parecer animada por las últimas palabras del médico, da la impresión de todo lo contrario. La hermana mayor, por su parte, parece sorprendida e impresionada.

—Si no se muestran un poco positivas, los tratamientos no serán tan eficaces —dice el médico con delicadeza dirigiéndose a la hermana menor—. Su madre percibirá su desanimo, y una parte de ella se rendirá. No puedo garantizarles exactamente cómo va a transcurrir el caso de su madre cuando vuelva a la quimioterapia, pero sí les digo que sin esperanza no tendrá demasiado futuro. ¿Me entiende?

—Sí —responde la hermana menor—. Quiere que le dé una oportunidad al tratamiento. Cree que mi actitud va a influir en la de mi madre.

—Exacto —añade el oncólogo—. Su optimismo le servirá de apoyo. Su madre necesita esperanza para seguir adelante.

Realiza una breve pausa antes de continuar.

—Considere esta conversación como una charla para levantar el ánimo. Cada vez que necesite otra, hágamelo saber.

Mientras se levantan y se dirigen hacia la puerta, el médico añade:

—Si no mantuviese una actitud realista y positiva, no podría hacer mi trabajo. Lo habría dejado al mes de terminar mi formación. Todos necesitamos esperanza.

Cuando entran en el ascensor, la hermana menor dice de inmediato:

—No vuelvas a ponerme en evidencia diciéndole que estoy cuestionando los tratamientos.

Y la mayor responde:

—Lo haré si tú dejas de dar por muerta a mamá antes de tiempo. No voy a permitirlo.

La hermana menor siente el impulso de discutir, pero se lo piensa mejor. Unos segundos después, responde sencillamente:

—Lo intentaré.

Encontrar el modo de mantener la esperanza y evitar al mismo tiempo las fantasías sobre la enfermedad de un ser querido constituye un equilibrio difícil pero crucial. Aunque sean preferibles las fantasías a contemplar la destrucción que provoca la enfermedad, pueden cegarnos ante realidades desagradables para las que debemos estar preparados. El equilibrio entre la esperanza y la aceptación, la realidad y la fantasía, debe ser revisado de manera regular a medida que la enfermedad progresa. No todo el mundo introduce los cambios necesarios con facilidad. Muchos cuidadores con perspectivas y rutinas muy establecidas se resisten a renunciar a ellas. En el siguiente capítulo hablaremos del requisito previo para realizar las revisiones oportunas a medida que las cosas cambian: la capacidad de mantener la conciencia y la flexibilidad.

Desmontar el estado de negación de la familia

P: *Procedo de una familia reservada en la que a nadie le gusta hablar de malas noticias. Creo que casi todos muestran una actitud de negación. Cuando mi abuela estaba a punto de morir debido a un fallo cardíaco, todo el mundo quiso creer que estaría como nueva después de unos días en el hospital. Se enfadaron cuando los médicos intentaron decirles que no iba a ser así y descargaron su ira contra mí cuando intenté plantear la posibilidad de que la abuela no lo superase. Después de su muerte, todos se consolaron entre ellos y a mí me hicieron sentir mal. ¿Cómo puedo superarlo?*

R: La expresión «No matar al mensajero» resume tu situación a la perfección. La mayoría de nosotros intentamos evitar las malas noticias. Cuando las recibimos, tenemos tendencia a enfadarnos con la persona que nos las transmite, y no con las noticias en sí. En general, ser el mensajero es un papel complicado, aunque consideres que es tu deber sacar a todo el mundo de su fantasía.

No creo que enfrentarte a tus familiares sea necesariamente el mejor modo de comunicarte con ellos. Probablemente, se sentirán atacados y rechazarán lo que les comuniques. Sentar las bases para una comprensión posterior suele ser un método más eficaz, aunque exige una gran paciencia. Te sugiero que compartas con ellos toda la información médica a tu disposición y que les expliques tus observaciones sobre la paciente sin añadir conclusiones sobre el pronóstico. Debes evitar reaccionar cuando no te hagan caso; si discutes con ellos, sólo lograrás que te tachen de alarmista. Con el tiempo, cuando la paciente empiece a decaer y escuchen más noticias negativas por parte del equipo médico, empezarán a observar por ellos mismos en lugar de basarse únicamente en sus creencias. Aunque lleven anteojeras, verán qué está ocurriendo y extraerán sus propias conclusiones. Con toda probabilidad, la realidad se irá imponiendo poco a poco.

Otro factor a tener en cuenta es lo que los psicólogos denominan «*groupthink*». Los miembros de una familia reunidos en un grupo (por ejemplo, en una reunión familiar o en una cena festiva) tienen más probabilidades de permanecer fieles a una línea con respecto a la enfermedad del paciente (por ejemplo, «Se va a poner bien»). Sin embargo, si tratas con los mismos parientes de forma individual, sin la influencia de otros miembros de la familia, probablemente se mostrarán más abiertos a otras perspectivas (incluso a una pesimista). Si tienes en cuenta este dato, es muy posible que logres persuadir a los demás de tu punto de vista si hablas con ellos de uno en uno.

Una tercera estrategia consistiría en centrarse en el líder o los líderes de la familia, aquellos cuyas opiniones pesan más en las decisiones del clan. Si puedes influir en el patriarca o la matriarca para prepararlos de cara a posibles dificultades, los demás miembros de la familia podrían flexibilizar sus posiciones para tener en cuenta la posibilidad de un desenlace negativo.

La clave en todas estas estrategias consiste en tratar de no eliminar la negación del grupo. Los familiares necesitan protegerse entre ellos manteniendo la realidad a raya de vez en cuando. Si esa posición no les impide prepararse para los resultados negativos y positivos del transcurso de la enfermedad, deberías transmitir tu mensaje con delicadeza y de manera estratégica por respeto a sus ideas.

¿Quién decide si la verdad es cruel o justa?

P: *La doctora que atiende a mi padre no le habla claro sobre su cáncer. No le ha dicho que sus probabilidades de supervivencia son muy bajas y permite que mi padre se engañe creyendo que se va a recuperar. Me parece muy cruel. Además, me pone en la situación de frenar las expectativas poco realistas de mi padre (mi madre murió hace varios años, ahora todo está en mis manos). ¿Cómo puedo conseguir que la doctora deje de alimentar las fantasías de mi padre?*

R: Un primer paso sería intentar entender porqué la oncóloga se comporta así. Existen varias posibilidades. Tal vez crea que mantener a tu padre desinformado le ayudará a conservar las esperanzas y el ánimo en un momento difícil de su vida. Es posible que haya preguntado a tu padre hasta dónde quiere saber (como recomienda la guía de la American Medical Association), y que éste le haya dicho que no quiere conocer el pronóstico. O puede que la doctora haya vivido experiencias personales (por ejemplo, la muerte por cáncer de algún miembro de su familia) que la llevan a ser reacia a tratar esos temas con los pacientes. Está en tu mano iniciar un diálogo con ella (sin la presencia de tu padre) para averiguar cuál es su filosofía. Durante la conversación puedes explicarle las repercusiones para ti y tu familia de su relativa falta de comunicación.

Un segundo paso importante consistiría en reflexionar sobre si en realidad es cruel para tu padre no ser consciente de su pronóstico. Si bien todos tenemos que morir, la mayoría de nosotros no elegiríamos vivir sabiendo que nuestra vida pende de un hilo. Si el hecho de no saber que sus posibilidades de supervivencia son bajas le permite concentrarse en vivir, y no en morir, el tiempo que le queda, no me parece tan mal que no lo sepa. Sin embargo, la persona más indicada para juzgar este punto es tu padre. Te sugiero que le preguntes cuánto quiere saber y que respetes sus deseos.

Por último, durante esta etapa tan difícil te resultará muy útil reflexionar sobre tus propias actitudes en torno a la muerte. ¿Has tenido alguna experiencia anterior con un ser querido que no sabía qué le ocurría y que te ha convencido de que tu padre debe ser consciente de todo lo que va a suceder? ¿Quieres que sepa que sus posibilidades son mínimas para que podáis lamentaros juntos mientras todavía os quede tiempo? Cuando entiendas mejor tus propias reacciones y motivaciones, podrás negociar un punto de encuentro con la doctora y tu padre para decidir qué dosis de realidad es suficiente.

Las llaves del coche: símbolo de independencia

P: *Mi padre, que sufre un trastorno neurológico progresivo, lleva muchos años en silla de ruedas pero ha seguido conduciendo para ir al trabajo hasta hace poco. Después de un pequeño accidente, de-*

cidió voluntariamente dejar de conducir. Aparte del problema de buscar un medio de transporte alternativo, estoy pagando el precio emocional que ha supuesto su pérdida de independencia. Él siempre ha estado ahí para ayudarme mientras yo criaba sola a mi hijo. ¿Cómo le ayudo a asumir el dolor de tomar una decisión tan valiente, y cómo puedo enfrentarme yo a este recordatorio de que nuestras vidas van a ser cada vez más difíciles?

R: Con cada revés inevitable en la progresión de un trastorno neurológico (pasar de tener un ingenio rápido a una mente perturbada, de unas piernas robustas a necesitar un dispositivo para subir escaleras) se produce una sensación de pérdida dolorosa. Sin embargo, pocas cosas hacen sentir que se ha perdido el timón de la propia vida más que perder el privilegio de conducir. En especial para los hombres, supone un umbral que una vez cruzado les hace sentir que han perdido no sólo la independencia, sino también una parte de sí mismos. No es de extrañar que muchos intenten seguir conduciendo mucho después del límite aconsejable. Por lo general, hay que quitarles literalmente las llaves del coche. Tu padre es digno de admiración por haberse dado cuenta de sus limitaciones y haber puesto la seguridad de los demás por encima de su necesidad de seguir conduciendo.

Tus preguntas no tienen una respuesta fácil. Tu vida en familia ha cambiado para siempre, y vuestras vidas todavía tendrán que enfrentarse a más cambios. La ira y la tristeza son respuestas normales. Para manejar estas emociones y evitar que el sufrimiento se instale en vuestras vidas, aquí tienes algunas posibilidades:

- Una ventaja de tratar con una enfermedad progresiva es que dispones de tiempo para anticiparte y prepararte de cara a la pérdida de funciones. Aunque esa preparación no resta dolor a las pérdidas, en general ayuda a evitar el sufrimiento agudo de la imprevisión. Permitíos, tú y tu padre, lamentar su reciente pérdida de la capacidad de conducir; exponed ideas para mantener su movilidad y su independencia en la medida de lo posible, y empezad a hablar de la próxima pérdida que se avecina y de cómo vais a afrontarla. Si la enfermedad avanza sin remedio, tenéis que ser muy activos, valientes e ingeniosos.

- Aunque tu padre ya no pueda conducir un vehículo de motor, debe luchar por ser el conductor de su propia vida. Tiene que decidir a dónde va y qué hace siempre que sea posible. Como dice la Oración de la serenidad, deja que controle lo que pueda, no insistas continuamente en lo que no puede controlar. Es muy posible que todavía conserve partes de sí mismo frente a la destrucción de su enfermedad.
- Para algunos pacientes muy adaptables de un trastorno neurológico, el cambio del asiento del conductor al de pasajero en la vida es únicamente un cambio de perspectiva. Siguen siendo capaces de disfrutar del paisaje que ven en lugar de centrarse en el asiento que ocupan o en que no tienen el control de la velocidad del vehículo. Están dispuestos a aceptar los servicios de un conductor (o de una hija atenta) sin sentir que sólo son un bulto. Incluso puede que saboreen todavía más el trayecto porque ahora lo comparten con alguien a quien quieren. Para la mayoría de nosotros, lograr esa aceptación y ecuanimidad resulta muy difícil. Sin embargo, podría ser lo mejor que tú y tu padre deberíais intentar conseguir mientras recorréis el largo camino juntos.

Cuando la tristeza se manifiesta como ira

P: *Mi hermano de 78 años sufrió una serie de derrames cerebrales y hace poco se pasó 4 meses en un hospital de rehabilitación cerca del domicilio de su única hija. Soy 15 años más joven que mi hermano y durante los dos últimos años he colaborado en sus cuidados, aunque vivo lejos y también tengo problemas de salud. Mi sobrina nunca se ha llevado bien con su padre y se está planteando ingresarlo en una residencia tan lejos de mi casa que me resultará imposible continuar viéndole. Creo que está furiosa porque soy la otra beneficiaria (además de ella) de la herencia de mi hermano y que me ocul-*

ta información. Le ha robado dinero a su propio padre y creo que sus intenciones no son buenas. ¿Qué puedo hacer?

R: En un mundo ideal, las crisis médicas y psiquiátricas unirían a los miembros de la familia para las tres C: conmiseración, coordinación de los cuidados y confortar al enfermo. En la vida real, sin embargo, esas crisis en ocasiones destapan relaciones que se han echado a perder por la distancia emocional o por los conflictos crónicos. Algunos parientes se pelean por el poder de tomar decisiones sobre el enfermo. Otros se echan en cara que no cumplen con su parte de los cuidados o se niegan a colaborar. A medida que el enfermo empeora, las tensiones aumentan. Cuando llega el final, las relaciones de la familia pueden estar dañadas por un antagonismo más feroz que nunca.

Pareces atrapada en los resentimientos y los rencores de este tipo de familia cuidadora. Antes de decidir la naturaleza del compromiso que te gustaría adoptar para cuidar de tu hermano, existen temas legales y psicológicos que debes tener en cuenta.

El aspecto legal más importante es saber si tu hermano ha sido declarado capacitado por un médico para tomar decisiones propias. Si es así, tiene derecho a decidir dónde va a vivir, en qué va a gastar su dinero, etc., aunque previamente se haya designado a su hija como su tutora legal o ésta se oponga a sus decisiones. Tu hermano incluso podría decidir vivir contigo y prescindir por completo de su hija. Si, en cambio, tu hermano ha sido declarado incapacitado por un tribunal debido a los déficits cognitivos que pudiera sufrir, tu sobrina tendría la facultad de tomar todas las decisiones importantes y escatimar información a quien ella considere oportuno. En este caso, tendrás que decidir si te enfrentas a ella o intentas acercar posturas.

La primera opción es difícil y arriesgada. Una cosa es estar absolutamente segura de que tu sobrina ignora los intereses de su padre y malgasta su dinero, y otra muy distinta es contratar a un abogado para llevar a tu sobrina a juicio y luchar por la custodia del enfermo. Estos casos requieren muchas pruebas. Aunque el juez esté de acuerdo contigo, es probable que nombre un *guardian ad litem* neutral para que revise los asuntos de tu hermano. Es imposible saber si esa persona considerará favorable o no tu interés hacia el enfermo. El riesgo de emprender acciones legales es que equivale a declarar la guerra abierta a tu sobrina. Si pierdes, ella tendrá el poder y el incentivo de castigarte limitando el contacto con tu hermano todavía más.

Acudir a tu sobrina en son de paz tiene ciertas ventajas psicológicas. Al transmitir respeto hacia su posición de poder, tendrás más posibilidades de forjar un plan más cordial y beneficioso para ambas partes que te permitirá poner en práctica tu compromiso con tu hermano. No es necesario que tu sobrina te guste o que estés de acuerdo con ella; simplemente, tienes que demostrar que no eres una amenaza para que te incluya en sus vidas. Creo que tu hermano estará más cómodo si sus dos parientes más cercanas se llevan mejor. De lo contrario, se verá atrapado en una disyuntiva, se mostrará sensible a lo que digáis la una de la otra y, probablemente, nunca os expresará sus sentimientos. Todo eso no hará más que agravar los problemas emocionales derivados de su enfermedad.

Sin embargo, la razón psicológica más importante para acercarte a tu sobrina es que la ira suele ser un disfraz de la tristeza. Si las dos lucháis por el control, evitáis pensar en el declive de tu hermano. En cambio, si os permitís compartir vuestra tristeza fomentaréis la aceptación y haréis más llevadera la muerte inevitable de tu hermano.

6

Fomentar la conciencia y la flexibilidad

—Por favor, baja y ayúdame —llama la hija mayor a su madre. Intenta que su tono de voz parezca tentador, pero hay un trasfondo de irritabilidad. Por primera vez desde hace meses, tiene invitados y se siente presionada (aunque son de la familia). Espera al final de las escaleras, intentando escuchar si su madre se levanta de la cama. Al no detectar el chirrido de los muelles del colchón o el ruido del bastón, regresa a la cocina y se dice que va a tener que cortar todas las verduras ella sola.

Su marido y sus hijos la han convencido para que organice una cena para celebrar el cumpleaños de su madre. «No sabemos cuántos más podremos celebrar», le han dicho. Sin embargo, la hermana menor cree que el principal motivo de celebración es el final de la quimioterapia. Hace unos días, por fin terminaron las diez semanas de tratamiento, tres veces por semana (interrumpidas por una semana de descanso). Ya no habrá que buscar sitio en el aparcamiento del hospital, se acabaron los morados en los brazos debido al tratamiento y las quejas por el agotamiento. A la hermana mayor le gustaría pensar que también celebran el final del cáncer de su madre, pero ya le han advertido que es demasiado pronto para afirmar tal cosa. El oncólogo ha sido lo más seco y conservador que ha podido para atenuar sus esperanzas recordándole que sólo se considera que el cáncer ha remitido cuando no se detecta una reaparición transcurridos 5 años. «Cinco años», suspira la hermana mayor. Por entonces, su madre podría haber muerto simplemente por la edad. Así, la hija mayor ha establecido su propia medida para determinar el punto donde se encuentra su madre: si los escáneres programados para 2 meses después del último tratamiento de quimio demuestran que no hay más tumores o lesiones sospechosas, habrá vencido al cáncer (al menos por el momento).

Acostada en la cama, inmóvil, en un estado de ensueño, la madre escucha a su hija pero no se mueve hasta que oye sus pasos alejándose. Todavía en la cama, está tensa debido a los sentimientos encontrados. Una parte de ella quiere bajar inmediatamente a la cocina. Ella era la matriarca orgullosa que siempre se encargaba de las cenas familiares en su propia casa, y más tarde en su apartamento, sin necesidad de ayuda. Una tarea sencilla, como por ejemplo cortar las verduras o poner la mesa, sería hoy un pequeño paso hacia la recuperación de su posición natural. Sin embargo, otra parte de ella se ofende ante el simple hecho de que le pidan ayuda. «¿Por qué nadie se da cuenta de que todavía estoy cansada?», se pregunta para sus adentros. «¿Por qué una anciana no puede limitarse a descansar el día de su cumpleaños?» Además, la fiesta no le hace demasiada ilusión. Otro año más, a su edad, no es ningún logro: es un inconveniente. Más tarde tendrá que abrazar a sus nietas y hacer gracias a sus hijos mientras recibe las felicitaciones pertinentes. Su mente, sin embargo, no estará centrada en la generación futura de la familia, sino en la pasada. Los recuerdos de su marido, de su propia madre y de otros familiares que ya no están ocuparán sus pensamientos, como ocurre desde hace varios meses. Al contemplar la mesa de su hija, equipada con su propia vajilla antigua, su salsera a juego con el borde dorado y las piezas de plata estriadas, se perderá en los recuerdos de otras cenas familiares de hace 40 o 50 años, cuando era joven y estaba sana, llena de la energía que hoy ya no tiene.

Mientras la madre se agarra a la barandilla y empieza a bajar lentamente, escalón a escalón, la hija mayor aparece de repente al final de la escalera, con los brazos en jarras y una expresión a medio camino entre el juicio y la preocupación.

—Cuidado —dice con un tono áspero. Se da cuenta de inmediato y suaviza la voz—. ¿Subo y te ayudo?

La madre mantiene la vista fija en el siguiente escalón y responde con un simple «No». Cuando llega al final de las escaleras y se dirige a la cocina, la hermana mayor le dice:

—Ya he picado casi todas las verduras. Tu nieta favorita llegará enseguida. ¿Por qué no te sientas en el salón y la esperas?

La madre permanece sola en el salón, sentada en un sillón amplio, de respaldo alto, durante media hora. Escucha el ajetreo de su hija en la cocina. Como muchos salones, el de su hija parece más un muestrario de muebles elegantes y pesados que un lugar de reunión afectuosa. El aire huele a pulimento de madera con aroma a limón; la luz amarillenta es mortecina. La madre tiene la ridícula sensación de que la han dejado en ese espacio inmaculado para que no moleste. O, lo que es peor, se siente como otra reliquia de la familia, más antigua que valiosa, para que sus bisnietos la contemplen y escuchen historias sobre ella. Justo en ese momento suena el timbre y la anfitriona sale a toda prisa de la cocina para ir a abrir la puerta. Acaba de llegar su hija mayor, seguida por su marido larguirucho y dos niños pequeños.

Ronda de besos y abrazos junto a la puerta. La hermana mayor guarda los abrigos en el armario y lleva a su familia hasta el salón, donde hacen cola para dar a la matriarca un beso rápido en su fría mejilla. El aroma a pavo asado y zanahorias cocidas desvía su atención hacia la cocina. La hermana mayor pide a sus nietos, un niño de 7 años y una niña de 5, que le ayuden a repartir la salsa, y se van a toda prisa. El marido larguirucho les sigue. La nieta favorita se sienta en el sofá con estampado floral, junto al sillón, para hablar con su abuela.

Sentada en el borde del sofá, la nieta tiene el porte recto de su padre pero las redondeces de su madre: dos embarazos antes de los 30 han dejado huella en su figura. De su madre y su abuela, además, ha heredado la franqueza.

—¿Cómo estás, abuela? —pregunta—. Esperaba verte más fuerte. Pareces agotada.

—Muchas gracias. ¿Y tú qué tal, cariño? —pregunta la abuela con una sonrisa forzada. La nieta, medio sonriendo, duda si seguir preguntando a su abuela sobre su salud, pero se limita a responder.

—En general, bien. Los niños me agotan, pero ya sabes que así tiene que ser.

La niña, muy oportuna, entra corriendo en el salón y toma a la nieta del brazo para que la acompañe a la cocina. Su madre se levanta y dice:

—Ahora vuelvo.

Y sigue a la niña. La abuela vuelve a estar sola, sintiéndose olvidada en ese salón ridículo. Se pregunta si parecería de muy mala educación volver a su habitación. Justo entonces aparece de nuevo su nieta sin la niña y se deja caer en el sofá.

—¡Mamá me ha dicho que has terminado la quimio y que estás mucho mejor! —exclama la nieta. La abuela responde sin ganas:

—Voy tirando.

Su nieta frunce el ceño y añade:

—Sé que mi madre cree lo que quiere, pero me parece que no tienes buena cara. Cuéntame qué te pasa.

La abuela la mira con gesto severo y dice:

—No sé muy bien qué me pasa. Lo único que sé es que estoy cansada.

—Los médicos te han dicho que te recuperarás ahora que has terminado la quimio —se apresura a añadir la nieta. Sin embargo, la expresión abatida de la abuela no cambia.

—No creo que me vaya a recuperar demasiado —confiesa—. Tendré suerte si duro mucho más tiempo. No veo muchas posibilidades de volver a ser la misma. La idea de luchar sólo para retrasar el final me agota.

La nieta se muestra sorprendida por un momento, y a continuación añade con inquietud:

—Mamá nunca me ha dicho que te sientes así. Para mí sigues siendo la misma, sentada aquí y charlando conmigo. No me importa si ya no puedes preparar las comidas familiares. Te quiero aquí conmigo, con mis niños, para que te conozcan.

La abuela alarga el brazo y acaricia la mano de su nieta.

—Eso es muy bonito. Me gustaría estar aquí contigo todo el tiempo que pueda.

El timbre suena de nuevo: llegan más nietas con sus familias. La niña de 5 años aparece corriendo en el salón, pero enseguida gira hacia la puerta porque acaba de escuchar el alboroto de los recién llegados.

—¡Adelante! —invita la abuela a su nieta favorita—. Ve con tu niña. Hablaremos después de la cena. Me quedaré aquí un ratito más.

En el comedor, más tarde, la matriarca se sienta rígida presidiendo la larga mesa, entre sus dos hijas. La rodea un corro de maridos, nietas y bisnietos sentados en sillas plegables muy juntas. Las dos hijas de la matriarca sonríen al contemplar a sus propias hijas deshaciéndose en atenciones con sus inquietos niños. La homenajeada observa distraídamente la agitación que reina en el otro extremo de la mesa. Nadie comenta el hecho de que apenas prueba el pavo; nadie se da cuenta de que no toca las zanahorias y las patatas de su plato. Al final de la cena, cuando la hija mayor sirve un gran pastel blanco con pequeñas rosas de azúcar, la abuela esboza una débil sonrisa porque siente que toda la familia la está observando.

—No teníais que haberos molestado tanto —dice.

—Es tu cumpleaños, mamá —responde la hija menor.

—De verdad, no hacía falta —repite la abuela.

La hija mayor le reprocha con dulzura:

—¿Por qué no eres un poco amable para variar, mamá?

Y la sonrisa de la abuela se esfuma de repente. La hermana mayor sube un poco la voz y se dirige a todos los comensales:

—Estamos aquí para celebrar tu cumpleaños, mamá. Y que los tratamientos te han ido bien. Mirad todos lo bien que está.

La abuela vuelve a forzar la sonrisa y dice:

—Gracias a todos.

A continuación, dice a sus hijas:

—Cortad unos buenos trozos de pastel para los niños.

Y después se apoya de nuevo en el respaldo de la silla. Parece agotada.

Una vez despejada la mesa de niños y platos, y cuando el aroma del café llega desde la cocina, la abuela se excusa diciendo que se va un ratito a descansar. Su nieta favorita se ofrece para acompañarla hasta el dormitorio. Cuando se dirigen lentamente hacia la escalera, la hermana mayor llama a su hija:

—Date prisa, que el café se enfría.

Sin embargo, pasan 15 minutos y la nieta no vuelve a la mesa. La hija mayor se sitúa al final de la escalera y escucha sus voces, pero no distingue las palabras. Cuando la nieta por fin baja, cinco minutos más tarde, su madre está furiosa.

—¿Está frío tu café? ¿Por qué has tardado tanto? ¿Quieres un trozo de tarta?

La nieta se sienta sin mirar a su madre.

—Ya sabes que estaba hablando con la abuela —responde—. Alguien tiene que escucharla de vez en cuando, y no sólo tratarla con condescendencia.

La hermana mayor deja su taza sobre el plato y replica con frialdad:

—¿Y qué se supone que significa eso?

—Tú crees que sólo porque ha terminado la quimio ya está mejor —responde su hija—. Si embargo, ella dice que no está mejor. Se siente fatal, pero tú no quieres verlo.

La hermana menor se dirige inesperadamente a la mayor:

—Ya te he dicho que tu madre todavía está deprimida.

La nieta y su madre se miran durante unos segundos, ignorando el comentario de la hermana menor. A continuación, la nieta se gira hacia su tía y añade con tono enfadado:

—Sí, está deprimida. ¿Y qué habéis hecho al respecto mi madre y tú?

La hermana mayor se aclara la garganta y dice en tono de superioridad moral:

—Estoy con ella todos los días. He dejado de trabajar para estar aquí todo el día. Así que, ¿quién eres tú para venir aquí después de muchos meses e informarme de lo que le pasa realmente a mi madre? Veo perfectamente cómo está.

La nieta no retrocede:

—Tú no ves cómo está.

—Te equivocas, sí lo veo —insiste la hermana mayor.

—Entonces, ¿por qué no subes y hablas con ella? —le reta su propia hija.

La hermana mayor mira a su hija, a su hermana y a los demás adultos que todavía van por los postres. A continuación, se retira de la mesa. Sube las escaleras, llama a la puerta del dormitorio y entra sin esperar la respuesta de su madre.

—He oído que te has estado quejando de mí con tu nieta favorita —declara, todavía en el umbral.

—No es cierto —responde tranquilamente la madre, acostada en la cama y con una colcha de ganchillo sobre las piernas.

—¿Qué pasa? ¿Qué le has dicho? —pregunta la hija mayor.

—Le he dicho que me siento muy cansada y que tengo la sensación de que esto se acaba —responde la madre—. Si tu hija cree que no lo sabías, ha llegado a esa conclusión por sí sola.

La hermana mayor hace una pausa para recuperar la calma y añade, ya más tranquila:

—Yo pensaba que estabas mejor.

—Me alegro mucho de haber terminado la quimio —confiesa la madre—. Pero me siento fatal a todas horas. No puedo evitarlo.

La hija responde a la defensiva:

—Yo intento cuidarte lo mejor que puedo.

—Ya lo sé —responde la madre—, y que yo no me sienta bien o que no tenga esperanzas no es una crítica a lo que haces por mí. No te lo tomes como algo personal.

La hermana mayor dirige la vista al suelo y después vuelve a mirar a su madre.

—Podemos seguir hablando cuando se marchen todos, si quieres —dice con ciertas reservas.

—Sí, me gustaría —responde la madre—. Vuelve con tus invitados. Yo bajaré enseguida.

Cuando se dirige hacia la puerta, el rostro de la hermana mayor refleja frustración.

Después de años viviendo juntos, conoces a fondo la personalidad, las preferencias y los puntos de vista de tu ser querido enfermo. Tras semanas y meses cuidándole, sabes de primera mano cómo influyen en esos elementos los síntomas, el pronóstico y los tratamientos contra la enfermedad. Sin embargo, estar tan cerca del pariente enfermo en ocasiones provoca una especie de miopía. El hecho de conocerle tan a fondo puede distorsionar tu visión sobre su estado. La atención diaria a sus necesidades puede tergiversar tu percepción de sus deseos. Aunque suena paradójico, cuando estás muy familiarizado con la persona a la que cuidas puedes perder o no recuperar nunca la plena conciencia de lo terrible que es lo que le está ocurriendo.

Sin embargo, no es algo malo. En los capítulos 2 y 5 exploramos algunas de las defensas que la gente utiliza para aligerar el peso de las incertidumbres de una enfermedad grave. Es posible que la negación y la minimización te hayan ayudado en tu papel de cuidador permitiéndote disfrazar un poco el alcance de la tarea. Con esos mismos recursos puedes mantener tu capacidad de tener esperanza y perseverar en el transcurso de la enfermedad.

La conciencia también puede sufrir un desgaste debido a la dureza del día a día. Al principio de una crisis médica, permaneces junto a la cama de tu familiar enfermo; te preocupas por todo, te estremeces a cada quejido, te desvives por satisfacer todas sus necesidades. Sin embargo, a medida que pasa el tiempo y la crisis entra en una fase crónica, tu rutina deja de verse impulsada por la ansiedad y se guía por la costumbre. Frente a un ser querido que ya no puede vestirse y alimentarse por sí solo, al principio sufres el impacto de tener que hacer esas tareas en su lugar, después dominas cada movimiento, y al cabo de muchas repeticiones realizas cada actividad de manera casi mecánica. Ante un pariente con demencia que ya no puede responsabilizarse de su propia medicación, al principio te confundes con la variedad de formas y colores de las pastillas que debe tomar hasta que la experiencia te convierte en experto sobre su administración y sus efectos secundarios. En general, las nuevas habilidades que practicas con deferencia se convierten en actos naturales en cuestión de semanas. En muchos casos, el papel de cuidador familiar pasa a ser la identidad principal. El programa de las tareas diarias, como la salida del sol o las fases de la luna, marca el ritmo y la estructura de tu vida.

Entregar tu vida a una rutina de cuidados de este tipo ofrece ventajas claras: ante todo, no tendrás que pensar demasiado en algunas de las cosas desagradables que debes hacer, porque cumplirás con tu deber como si llevases puesto el «piloto automático». En general, liberar la mente en cierta medida reduce la sensación de estar atado. Además, te permite distanciarte emocionalmente cada vez que tienes que bañar o asear a un ser querido que antes era independiente.

El problema es que esa misma liberación es también una desventaja: puede significar que tu conciencia de la difícil situación de tu ser querido y de los cambios graduales provocados por una enfermedad lenta y progresiva, por ejemplo, ya no es tan nítida. Los días se desdibujan uno tras otro, los cambios pasan inadvertidos, la rutina de los cuidados se da por sabida. Otro posible significado es que has perdido conexión emocional con tu ser querido. Escuchas los lamentos de su sufrimiento, pero ya no te provocan una reacción visceral. Ves a tu pariente luchando, pero respondes parándote a pensar qué tienes que hacer por él en lugar de solidarizarte con el dolor que pueda estar sufriendo. No es que la rutina haya hecho que te preocupes menos que al principio: es que tu inmersión en las rutinas te impide la visión completa de la escena y pasas a centrar tu atención en las tareas diarias. Incluso es posible que tu visión del desarrollo de la enfermedad o del deterioro del paciente se desdibuje.

Todo esto puede parecer frío e improbable. Por encima de todo, el cuidador familiar actúa impulsado por el amor. ¿Por qué te comprometes a ayudar a un ser querido y después te distancias emocionalmente de esa persona? La respuesta es que no se trata de una decisión consciente, sino de un efecto secundario ante un estado de coacción continuo y prolongado. Cuando una superficie se somete a una presión permanente, aparece un callo. El cuidador, agotado por los rigores de sus obligaciones y por el espectáculo del deterioro de un ser querido, acaba «anestesiado». Perder poco a poco la conexión con el sufrimiento que te rodea (por no mencionar tu propio sufrimiento) es un modo de sobrevivir emocionalmente para seguir cumpliendo con las obligaciones. Una consecuencia natural es que se cae en rutinas rígidas, y las tareas diarias de atender y alimentar al enfermo se realizan sin pensar, como una costumbre más. Perder la conciencia y la flexibilidad de este modo te protege porque te ayuda a pensar y a sentir menos. Sin embargo, también tiene efectos corrosivos.

Tomemos como ejemplo a la hermana mayor. Mientras guarda la ropa limpia, cierra los armarios a portazos y lava los platos, no va y viene por la cocina retorciéndose las manos y pensando en la amenaza del cáncer. No es que no piense en lo que puede ocurrir, pero deja esas preocupaciones a un lado lo justo para que no ocupen todos sus pensamientos. Mantiene todo el control que puede sobre la rutina doméstica durante una crisis médica de naturaleza incontrolable; sin duda, le ayuda a seguir adelante. En el proceso, sin embargo, se producen dos cambios. En primer lugar, se observa un cierto distanciamiento de la enfermedad de la madre y de la propia enferma. Ésta no sólo deja de sentirse escuchada cuando su hija corre de un lado a otro, sino que además empieza a sentir que es una carga, una tarea pesada más. En segundo lugar, la hija pasa a seguir sus rutinas por costumbre y de manera inflexible para asegurarse de tener el control aunque ya no sean las mejores estrategias para ayudar a su madre. Estos cambios no hacen más que intensificar el sentimiento de inutilidad de la madre desde que le diagnosticaron la enfermedad. Empeoran su depresión.

Otro ejemplo: imagina a la esposa de mediana edad de un hombre mayor que ha sufrido varias apoplejías. Ella se sorprende de todo lo que hace con gran habilidad: preparar tres comidas diarias en puré y dárselas a su marido; vestirlo, desvestirlo y bañarlo todos los días; llevarlo al lavabo apoyado en su espalda... Sin embargo, todas las noches al acostarse, satisfecha por sus logros, le horroriza pensar lo que le espera al día siguiente. En algún punto del camino se producen varios cambios. El hombre que antes era su amado esposo es ahora un paciente difícil. Ella deja de interactuar con él emocionalmente como su compañera y lo trata más como el objeto inanimado de sus esfuerzos hercúleos. Realiza esos esfuerzos todos los días de forma rígida, sin pensar, para protegerse de las preocupaciones. Si el desgaste físico que le produce ser la cuidadora del enfermo le pasa factura, los cambios de perspectiva absorben su energía y su espíritu. Atrás queda el efecto revivificante de sentir que comparte una relación de amor mutuo. También ha perdido la capacidad de resolver nuevos problemas de manera flexible a medida que la enfermedad evoluciona. El hecho de realizar sus tareas le aporta poco más que la seguridad de haber resistido otro día más. Podría acabar pensando que es una víctima de la enfermedad de su marido, y así aumentarían las probabilidades de que sufra el síndrome de estar quemado.

¿Estás perdiendo conciencia de ti mismo y de tu ser querido enfermo?

- ¿Niegas los cambios que otros te señalan?
- ¿Realmente miras al enfermo, o sólo lo ves en tu mente como era antes?
- Cuanto tu pariente te llama, ¿adoptas automáticamente el papel de solucionador de problemas para evitar reacciones de ira, frustración o resentimiento?
- ¿Te refugias en la rutina?

Puede parecer contrario a la intuición que la clave para evitar el síndrome de estar quemado o que un pariente enfermo se sienta como una carga sea avivar la conciencia de todas las dificultades médicas y familiares y recibir cada nuevo día con una mirada fresca, abierta a los cambios. Fomentar la conciencia significa hacer frente a los horrores de la enfermedad para mantener la conexión con el ser querido. Significa evitar el abotargamiento y la adopción de rutinas inflexibles. Por supuesto, el problema es que limitar la conciencia de lo que sientes y seguir rutinas establecidas sin más son medios inconscientes de protegerte contra la sobrecarga emocional. ¿Cómo puedes fomentar la conciencia con respecto al enfermo sin que tus peores miedos salgan reforzados? ¿Cómo puedes modificar lo que haces de manera flexible sin aumentar tu ansiedad?

Durante los últimos 15 años, el término *mindfulness* se ha hecho un hueco en la psicología y la sanidad estadounidenses y ha dado lugar a multitud de libros, vídeos y programas comunitarios. La palabra pretende transmitir la idea de que al dirigir dónde centras tu atención puedes dar forma a tus reacciones ante los problemas.

El movimiento *mindfulness* comenzó de la mano del pensador budista Thich Nhat Hanh y del que fuese profesor de la Universidad de Massachusetts, Jon Kabat-Zinn. Ambos pretendían utilizar prácticas de meditación orientales para calmar la agitación y el estrés de los occidentales. «*Mindfulness*», escribe el doctor Kabat-Zinn en *Full Catastrophe Living* (1990; trad. cast.: *Vivir con plenitud las crisis*, Barcelona, Kairós, 2004), «consiste en estar presentes en todo momento [...] Aprendemos a ser conscientes de nuestros temores y de nuestro dolor, aunque al mismo tiempo [...] facultados por una conexión para hacer algo más profundo en nuestro interior, una sabiduría perspicaz que nos ayuda a penetrar y trascender el temor y el dolor, y a descubrir un poco de paz y de esperanza en nuestra situación *tal como es*». No se trata de resignarse o ni siquiera de aceptar una situación terrible; practicar la *mindfulness* no es una forma de tirar la toalla. No obstante, sí es una manera de rendirse... al poder que se deriva de observar la realidad con los ojos abiertos y los sentidos atentos para percibir todos los matices, todas las ideas e incluso todos los acontecimientos dañinos. *Mindfulness*, además, no equivale a huir a un terreno mental o a embotar los sentimientos. Se trata de fomentar la conciencia del aquí y el ahora, en la que tus emociones nunca te harán perder la conexión con el mundo que te rodea. Y no interrumpe las rutinas diarias de los cuidados, sólo el abotargamiento inducido por la inflexibilidad.

Existe un método general para aprender a ser más consciente y fomentar a la vez el sentido de lo que Kabat-Zinn denomina «paz y esperanza». Recomienda una serie de técnicas para aumentar la atención al tiempo que se apaciguan las reacciones emocionales reflejas (reacciones que pueden dificultar la respuesta adecuada y eficaz a las circunstancias). Entre esas técnicas destaca la práctica oriental de la meditación: permanecer sentados, inmóviles; respirar de manera regular y profunda, y centrar los pensamientos en una frase, un sonido o una imagen. A primera vista parece simple: ¿qué podría ser más sencillo que sentarse y respirar? Sin embargo, el tercer componente puede resultar desesperantemente escurridizo. Los pensamientos son como el mercurio: en lugar de posarse sobre un tema, tienen tendencia a dividirse en todas las direcciones. A través de la práctica regular de la meditación es posible aprender a contener los pensamientos y a asentar la mente. El siguiente paso consiste en mantener tranquilamente la conciencia de las circunstancias presentes, disfrutar de cada momento y estar preparado para cambiar de manera flexible. Las consideraciones sobre el pasado y el futuro no están excluidas de la meditación consciente.

Por el contrario, serás consciente de cómo te han llevado los hechos pasados hasta la situación presente y no perderás el tiempo dando vueltas a lo que ya ha ocurrido. O sopesarás posibles caminos sin venirte abajo por las preocupaciones sobre el futuro.

La mayoría de los cuidadores están demasiado presionados por el tiempo y el dinero para considerar la posibilidad de apuntarse a un curso de meditación (en un mundo ideal, esa formación nos ayudaría a todos a enfrentarnos al estrés diario y a las crisis con mayor aplomo y ecuanimidad). Por suerte, los elementos de la *mindfulness* se pueden fomentar de otros modos para mantener la armonía con tu familiar y abrirte a nuevas formas de cuidar al enfermo sin exigir demasiado a tu psique.

Pongamos un ejemplo sencillo: escribir un diario sobre tus experiencias desde el principio de la crisis médica hasta su conclusión te permite satisfacer las dos exigencias de la *mindfulness*. Aviva la conciencia ayudándote a salir del torbellino de los acontecimientos médicos y de los cuidados diarios para que te fijes con más atención en los cambios que experimenta tu ser querido y cómo te afecta su cuidado. Aunque tu estilo sea meramente descriptivo (por ejemplo, listas de tareas u observaciones sobre los hábitos de comida o de sueño del enfermo), estarás reflexionando sobre los cuidados a los que te has comprometido en lugar de verte atrapado en una existencia guiada por actos reflejos. Dado que puedes releerlo siempre que quieras, el diario también fomenta la conciencia de la continuidad de la experiencia familiar y de la perseverancia de los parientes durante las diferentes fases de la enfermedad. Al mismo tiempo, escribir un diario puede ser relajante. Algunas personas consideran que el proceso de escribir es un acto parecido al de la meditación. Requiere una concentración total, una aclaración interior de sentimientos y pensamientos, y sopesar y medir las palabras que pueden inducir a la creatividad. El escritor experimentado termina la sesión con la mente centrada y relajada.

Existen otros medios para favorecer la conciencia o la tranquilidad, o ambas. Si participas en grupos de apoyo a cuidadores o específicos sobre una enfermedad, en grupos de debate en línea o en *blogs*, sabrás de la experiencia de otras personas y adquirirás una base para comparar y contrastar la tuya. Lo más importante es que te pedirán que expliques cómo te están afectando las tareas a las que te has encomendado. El simple hecho de enfrentarte a tu compleja experiencia para explicarla con palabras favorece la reflexión. Cuando esas palabras provocan preguntas o respuestas emocionales en los miembros del grupo, experimentas tu historia de manera distinta. Cambia tu visión de ti mismo y te permite acercarte a los cuidados de manera más flexible e imaginativa.

También hay actividades individuales. Muchas librerías y páginas web venden CD de relajación (como los de Kabat-Zinn) que enseñan ejercicios de respiración profunda y técnicas de visualización (utilizadas por los psicólogos con las personas aquejadas de ansiedad o dolor crónico). Esos ejercicios están pensados para inducir un estado de tranquilidad que permitan al oyente enfrentarse a las presiones de la vida de manera más efectiva. El yoga ofrece beneficios similares. Aunque muchas personas creen que se trata principalmente de una disciplina para estirar y relajar el cuerpo, también ofrece un modo de apaciguar y relajar la mente. Por último, la oración hace maravillas fomentando la conciencia y aportando tranquilidad. Al apelar a un poder superior, te apartas mentalmente del «lodo» de las rutinas diarias y percibes tu lucha dentro del contexto global de un plan universal o de una autoridad máxima. El acto de rezar (que implica contemplación silenciosa, una respiración lenta y rítmica, y la repetición de frases y cánticos muy gastados) puede provocar un estado de relajación similar al que promete la meditación. (Para más información sobre el tema de la espiritualidad, véase capítulo 8.)

Modos de fomentar la conciencia:

- Escribir un diario.
- Participar en un grupo de apoyo.
- Internet: desahógate, pregunta, comparte, compadécete.
- Aprender técnicas de *mindfulness,* relajación y visualización con un CD o un libro (recurre a las bibliotecas públicas).
- Acudir a clases de yoga.
- Rezar.

Sea cual sea tu método, aumentar la conciencia aporta varios beneficios. Si eres capaz de estar al tanto de la progresión de la lucha de tu ser querido sin sentirte abrumado, ya no necesitarás permanecer encerrado en las rutinas rígidas de las tareas diarias para mantenerte firme. Podrás escuchar con más atención las preocupaciones de tu familiar y responder mejor a ellas. Significa que tendrás que observar muy de cerca y considerar cada cambio del paciente con el fin de adaptar tus cuidados a las nuevas condiciones y necesidades. Resolverás mejor los problemas porque tu pensamiento no estará confinado en los límites de las rutinas que has establecido: tendrás la libertad de ser más innovador. En general, mayor conciencia y flexibilidad equivale a disfrutar de una visión más clara de toda las situación médica, y eso conduce a buscar el equilibro entre esperanza y aceptación. Así soportarás mejor la crisis médica.

Fomentar la conciencia te ayuda a:

- Escuchar las necesidades reales de tu ser querido.
- Permanecer conectado con la persona real en lugar de aferrarte a una imagen del pasado.
- Lograr un optimismo precavido.
- Responder a tu pariente como una persona que quieres y no como una lista de obligaciones.
- Aceptar y aprender de tus respuestas emocionales en lugar de distraerte con las tareas: es el mejor modo de evitar el síndrome de estar quemado.

El sábado posterior a la fiesta de cumpleaños, la hermana mayor se despierta más tarde de lo habitual y descubre que el lado de la cama en el que duerme su marido ya está frío. Aunque escucha movimiento en la cocina, continúa tumbada; se siente rígida y malhumorada. Se ha pasado la mitad de la noche dando vueltas a lo ocurrido durante la cena, y ahora regresan a ella los mismos pensamientos. Por una parte, se siente humillada. Su hija la ha puesto en evidencia respecto a su madre, y delante de toda la familia. Por otro lado, está enfadada porque su madre se ha puesto de parte de su hija. Y para rematarlo, las dos parecían conchabadas contra ella. «Así me agradecen que haya sacrificado parte de mi vida para ayudarlas», cavila. Se envuelve con la ropa de cama y se hunde en pensamientos más oscuros. «Cuando el cáncer se lleve a mamá, ya no tendré que soportar esto», se dice. A continuación, inmediatamente, rechaza esta idea y se dice que su madre va a estar bien. Desconcertada por la dirección que está tomando su mente, se levanta de golpe, se pone la bata y las zapatillas, y baja a toda prisa.

Le inquieta el momento de ver a su madre esa mañana. Se pregunta si le dirigirá una mirada de reprobación cuando entre en la cocina, como queriendo decir «Todavía tenemos pendiente nuestra conversación». ¿O simplemente la mirará enfadada por haberse quedado en la cama hasta tan tarde y no haberle preparado el desayuno? A la hermana mayor también le preocupa la cocina propiamente dicha. La noche anterior no acabó de lavar todos los cacharros porque estaba agotada, y su marido habrá añadido nuevas capas de utensilios grasientos. Sin embargo, cuando entra en la cocina y mira el fregadero, se sorprende al comprobar que está vacío y limpio. Sentados a la mesa, su marido y su madre apuran sus tortillas de queso. Y todavía la sorprende más ver a su hija mayor con ellos, sirviéndose un zumo.

—¿Qué pasa? Aquí pasa algo. ¿Dónde están los niños? —pregunta la hermana mayor en un tono estridente.

—En casa —responde su hija—. No pasa nada. ¿Por qué no te sientas y pruebas la tortilla que he preparado?

El marido se levanta para dejar un hueco a su mujer.

—Siéntate aquí, cariño. Tengo cosas que hacer.

Pone su plato y su taza en el fregadero, y sin establecer contacto visual con su mujer sale a toda prisa en dirección al sótano.

La hermana mayor mira desconfiada a su hija y a su madre. Se sienta, se sirve café y espera. Se produce un incómodo silencio que rompe la madre:

—Estoy cansada. ¿Qué os parece si me voy a mi cuarto y os dejo hablar?

—Te ayudo a subir, abuela —dice la hija.

—No —interrumpe la hermana mayor con firmeza —, ya voy yo.

La hermana mayor regresa a la cocina, se sienta y vuelve a esperar. La hija deja una tostada en el plato y dice:

—Esta noche no he podido dormir. Me sentía fatal por mi comportamiento contigo. He venido para hablar.

La hermana mayor, todavía cautelosa, se inclina hacia delante y dice:

—Teniendo en cuenta lo que ha pasado, yo tampoco he dormido demasiado.

Espera que su hija continúe con su explicación.

—Sé cómo te sientes —añade—. Sé lo duro que es todo esto para ti. Seguramente, papá no te ayuda demasiado. Debería haber sido un poco más amable contigo.

—¿Cómo sabes lo duro que es para mí? —pregunta la hermana mayor, su madre, de forma brusca. La hija pasa por alto el tono enfadado de su madre y sigue con su estrategia conciliadora:

—Cuando las cosas se ponen difíciles, tú siempre eres la primera que arrima el hombro. Recuerdo cómo mantenías a todos en marcha cuando tu padre estaba enfermo. Veo que estás haciendo lo mismo con la abuela. Te ocupas de todo, pero te absorbe tanto que creo que pasas por alto algunas cosas. Me refiero a la parte emocional.

—No intentes dar a entender que no tengo sentimientos sobre lo que está ocurriendo con tu abuela —replica la hermana mayor—. Nadie siente por ella más que yo. Ni siquiera tú.

La hija permanece unos segundos en silencio y añade con tristeza:

—No quiero pelear contigo. Es todo lo contrario por lo que estoy aquí esta mañana. Me preocupas tanto como la abuela. Hay personas que son muy eficaces haciendo todo lo que hay que hacer. Lo sé: soy como tú. Me absorbe tanto el cuidado de los niños, un día tras otro, que no me paro a pensar cómo se sienten... o cómo me siento yo.

La hermana mayor no dice nada. Mira a su hija y se da cuenta de que es sincera.

—No sé si entiendo muy bien lo que estás diciendo —se obliga a hablar en un tono más suave—. ¿Qué quieres que haga?

—Es muy sencillo enredarse en tantas obligaciones —responde la hija—. Tenemos que ayudarnos mutuamente a mantener un contacto estrecho con la abuela, saber qué siente físicamente y emocionalmente para poder cambiar lo que hacemos y así ayudarla todo lo que podamos. No sabemos cuánto tiempo más vamos a tenerla con nosotros.

La hermana mayor empieza a sentir de nuevo que la trata con condescendencia.

—¿Y cómo se supone que vamos a hacer eso? —pregunta con un toque de irritación en la voz.

La hija percibe esa irritación y continúa más sumisa.

—No estoy muy segura —responde—. Creo que la abuela me ha dicho cosas que a ti no te diría porque teme hacerte daño. Dice que te lo tomas todo como algo personal.

La hermana mayor abre mucho los ojos y su hija prosigue:

—Yo no puedo venir muy a menudo, ya sabes que tengo que ocuparme de mis hijos. Si nos comunicamos por correo electrónico podríamos intercambiar impresiones sobre lo que le está pasando a la abuela y qué opinamos y sentimos al respecto. Lo leí en una página web sobre salud. Ya que no puedo estar presente, así tendría la oportunidad de poner mi granito de arena; ya sabes que necesito hacerlo. También te podría señalar cosas que a lo mejor tú no ves porque estás demasiado metida en la situación. Sería como nuestro grupo de apoyo particular.

La hermana mayor, sin expresión en el rostro, permanece en silencio. Su hija, que piensa que está ofendida por la idea, se apresura a añadir:

—No estoy diciendo que necesites mucho apoyo, sólo que podríamos mantener más contacto para afrontar mejor lo que vaya surgiendo.

La hermana mayor responde en voz baja, casi a regañadientes:

—Me parece una buena idea.

—¿De verdad? —pregunta su hija con sorpresa. Y al darse cuenta de que su madre habla en serio, se muestra más entusiasmada—. Podemos incluir a tu hermana en el correo. Y a las mías también. Será bueno para todas. Escribir me ayuda a reflexionar y me relaja. Creo que discutiremos menos si nos escribimos con frecuencia. Y la abuela sentirá que estamos realmente con ella en esto.

La hija parece satisfecha consigo misma. La hermana mayor espera pacientemente a que termine, y después añade:

—Muy bien, estoy dispuesta a probar. Cuando la abuela se puso enferma, yo escribía lo que iba pasando en un diario, antes de acostarme, pero últimamente he estado demasiado ocupada. Estoy de acuerdo en que escribir te ayuda a aclarar las cosas. Creo que leer vuestros puntos de vista me ayudará a no centrarme sólo en lo que hay que hacer cada día, y a lo mejor me sirve para pensar en otras maneras de hacer las cosas.

—Muy bien —afirma la hija—. Esa es la idea.

—Pero ese intercambio de correos no me ayudará a tranquilizarme si tú y tus hermanas lo utilizáis para criticarme —añade la hermana mayor—. No necesito que me digáis qué debo hacer. Esto no es una democracia. Yo tengo que tomar las decisiones sobre lo que necesita la abuela. Si queréis que tome más conciencia de las cosas, está bien, pero nada de ataques.

—Yo no voy a hacer eso —dice la hija a la defensiva—. No se trata de eso.

—Y, por cierto —continúa la hermana mayor—, estoy cansada de hacerlo casi todo. ¿Crees que puedo utilizar este grupo de apoyo por correo electrónico para pediros ayuda de vez en cuando? ¿O sólo se trata de tomar más conciencia y relajarnos?

La hija suspira.

—Puedes pedir ayuda. Yo vendré siempre que pueda —responde. Se levanta para llevar su plato al fregadero porque piensa que su madre ha terminado, pero ésta la toma del brazo con firmeza para obligarla a sentarse de nuevo.

—Sólo una cosa más —insiste—, pero es la más importante. Tú quieres mucho a tu abuela, pero no sabrás que no es lo mismo que tener a tu madre con una enfermedad mortal hasta que un día tengas que cuidarme a mí. Hay días en que me siento tan mal porque mi madre tiene cáncer que no quiero seguir pensando en ello. Hay veces en que es imposible calmarse. De vez en cuando tengo que protegerme, y voy a seguir haciéndolo.

La hija escucha a su madre en silencio y la mira con comprensión.

—A lo mejor tienes razón en que no puedo entender del todo cómo te sientes. Razón de más para que nos escribamos. Quiero entenderte mejor. De verdad, no quiero darte ningún mal rato.

—Muy bien —es el conciso punto final de la hermana mayor, que se levanta y se lleva el plato y la taza de su hija al fregadero.

Fomentar la conciencia y la flexibilidad es el mejor modo que tienen las familias de prepararse para las diversas situaciones que conlleva una enfermedad grave de larga duración. Uno de los cambios potenciales más dañinos es la desatención de otras necesidades familiares a medida que la salud del enfermo se deteriora y sus cuidados consumen más recursos familiares. Los parientes tienen que aprender a conservar su parcela personal y a considerar sus propias necesidades. Por su parte, los pacientes deben encontrar modos de devolver amor por los cuidados que reciben. En el siguiente capítulo exploraremos algunas formas de conservar todas las relaciones familiares durante una crisis médica prolongada, pero sobre todo la protección de la intimidad.

Una madre cambiada tras un derrame cerebral

P: *Como hija única, me siento responsable del bienestar de mi anciana madre. Durante gran parte de mi vida hemos tenido una relación maravillosa, pero después de trasladarme a su casa, hace dos años y medio, para cuidarla tras sufrir un derrame grave, me veo incapaz de tratar con ella. No soporto sus críticas constantes y su abatimiento. No tiene ni una palabra de agradecimiento para mí y parece olvidar el hecho de que he renunciado a mi propia vida. Cada vez* *que me dirige una de sus miradas de exasperación, me entran ganas de gritarle. Una de las dos hemos cambiado, pero lo cierto es que no nos llevamos bien. Esto se ha convertido en una pesadilla.*

R: Resulta muy angustioso dedicarse a cuidar a uno de los progenitores y no sacar de la relación nada más que sufrimiento. Necesitas reflexionar y ponerte a trabajar en tres factores para remediar esta situación: cómo ha cambiado tu madre, las alteraciones en tus reacciones hacia su comportamiento, y el ciclo negativo que ha pasado a dominar vuestra relación.

Empecemos por tu madre. Los derrames cerebrales, como otras lesiones del cerebro, suelen cambiar el estado de ánimo y la personalidad de los afectados. Es más que probable que los cambios que percibes en tu madre se deban a los daños neurológicos que ha sufrido. Además, tener que depender de ti puede ser motivo de depresión para ella. Ambos factores podrían provocar que no sea la persona con la que compartías una relación maravillosa. Te recomiendo que hables con su médico sobre un posible tratamiento para su depresión, y así modificar su difícil comportamiento en cierta medida. Sin embargo, todavía más importante es que modifiques tus expectativas sobre tu madre.

¿Eres consciente de que esperas que tu madre actúe como siempre lo había hecho? Si no es así, te sugiero que reflexiones un poco más. Resulta extremadamente difícil aceptar que un ser querido ha cambiado hasta el punto de ser otra persona. Si reconoces que esperas que tu madre sea la de antes, tal vez necesites lamentar la pérdida de la persona que conocías. Se trata de un paso esencial para comprender cómo tratar a la persona que es ahora. Resulta comprensible que la ingratitud y el mal humor que recibes te den ganas de gritar. Para evitarlo, prueba lo siguiente:

- Recuerda que tu madre ha cambiado a raíz de un derrame cerebral. No tienes que disculpar su mal comportamiento, pero debes tener en cuenta que podría tener una base neurológica y que no es culpa de tu madre. Si ves su conducta como un síntoma y no como una afrenta personal, suavizarás la intensidad de tus reacciones. Habla con su médico sobre los cambios que observas en tu madre y aprende qué puedes esperar de ella.

- Cuando te saque de quicio, sal de la habitación o de casa para distanciarte de ella y de tus emociones. Tendrás más control sobre tus reacciones si te tomas el tiempo y el espacio necesarios para reflexionar sobre ellas. También puedes utilizar la *mindfulness*, la respiración profunda o técnicas de relajación para tomar conciencia de tus sentimientos sin alimentar tu ira.
- Recurre a algún pariente o amigo para tomarte un respiro de vez en cuando.
- Si te sigue resultando tan doloroso aceptar los cambios que tienes que morderte la lengua continuamente, considera la posibilidad de someterte a tratamiento (psicoterapéutico y/o farmacológico) para mitigar las probabilidades de acabar quemada y deprimida.
- Por último, resulta vital tomar mayor conciencia de las interacciones entre tu madre y tú. Me atrevería a decir que cuanto más se queja tu madre, más te alteras tú. Cuanto más te alteras, más resentimiento siente tu madre y más protesta. Puedes romper este círculo vicioso reaccionando a su comportamiento deprimido o crítico con un extra de comprensión y amabilidad. Es posible que tu madre no vuelva a ser quien era, pero detendrás el antagonismo galopante entre vosotras y tendrás la ocasión de aprender a apreciarla tal como es ahora.

Planificación en caso de enfermedad del cuidador

P: *Una noche, hace poco, tuve mucha fiebre y sentí que no podía moverme. Al día siguiente tenía, además, un terrible dolor de garganta. Por suerte, mi sobrina pudo venir a cuidar a mamá unas horas mientras yo iba al médico, pero resultó que tenía la garganta inflamada y no debía exponer a mi madre a la infección (sobre todo* *teniendo en cuenta que está muy débil). Tuve que dejar desatendida a mamá hasta que mi sobrina pudiese volver después del trabajo, pero no puedo contar con ella siempre, y mucho menos sin avisarle. ¿Qué se supone que tenemos que hacer los cuidadores familiares cuando nos ponemos enfermos?*

R: Nadie mejor que un cuidador disponible las 24 horas para dar fe de que nunca hay descanso. Tu pregunta, no obstante, demuestra que resulta esencial descansar, porque ningún cuidador es inmune a la fatiga y a la enfermedad. Es del todo necesario organizar un plan de emergencia, a ser posible con varias opciones.

El primer paso de esa planificación no consiste en identificar los recursos, sino en acumular voluntad. Por lo general, aquí intervienen tres factores: culpabilidad, pensamiento mágico y centrarse en el presente. Algunos cuidadores están tan convencidos de que son sus seres queridos enfermos, y no ellos mismos, los que merecen sus cuidados, que el mero hecho de planificar soluciones de emergencia en caso de enfermedad propia les provoca sentimientos de culpabilidad. Otros albergan ideas supersticiosas según las cuales planificar las cosas en caso de enfermedad equivale a invitar al destino a provocar falta de salud en la familia. Muchas personas se centran tanto en ir avanzando en sus obligaciones diarias minuto a minuto que no sienten la necesidad o no tienen la previsión de planificar los posibles contratiempos del mañana. A pesar de ser actitudes muy habituales, no resultan lógicas ni útiles. El cuidador demasiado inflexible para prepararse en caso de enfermedad u otras adversidades corre el riesgo de dejar solo a su ser querido si llega a ocurrir algo.

Por tanto, ¿qué ayuda se necesita ante una emergencia? En tu caso, una persona fue a tu casa, proporcionó compañía y supervisó a tu madre, e incluso ayudó a levantarla y vestirla. Una simple postal deseándote una pronta recuperación no te hubiese servido de mucho. En general, los cuidadores recurren a la familia, a la comunidad y a profesionales para resolver las cuestiones prácticas.

La proximidad y la disponibilidad de tu sobrina han sido grandes ventajas. La familia es el principal recurso en caso de emergencia. En lugar de esperar a los momentos decisivos para pedir ayuda a un hijo, un hermano u otro pariente, es mejor preguntar a esa persona cuando las cosas están bien si está dispuesta a colaborar en caso de necesidad. Los compromisos verbales por adelantado no son garantías de acciones futuras, pero aumentan la probabilidad de que el miembro de la familia en cuestión arrime el hombro cuando surja la ocasión.

Por desgracia, muchos cuidadores no disponen de parientes dispuestos a colaborar o los tienen lejos. El siguiente paso sería buscar recursos entre la comunidad. Unos vecinos buenos, generosos y capaces de ayudarte a vestir a tu madre, hacer una compra o prepararte alguna comida resultan indispensables a corto plazo. Muchas instituciones religiosas cuentan con comités de voluntarios que visitan a enfermos, se ofrecen para llevarles en coche al médico y realizan tareas domésticas.

También conviene estar al tanto de los recursos profesionales. Las preguntas básicas para el médico de tu ser querido (o para el tuyo) o para el trabajador social tienen que ver con la disponibilidad de servicios a domicilio. Los planes de atención a las personas mayores proporcionan la información necesaria para los cuidadores. Algunas compañías de seguros en Estados Unidos disponen de provisiones para ingresar al paciente en una residencia especializada mientras el cuidador se encuentra incapacitado.

Por supuesto, tener en cuenta todos estos recursos es mejor que planificar las emergencias con sólo uno en mente. Y si organizas ya con quién tienes que contactar y qué te pueden ofrecer reducirás tus reticencias a pedir ayuda. No existe una fórmula para evitar la enfermedad, sólo planes bien organizados para maximizar el bienestar de tu ser querido y el tuyo propio en caso de que surja.

Cuando el padre se resiste a la ayuda

P: *A mi padre, que tiene 85 años, le han diagnosticado demencia senil. Todavía vive solo y conduce, aunque sólo por su barrio, para ir a comprar, a correos y cosas así. Su médico le ha dicho que tiene* *demencia y que de momento puede seguir viviendo solo y conduciendo. Mi hermana y yo queremos ingresarlo en una residencia especializada, pero él se niega en redondo. ¿Qué podemos hacer?*

R: Se trata de una situación difícil que afecta a millones de familias y que enfrenta el deseo de permitir que un anciano con falta de salud mantenga el control de su vida y el interés en que ese ser querido esté seguro (por no mencionar la protección de los peatones y de los demás conductores que se crucen en su camino). Existen dos posibles tácticas (ambas requieren una sutil capacidad de persuasión).

La primera táctica tiene que ver con vuestra forma (la de tu hermana y la tuya) de acercaros a vuestro padre. A partir de tu descripción no me queda claro su grado de demencia. Asumiendo que todavía es capaz de razonar, te sugiero que apeles a su capacidad de elegir bien en lugar de intentar obligarlo mediante presión. En otras palabras: expresadle vuestra preocupación por su seguridad, pedidle que ceda y que visite una residencia con vosotras, pero no retéis su derecho a decidir por sí mismo si quiere vivir allí. La mayoría de nosotros nos mostramos más abiertos a cambiar nuestra posición y nuestro estilo de vida si esa transformación es nuestra elección; si nos la imponen, oponemos resistencia aunque los argumentos de la otra persona sean muy sólidos.

Si tu padre no es capaz de pensar en las consecuencias de sus elecciones, es posible que tengas que optar por la táctica de confiar en el médico para facilitar el cambio. Te sugiero que conciertes una visita con su médico para que te dé información y para transmitirle tu preocupación por el día a día de tu padre. Dile explícitamente que no crees que tu padre esté seguro viviendo solo o conduciendo, aunque sea por el barrio (sobre todo si le van a recetar un medicamento para paliar el alzhéimer, como Aricept o Exelon). Los médicos son precavidos por naturaleza o por temor a las denuncias. Aunque no esté de acuerdo contigo, es poco probable que sea tan arrogante que rechace por completo tu punto de vista.

Existe una estrategia más. Dado que la mayoría de las demencias son progresivas, resulta probable que tu padre empeore. Si su médico sigue diciendo que puede vivir solo, pregúntale cuándo considera que empezará a necesitar más ayuda. Al menos podrás organizar un posible calendario y unos parámetros funcionales que den pautas a todos los implicados, incluyendo a tu padre, cuando por fin llegue el momento de vender la casa y el coche y aceptar ayuda.

Una madre enferma y un padre en actitud de negación

P: *Mi padre cuida de mi madre, enferma de esclerosis múltiple del tipo progresiva-remitente, desde hace 15 años. Hace poco, mis dos hermanos y yo hemos empezado a preocuparnos porque está tan metido en su papel que no está teniendo en cuenta que ella continúa empeorando. Él insiste en hacerlo todo a pesar de que siempre le estamos ofreciendo ayuda. Incluso discute con nosotros, dice que mi madre se encuentra estable y que hace mucho que no empeora. Nosotros queremos a nuestro padre y no deseamos ver cómo se va agotando porque no quiere abrir los ojos y cambiar su esquema de cuidados. ¿Qué podemos hacer?*

R: Tu padre está haciendo un gran trabajo con diligencia y orgullo. Supongo que tú y tus hermanos elogiaréis sus esfuerzos continuamente. Sin embargo, también tienes razón en estar preocupado por su bienestar. Fomentar la conciencia del estado de tu madre probablemente sea el mejor modo de ayudarle a no ser tan rígido con sus rutinas como cuidador, aunque casi puedo garantizar que no le entusiasmará la idea. Estoy seguro de que prefiere creer que su mujer se encuentra estable y se resiste a otras percepciones. Si se empecina a pesar de estar equivocado, podría exponerse a acabar quemado. Y eso sólo tendría un impacto negativo en vuestra madre.

Si intentas compartir tu percepción sobre el estado de tu madre, él podría rechazar tus palabras porque eres su hijo (aunque seas adulto) o porque considera que no ves lo suficiente a tu madre para juzgar su estado de manera precisa. Probablemente, tendrás que recurrir al equipo de profesionales encargados de la salud de tu madre para hacer reconsiderar a tu padre su posición. Te sugiero que llames a su neurólogo para concertar una reunión familiar y discutir en qué punto se encuentra vuestra madre y qué pronóstico hay en lo que respecta a la pérdida de funciones. Si tu madre también se visita con un fisioterapeuta, convendría que participase en la reunión. Pide a los profesionales que aporten todos los datos cuantificables de que dispongan (resultados de las diferentes pruebas utilizadas en rehabilitación). A continuación, invita a tu padre a la reunión. Puede que se enfade por haberla convocado sin consultar con él, pero dudo que se la pierda. (En cuanto a tu madre, puede estar presente o podéis resumirle la información una vez terminada la reunión: depende de su estado). Es posible que tu padre no haga caso de las observaciones de los profesionales, pero no podrá ignorar los datos numéricos que sugieren el declive de tu madre. Además, plantearán escenarios potenciales para el tipo de ayuda que tu madre va a necesitar en el futuro.

La idea no es abrumar a tu padre con pruebas irrefutables de que tu madre va a empeorar, sino ampliar su conciencia de lo que está pasando, ayudarle a prepararse para cuidar a tu madre lo mejor posible. Con toda esa información nueva y con las recomendaciones de los profesionales, tú y tus hermanos estaréis en mejor disposición de convencer a vuestro padre de que acepte más ayuda. Sin embargo, no debéis decirle aquello de «Te lo dije». Respetad su orgullo como padre y cuidador entregado y volved a ofrecerle vuestra ayuda. Si percibe que sois sinceros, que queréis apoyarle y cuidar de él y de vuestra madre, es más que probable que dé su brazo a torcer.

Una enfermedad progresiva cambia a un matrimonio

P: *No me gusta ver que los cuidados de mi padre hacia mi madre han cambiado su relación. Ellos siempre habían sido el ejemplo del matrimonio perfecto para todos nosotros, la típica pareja que siempre parece enamorada. Ahora que mi padre siempre está en casa con mi madre, podría pensarse que están más unidos que nunca. Sin* *embargo, a veces noto que mi padre está más distante con mi madre. Sé que todavía la quiere mucho, y eso me parte el corazón. ¿Qué puedo hacer para ayudarles?*

R: A una buena amiga mía le preocupaba que cuidar de su madre (una anciana débil que se trasladó a una residencia próxima a su casa) acabase pareciéndole una obligación pesada y provocase un distanciamiento emocional entre ellas. Se le ocurrió una gran idea para evitarlo. Mientras que la mayor parte de los días hace recados para su madre o la lleva en su propio coche, una noche a la semana ella y su marido acuden a la residencia para cenar con su madre. Para ellos supone un modo de recordar qué valoran de cada uno al separar lo que tienen que hacer por la enferma de lo que disfrutando haciendo en su compañía. Así evitan que sus relaciones queden completamente definidas por las obligaciones.

Una relación entre marido y mujer es más íntima que entre una hija y su madre, y la convivencia plantea más retos que vivir cerca. Sin embargo, la situación de mi amiga encierra algunas lecciones que puedes aplicar al caso de tus padres. La primera es que deberían delimitar muy claramente el tiempo dedicado a su relación de cuidador-enferma y el que destinan a su relación de pareja. La segunda consiste en aumentar su proximidad reforzando la reciprocidad de su relación.

Ambos principios exigen una mayor conciencia por su parte sobre lo que ocurre entre ellos. ¿Pueden encontrar tiempo para estar juntos sin que haya cuidados implicados? (por ejemplo, ir a cenar, al cine, hacer «manitas»...). Para tu padre supondrá un esfuerzo no pensar qué tiene que hacer y limitarse a estar con tu madre. Además, deberá cambiar su perspectiva: de ser el centro de sus tareas diarias debe pasar a ser la fuente de su amor. ¿Puede tu madre adoptar un papel de entrega hacia tu padre, o debe ser la receptora de los cuidados en todo momento? Si ella es capaz de cuidar a tu padre de algún modo (por ejemplo, escuchando sus problemas o frotándole la espalda), se acercará a él como una esposa y no como una paciente.

Si tu padre sigue de aquí para allá cuidando de tu madre sin tomar conciencia de que eso afecta a su relación, lo más probable es que siga distanciándose de ella. Lo mejor es que planifiquen cambios en sus interacciones para evitar que el matrimonio se deteriore y se convierta en un deber aburrido.

¿Qué puedes hacer para ayudar a tus padres a conseguir todo esto? Puedes sugerirle con delicadeza que compartan un poco de tiempo de calidad y ofrecerte para ocuparte de algunas tareas que dejen tiempo libre a tu padre. Puedes comprarles entradas para el teatro y ofrecerte a llevarles y a recogerlos para que no tengan que preocuparse por el transporte. O encargar una cena exquisita, preparar la mesa, encender unas velas y marcharte (y después vuelve para realizar algunas de las tareas nada románticas que normalmente hace tu padre; así evitarás que se disipe el ambiente de la velada). Si tienes hermanos, habla con ellos para acordar cómo colaborar todos en este importante esfuerzo.

Por supuesto, es posible que no te sientas cómodo hablando directamente con tus padres de este tema, en cuyo caso deberías considerar la posibilidad de que alguien de confianza plantee la cuestión (un miembro de la parroquia o un terapeuta, por ejemplo).

7

Proteger la intimidad

La mañana que la madre y sus dos hijas tienen una cita con el oncólogo para repasar los escáneres completos de la enferma, se sorprenden cuando el marido de la hermana mayor se ofrece para llevarlas. Varias hijas de las dos hermanas han colaborado últimamente (ir al blanco, llevarles lasaña preparada) gracias a las peticiones directas de la hermana mayor en el nuevo grupo de apoyo familiar a través del correo electrónico. Sin embargo, su marido seguía al margen. Por eso, al escuchar su oferta durante el desayuno, la hermana mayor le mira muy extrañada pero acepta sin dudar.

No es que su marido tenga una historia especialmente difícil con su madre, pero tampoco es muy positiva. Chocaron en numerosas ocasiones cuando la hermana mayor empezó a salir con él porque la madre pensaba que no era lo suficientemente bueno para su hija. Más tarde, tuvieron algunas discusiones por la insistencia de la madre en que las niñas de su hija mayor tuviesen la disciplina más estricta posible. A partir de entonces, la madre y el marido se han mantenido a una prudente distancia. No son exactamente indiferentes el uno para el otro, pero tienden a evitarse siempre que pueden. Sin duda, la larga convalecencia de la madre en su casa ha agudizado el problema. El marido de la hermana pequeña también ha tenido sus enfrentamientos con la matriarca, además de una pelea memorable con el padre por negarse a acudir al funeral de un gran amigo de la familia. Sin embargo, en los últimos diez años ha conseguido acercarse más a su suegra. Han tenido una relación más cálida y alegre que la que existía entre el distante marido de la hermana mayor y su crítica suegra.

Teniendo en cuenta ese pasado, la hermana mayor no sale de su asombro mientras observa a su marido ayudando a su madre a sentarse en el coche, ni cuando le hace bromas y comentarios de ánimo durante el corto trayecto hasta el hospital.

—Mamá, estoy seguro de que vas a estar bien —le dice varias veces—. Estas pruebas son un puro formalismo.

La madre, por su parte, parece inmune a esas palabras y al cambio evidente en el comportamiento de su yerno. En silencio, no aparta la mirada de la ventanilla. Las dos hermanas, en el asiento de atrás, se miran como si quisieran decir: «¿Qué le pasa a éste?».

El interés repentino del marido no es tan raro como parece. Tiene corazonadas con frecuencia, y los últimos días ha sentido una muy intensa sobre esa visita al médico. Durante semanas ha observado que la madre arrastra los pies al caminar. «Es demasiado dura», piensa el marido, «como para deprimirse». Teme que el cáncer se haya extendido a pesar de la cirugía y la quimio. Aunque le preocupa mucho cómo se tomaría su suegra esa noticia, le preocupa todavía más su mujer. Ella lleva meses sometida a una enorme presión, hundida y frenética alternativamente. Él sabe que es su manera de enfrentarse a una crisis aguda, pero echa de menos a la mujer que era antes. Ahora siempre se va a dormir muy tarde, agotada, y se obliga a levantarse temprano. Apenas han compartido alguna cena, y nada de películas ni de charlas. Es más: ya no practican sexo. Todo ello le preocupa, pero no se ha atrevido a decir nada por temor a que su mujer se sienta todavía peor o a convertirse en el objetivo de sus frustraciones. Pero ante lo que se avecina hoy, ha decidido que debe estar cerca para ayudarla.

—¿Por qué no nos dejas en la entrada y nos recoges más tarde? —le dice la hermana mayor cuando llegan a la puerta del hospital.

—No, me gustaría entrar con vosotras —responde el marido antes de girar hacia el aparcamiento. El rostro de la madre permanece impasible, con la vista al frente. Las hermanas vuelven a mirarse. Cuando el marido ayuda a su suegra a bajar del coche, le da una palmadita en la mano que ella recibe sin reaccionar.

El oncólogo les hace esperar 40 minutos. El marido charla de su trabajo y de los nietos con su mujer y su cuñada, aunque ellas apenas le responden. Por fin el oncólogo les conduce a su despacho, que se ha quedado algo estrecho ante la necesidad de colocar una silla más. El oncólogo va al grano:

—Como sabe —se dirige a la madre—, le hemos hecho una serie de escáneres CT para valorar cómo va su recuperación después de la cirugía abdominal y para descartar que el cáncer se haya extendido a otras partes del cuerpo. Hemos recurrido a la quimioterapia para minimizar ese riesgo.

Hace una pausa inquietante antes de continuar. La hermana mayor siente que el corazón le palpita. La madre sigue mirando al frente.

—Siento decirles que parece que el cáncer se ha extendido —anuncia el oncólogo en un tono bajo y uniforme—. Hay algunos nódulos en los pulmones que son compatibles con un diagnóstico de metástasis. Los pulmones se encuentran entre los órganos a los que se extienden los tumores ováricos con más frecuencia. Por supuesto, tenemos que practicar una biopsia de los nódulos para asegurarnos del diagnóstico.

Durante unos segundos reina el silencio. La hermana menor suspira y anuncia:

—Papá tuvo cáncer de pulmón.

La madre sigue mirando al médico, aunque los ojos se le están llenando de lágrimas. El marido de la hermana mayor pone una mano en la rodilla de su mujer. Ésta pregunta con voz temblorosa:

—¿Qué significa eso? ¿Qué hacemos ahora?

El oncólogo continúa con el mismo tono irritante y uniforme:

—Bueno, eso depende. Tenemos que hacer más pruebas. Si confirman la metástasis, podríamos considerar la posibilidad de administrar agentes quimioterapéuticos más potentes. O bien radioterapia dirigida a tumores específicos.

La madre agita la cabeza. La hermana mayor se da cuenta y pregunta, alarmada:

—¿Qué, mamá, qué?

Pero la anciana no responde. El oncólogo las interrumpe:

—Estoy seguro de que la noticia le ha impactado. Creo que deberíamos volver a reunirnos en una semana para hablar con más calma de todo esto. Mientras tanto, vamos a programar algunas pruebas más para asegurarnos bien.

El marido deja a todos sorprendidos cuando vocifera muy enfadado:

—¿Esta es toda la ayuda que nos dan? ¿Más pruebas?

El oncólogo le observa con una mirada estudiada de comprensión y responde:

—Podemos hacer mucho para mejorar la calidad de vida de su suegra. Sólo necesitamos tiempo para decidir las soluciones más adecuadas. Sé que todos están muy preocupados. Vamos a hacer todo lo que esté en nuestras manos.

El marido le mira, pero no añade nada más.

La familia sale lentamente del despacho, una hermana a cada lado sujetando a la madre por los brazos. El marido las sigue cabizbajo. Cuando llegan al coche, la madre parece tan afectada que permite que su yerno casi la tome en brazos y la coloque en el asiento. Mientras regresan a casa, el marido anuncia de pronto:

—No es una sentencia de muerte.

La madre gira la cara y mira por la ventana. La hermana mayor añade muy seria:

—Ya basta. Ya hablaremos más tarde.

En casa, el ambiente al principio se parece al de un funeral. La madre y la hija menor se sientan ante la mesa de la cocina con la luz apagada mientras la mayor se ocupa en preparar té. El marido va de la cocina al sótano y del sótano a la cocina: no sabe si quedarse con ellas. Nadie habla. Por fin, la madre afirma con una valentía forzada:

—Todavía no voy a colgar el crespón.

La hermana mayor se apresura a apoyarla:

—Así me gusta. Vamos a ver qué podemos hacer. Vamos a luchar contra esto.

Momentos después, la hermana mayor sigue a su marido hasta el vestíbulo, fuera de la cocina, y le dice:

—Estamos bien. ¿Por qué no te vas ya al trabajo?

—¿Estás segura? —pregunta el marido.

—Sí. Anda, márchate.

Él se siente un poco más tranquilo, pero también que le está echando. Es un momento de intimidad femenina y él sobra. Recoge sus archivos y su maletín del sótano y se va.

Los días siguientes, la hermana mayor no deja de enviar y recibir correos electrónicos. Algunos manifiestan pena; otros son para compartir información con su hermana, sus hijas y sus sobrinas (información sobre diferentes protocolos de tratamientos extraída de varias páginas web). El fin de semana recibe la visita de sus hijas, que se sientan con la madre en la cocina y la animan. Los bisnietos juegan en las escaleras y corretean de acá para allá. En el salón, la tele emite un partido de béisbol y los dos únicos hombres adultos que hay en la casa (los maridos de las dos hermanas) acaban reuniéndose allí. Aunque no son buenos amigos, después de treinta años como cuñados ya comparten una cómoda familiaridad. Han estado al margen de esas reuniones familiares en multitud de ocasiones.

—Qué aburrimiento —dice el marido de la hermana menor.

—Los bateadores apestan —añade el otro. Permanecen un rato en silencio, y después el marido de la hermana menor pregunta:

—¿Qué tal por aquí?

—Así, así. Mamá no habla mucho, pero parece asustada. Mi mujer está más absorbida que nunca. Casi no la veo.

—Ya, claro —interviene el marido de la hermana menor—. Nosotros también hemos pasado por eso. Ella es la reina de las preocupaciones —añade mientras señala con la cabeza hacia la cocina, donde está su mujer—. Pero hemos tenido algunas charlas y hemos intentado equilibrar las cosas.

—¿Y cómo lo habéis hecho?

—Le dije que tiene responsabilidades con muchas personas, no sólo con su madre —responde—. Cuanto más dure el cáncer, más tiene que esforzarse en intentar sacar tiempo para todos.

—¿Y funciona?

—Sí, aunque con algunos ajustes. Ahora las cosas van mejor —explica el marido de la hermana menor. Su cuñado se queda pensativo mientras los dos dirigen su atención a la repetición de una jugada.

Aquella noche, cuando empieza a prepararse para irse a la cama, el marido de la hermana mayor se dice que necesita tener una conversación con su mujer. Quiere pedirle que ellos también intenten encontrar el «equilibrio», que él participe más en sus asuntos. Sin embargo, teniendo en cuenta el estado de ánimo de su mujer, nadie sabe cómo va a reaccionar a una petición así. El marido lee una vieja revista en la cama para hacer tiempo mientras espera a su mujer. Cuando ésta entra en la habitación, lleva una leve sonrisa en los labios.

—¿Qué pasa? —le pregunta el marido.

—No, nada —responde—. Uno de los niños, que ha hecho una tontería.

Entra en el aseo y al cabo de unos minutos sale con el pijama puesto y el pelo recogido. Su marido piensa que hacía muchas semanas que no la veía de tan buen humor.

—Quiero hablar contigo —anuncia el marido.

—¿De qué? —pregunta ella.

—Ven, siéntate a mi lado —cuando ella se sienta en la cama, prosigue—. Estoy preocupado.

—Sí, me ha sorprendido verte tan preocupado por mamá —responde su mujer—. No es propio de ti.

—Me preocupa tu madre —añade él—, pero también estoy preocupado por ti. Y por nosotros.

Ella le mira incrédula.

—¿A qué te refieres?

—Tú haces todo lo que puedes por tu madre —explica el marido con gran delicadeza—. Es maravilloso. Pero me preocupa que te estés agotando. Además, nunca te veo. Siento como si te estuviese perdiendo.

La hermana mayor le mira con dureza durante unos segundos.

—No necesito más presión —dice—. Hago lo que creo que tengo que hacer.

Él le pone una mano en el hombro.

—Ya lo sé, es muy difícil —añade el marido—. Quiero pasar por esto contigo.

—Por favor, quita la mano —le ordena ella—. No estoy de humor.

—¿Qué? —pregunta el marido.

—Durante 35 años —explica la mujer con voz pausada—, siempre que has querido sexo me has puesto la mano en ese hombro. Me preguntaba por qué te has esforzado tanto últimamente en congraciarte conmigo, pero ahora estoy demasiado preocupada. No es el momento. Vas a tener que esperar.

Él retira la mano rápidamente y protesta:

—Estás equivocada. Esto no va de sexo. Estoy preocupado.

Ella se levanta de la cama, cruza la habitación y apaga la luz.

—Sí, claro —añade con sarcasmo. El marido nota cómo se mete en la cama, se tapa y le da la espalda. Él se queda allí tendido, esperando a continuar la conversación pero temeroso de tocarla o de hablar. En unos minutos, la respiración profunda de su mujer le hace entender que se ha dormido. Se queda unos minutos con los ojos abiertos, preguntándose qué le dirá por la mañana, y finalmente se rinde y cierra los ojos.

La misión de todas las familias consiste en apoyar a todos sus miembros en los buenos y en los malos momentos. Sin embargo, en una situación de crisis médica prolongada, no es infrecuente que las familias dirijan más recursos a ayudar al miembro enfermo en detrimento de los demás. En algunos casos, se llega a soluciones económicas tan drásticas como quitar literalmente la comida de la boca de uno de los familiares para alimentar a otro o gastar dinero en las medicinas de sólo uno de los miembros que las necesitan. Lo más habitual, sin embargo, es que las familias cuidadoras tomen decisiones emocionales sobre cómo emplean un recurso todavía más valioso: la intimidad. En su sentido más estricto, la intimidad hace referencia al afecto físico y al sexo; si ampliamos la visión, abarca el tiempo, la atención y los cuidados que una familia dedica a sus miembros. Aunque pocas familias cuidadoras están dispuestas a reconocer que tienen «favoritos», tienden a mostrar especial adoración por el miembro enfermo, el que consideran que necesita más ayuda. Pensemos en *Canción de Navidad*, de Charles Dickens: Bob Cratchit, su mujer y sus hijos toman partido por Tiny Tim no sólo porque es un espíritu dulce y puro, sino también porque es cojo, vulnerable y necesita su amor.

Como ocurre con otras estrategias de supervivencia en la familia, dirigir la mayor parte de la intimidad hacia un miembro necesitado tiene sus pros y sus contras. En las primeras etapas de una crisis médica o durante una enfermedad que se va a resolver en semanas o en unos meses, resulta comprensible centrarse en el familiar enfermo, que se sentirá más apoyado y con más esperanzas. Sin embargo, si la dolencia se prolonga durante muchos meses o incluso años, la dedicación hacia el enfermo puede hacer que el resto de familiares experimenten unos incómodos sentimientos ambiguos. Es posible que se sientan celosos y resentidos porque sus propias necesidades no reciben los mismos cuidados. O culpables y con ansiedad por el mero hecho de pensar en recibir la atención de la familia cuando uno de ellos está enfermo. Hay quien se siente abandonado y triste porque parece que no existe suficiente intimidad para todos durante la crisis.

Varios escenarios sugieren que centrar la intimidad en un familiar enfermo puede tener consecuencias psicológicas potencialmente negativas para los demás. Imaginemos, por ejemplo, el caso de la hermana mayor y sana de un chico con una cardiopatía congénita. Probablemente, tendrá que adoptar responsabilidades más pesadas que las que le corresponderían por su edad, una experiencia que le reportará una gran madurez precoz. Sin embargo, es posible que sea tan responsable con las necesidades de su hermano enfermo y preste tan poca a tención a las suyas que no disfrute de una infancia totalmente despreocupada.

Cuando llegue a la adolescencia, podría experimentar sentimientos de rencor ante la expectativa de que va a cuidar a su hermano y empezar a rebelarse adoptando comportamientos arriesgados. A medida que crezca, cabe la posibilidad de que se sienta atraída por hombres que necesiten sus cuidados, aunque esas relaciones familiares le provoquen emociones en conflicto.

Otro ejemplo sería el del hijo de una mujer afectada de esclerosis múltiple. Dado que el «estrés» le hace enfadarse con facilidad, agravando así la debilidad de piernas y brazos, el padre del chico presiona a éste para que «se porte bien» y su madre no empeore. El niño intenta reprimir su naturaleza bravucona. Sin embargo, ante las crisis inevitables de su madre durante la progresión de la enfermedad, el chico tiende a culparse a sí mismo, como si su comportamiento realmente pudiese controlar la dolencia. Corre el riesgo de convertirse en una persona depresiva y martirizada por la culpa.

También podríamos exponer el impacto, posiblemente negativo, que puede tener en la calidad de un matrimonio el hecho de criar a un hijo con fibrosis quística, de acoger en casa a un abuelo con una obstrucción pulmonar avanzada, o de que uno de los cónyuges padezca de asma. Podríamos hablar de la ausencia de vacaciones en familia o de la falta de asistencia de parientes a ceremonias diversas porque alguno padece leucemia, o un derrame cerebral, o lupus.

En cada uno de esos casos, las necesidades médicas de uno de los miembros de la familia tienen prioridad frente a las necesidades diarias de los demás (que sufren las consecuencias en mayor o menor medida).

Si fueses la hermana mayor, podrías argumentar que los miembros sanos de la familia deben hacer lo que sea preciso para cuidar al miembro más necesitado; dirías que tienen que esperar su turno para satisfacer sus propias necesidades cuando la crisis se suavice. Sin embargo, eso recuerda la imagen de un nido lleno de polluelos hambrientos. Si un petirrojo ofrece gusanos únicamente a la cría que pía más fuerte, ésta se desarrollará y el resto de polluelos morirá. Del mismo modo, las necesidades de algunos miembros de la familia quedarán sin cubrir de vez en cuando, sobre todo durante crisis de duración indefinida y resultados indeterminados, y esos miembros finalmente flaquearán.

Para apoyar a todos de manera continuada, y puedan avanzar así en la vida con el mayor éxito posible, debes intentar encontrar cierto equilibrio entre atender al pariente más necesitado y cuidar de toda la familia en su conjunto (como sugiere el marido de la hermana menor). Para ello, debes realizar actos conscientes destinados a proteger y conservar la intimidad, y repartir los cuidados de la manera más delicada y justa posible.

¿Cómo conseguirlo? Como siempre, el primer paso consiste en tomar conciencia del reto. Como hemos visto en el capítulo 4, tú y tus familiares debéis acercaros a los cuidados dispuestos a hacer los sacrificios que surjan a raíz de asumir nuevas responsabilidades, cambios de papeles y relaciones distintas. Debéis hablar para decidir cómo repartís el dolor de manera que no afecte directamente a un solo familiar. Del mismo modo, tenéis que llegar a un acuerdo para compartir los cuidados y lograr así que la vida «normal» de cada uno de vosotros se altere lo menos posible. La mayoría de nosotros no somos soldados ni mártires. Todos merecemos pausas regulares, ya sean para jugar a la pelota, montar en bici o salir a cenar y al cine. Todos necesitamos días de celebración y para reponer fuerzas. Cuando los miembros de la familia respetan tu derecho a disponer de tiempo para ti, se trata de una consideración y una colaboración básicas que te ayudan a sentirte más atendido.

Llegar a acuerdos respetuosos y equitativos respecto al cuidado del enfermo sólo es posible cuando la comunicación entre los familiares es abierta y continuada. Celebrar reuniones familiares periódicas, ya sea en persona o a través del ordenador, constituye el método más habitual para ponerse al día sobre el estado del paciente, determinar qué necesita y decidir qué tareas va a desempeñar cada uno y durante cuánto tiempo. Con frecuencia, esas reuniones también sirven como foros donde los familiares se informan unos a otros sobre sus vidas personales, se desahogan y expresan deseos y temores. El mero hecho de reunirse y hablar sirve para aumentar la sensación de compañerismo ante la amenaza médica, para reafirmar a los parientes en la idea de que la familia sobrevivirá como una unidad afectuosa y comprensiva. Sin embargo, estas reuniones no siempre están exentas de conflictos. En ocasiones, los miembros compiten por las responsabilidades del cuidador primario; a veces se pasan la pelota unos a otros. No todos los temas planteados quedan resueltos. No obstante, si todos participan en las negociaciones, se abrirá un proceso en el que los pensamientos y los sentimientos de cada participante tendrán su lugar. Y ese proceso hay que repetirlo de manera regular (por ejemplo, cada mes o cada tres meses) para revisar el estado del paciente e intentar renegociar el plan de cuidados en caso necesario.

Un segundo paso consiste en esforzarse para mantener la necesidad de atención de cualquier miembro de la familia en el contexto de la unidad familiar. El psiquiatra Peter Steinglass habla con frecuencia de «poner a la enfermedad en su sitio». Con ello se refiere al hecho de animar a la familia a no permitir que las preocupaciones médicas se conviertan en el drama protagonista de su vida, sino a colocarlas a un lado u otro del escenario durante el mayor tiempo posible (lo mejor sería que la acción relacionada con la enfermedad quedase fuera de escena, pero por desgracia eso no suele figurar en el guión). Dicho de otro modo, cuidar a un ser querido enfermo no debería incluir el resto de personajes y líneas de acción de la historia de tu familia. Según esta perspectiva, la necesidad de intimidad de otros miembros de la familia (criar a niños pequeños, dar apoyo a un matrimonio en crisis, sacar tiempo para el sexo o superar mudanzas y cambios de trabajo) nunca se dejará de lado.

Si tienes dificultades para dejar de centrar tu atención en el enfermo y sus necesidades, intenta aprovechar la reunión familiar para confeccionar una lista con todo aquello que define a la familia. ¿Qué os caracteriza? ¿Cuáles son las principales funciones de la familia? ¿Cuáles son las necesidades continuadas? ¿Y vuestros valores? ¿En qué momentos os sentís más unidos? ¿Cuáles son tus esperanzas para cada uno de tus familiares?

Un aspecto importante de la intimidad en la familia es que, en general, resulta recíproca. Tú quieres a tus familiares, por muy pesados o desesperantes que puedan llegar a ser, y ellos te quieren a ti a pesar de tus defectos. Un factor que puede amenazar esta reciprocidad es que el paciente se convierta en un «agujero negro» respecto a los cuidados, que absorba todo el amor disponible en la familia sin devolver afecto a cambio. En ocasiones, esta situación se produce a consecuencia de factores estrictamente biomédicos. Por ejemplo, el enfermo puede sufrir daños cognitivos debidos a una lesión cerebral o al alzhéimer, y esos daños le impiden apreciar la magnitud de los cuidados que recibe y expresar gratitud. Son situaciones terribles, y muy agotadoras, para los familiares, que sienten que la persona a la que querían y que les quería ha desaparecido y en su lugar queda un vacío oneroso y sin fondo. Todavía es peor cuando el paciente tiene sus capacidades intactas, pero por diversas razones psicológicas (desesperación, autocompasión, ira, exceso de dependencia o creerse con demasiados derechos, por ejemplo) parece negarse a apreciar los cuidados. En lugar de expresar sentimientos de cariño, puede llegar incluso a atacar al cuidador a la menor oportunidad. En estos casos, los familiares sienten que su intimidad y su lealtad han sido traicionadas, y si continúan los cuidados porque se sienten obligados a ello, tienen que luchar para suprimir sus propios arranques de ira. Resulta habitual que se desencadene una guerra psicológica entre el paciente, herido pero irritado, y sus cuidadores, indignados.

Por tanto, un tercer paso para proteger la intimidad consiste en minimizar la pérdida de reciprocidad que suelen provocar las enfermedades serias. Como cuidador familiar, necesitas ir más allá de los cuidados: tienes que facilitar al enfermo algún medio para que te devuelva afecto. Por ejemplo, si tu pariente ya no puede cocinar, podría darte las gracias y después cargar el lavavajillas. Si no puede cargar el lavavajillas, podría escucharte con atención mientras te desahogas. Y si carece de capacidad cognitiva para escucharte y comprender tus emociones, deberías encontrar o crear otra tarea: por ejemplo, organizar el correo, hacer las camas o ver la televisión con los niños. Aunque tengas que rehacer o revisar lo que haga el enfermo, merece la pena invertir la energía necesaria para ofrecerle el modo de agradecerte los cuidados que recibe y devolverte el favor. Lo importante es que sepa que se espera su participación.

En ocasiones, los cuidadores eximen a los pacientes de las tareas porque se sienten culpables si tratan a su pobre familiar enfermo como un miembro responsable de la familia o porque les resulta más sencillo hacerlo todo ellos mismos.

Conviene evitar esa actitud por dos motivos: los pacientes a los que ya no se pide ayuda tienen más probabilidades de convertirse en enfermos egocéntricos y exigentes, o bien todo lo contrario (indefensos y deprimidos). Los cuidadores que no piden ni reciben reconocimiento o ayuda son más propensos a desarrollar resentimiento y a sufrir el síndrome de estar quemado. Del mismo modo, los cuidadores y los enfermos que conservan cierta reciprocidad (aunque no sea equitativa) mantienen más fuertes sus lazos, lo que supone una enorme diferencia en la lucha contra la enfermedad.

Teniendo en cuenta todas estas ideas, podemos decir que la hermana mayor iba por el buen camino cuando pidió ayuda a su madre para cortar las verduras para la cena familiar. Fue un pequeño gesto, pero muy adecuado para remediar ligeramente una situación que se había torcido, fomentar la autoestima de la madre y reducir la carga de su hija. La hermana mayor debería haber continuado con su plan y asegurarse de que su madre la ayudase en lugar de cortar las verduras ella misma. Al incumplir tu trato tan a la ligera, la hermana mayor puso de relieve que en realidad no necesitaba la ayuda de su madre, y ésta se sintió más inútil que nunca. Además, podría haberle dado la impresión de que su hija mayor se estaba adueñando de la posición de matriarca familiar. Los vínculos de intimidad que las unen habrían quedado dañados irremediablemente.

Tres pasos para conservar la intimidad:

1. Saber qué conllevan los cuidados y hablar sobre posibles soluciones para repartir las responsabilidades.
2. Mantener los cuidados en perspectiva, como una parte más de la historia familiar.
3. Asegurarse de que el enfermo pueda corresponder a los cuidados de algún modo.

Sin embargo, el lazo que más sufre es el que une a la hermana mayor y su marido. La mañana posterior a su pelea, apenas hablan ni se miran. Durante el desayuno, cuando la madre pregunta algo al marido, éste responde brevemente sin levantar la vista del periódico. La hermana mayor percibe el enfado en el rostro de su madre. Está a punto de arremeter contra su marido cuando éste se levanta y retira sus cacharros a toda prisa con expresión malhumorada. Sale de la cocina y baja al sótano. Ese comportamiento sirve para confirmar las peores sospechas de la hermana mayor: sólo se ha comportado inusualmente bien con su madre para tener sexo. Esa idea le duele y le repugna. Su madre se merece mucho más. Ella también. En cambio, él se comporta como un zafio egoísta y manipulador. Siente la tentación de bajar al sótano y decirle lo que piensa, pero está muy enfadada y teme que sólo le gritaría; así, él tendría una excusa para pasarse semanas encerrado.

La hija mayor todavía está ordenando el salón después de la fiesta de la noche anterior cuando aparece su hermana con fiambres y pan fresco.

—¿Qué pasa? —pregunta en cuanto atraviesa la puerta y ve a su hermana con el ceño fruncido.

—Estoy harta de hacerlo yo todo —replica de muy mal humor.

—Bueno, por eso he traído algo de comer —añade la hermana menor a la defensiva, agitando la bolsa que lleva en la mano. La mayor le quita la bolsa y se dirige a la cocina.

—No estoy enfadada contigo —le explica—. Estoy enfadada con Bob. Se le da muy bien pedir, pero no tanto dar.

Acostumbrada a escuchar ese tipo de quejas, la hermana menor permanece callada mientras la sigue hasta la cocina. La mayor pone a calentar una tetera con agua. Las hermanas se sientan a la mesa.

—¿Dónde está mamá? —pregunta la pequeña.

—Está arriba, acostada —responde la mayor, que añade a continuación con todo agrio—: Seguramente, el cáncer se la está comiendo por dentro y está agotada.

La hermana menor hace una mueca y dice:

—No estás de humor, ¿eh?

—¿Te puedes creer que mamá podría estar muriéndose y a él sólo le preocupa el sexo?

La hermana menor hace una pausa antes de responder:

—No creo que Bob sea de ésos. ¿De qué va esto?

—¿Por qué crees que ha estado tan amable últimamente? —pregunta la mayor—. Se siente ignorado y quiere que le cuide como si fuese un niño pequeño.

La hermana menor, después de otra pausa, insiste:

—A lo mejor no se trata de sexo. Puede que sólo necesite más atención y cariño por tu parte. Deberías sentirte halagada.

—¿De qué me hablas? —le espeta la mayor—. Con todo lo que he hecho por él en todos estos años, no tiene derecho a acusarme de nada.

A continuación, observa a su hermana detenidamente y le pregunta:

—¿Ha hablado contigo?

La más joven, sin perder la calma, responde:

—No, no ha hablado conmigo. Pero mi marido sí habló conmigo hace un mes. No fue muy agradable. Me hizo ver que el cáncer de mamá ha afectado a nuestra relación. Me dijo que me echaba de menos. Estoy segura de que también quería hacer el amor, pero la cuestión no era esa. Me dijo que tengo responsabilidades como esposa, no sólo como hija.

La hermana mayor no responde, pero su rostro se enrojece. La menor continúa:

—Creo que estuvo bastante acertado. La situación se me había ido de las manos. Necesitaba reequilibrar mis prioridades.

La hermana mayor se levanta de un salto para apagar el fuego. Pone las tazas y los platillos en la encimera. La menor se prepara para una de las diatribas de su hermana, pero ésta se limita a sentarse y le pregunta si quiere miel. La más joven decide arriesgarse a continuar.

—¿Qué crees que mamá desearía realmente para ti? —le pregunta—. Aunque nunca se hubiese llevado mal con Bob, ¿crees que quiere que te distancies de él? ¿Piensas que mamá cree que eso te haría feliz?

—Mamá no habla demasiado de lo que piensa sobre mí —responde la hermana mayor de mal humor—. Ella sabe que no me voy a separar de mi marido, pero él tiene que quedarse en un segundo plano para que yo me pueda concentrar en cuidar de mamá.

—¿Y qué pasará si mamá muere? —pregunta la hermana menor en voz baja—. ¿No querrás tener cerca a tu marido en ese momento?

La mayor no responde, mira hacia las escaleras y agita su té con gesto nervioso.

Ninguna conversación sobre la protección de la intimidad en las familias cuidadoras está completa si no se trata directamente el tema de la intimidad física. Tanto si examinamos la dinámica sexual entre cónyuges enfermos y sanos como entre cuidadores primarios y sus parejas (que es el caso de la hermana mayor y su marido), los tres pasos ya mencionados (fomentar la conciencia de los retos que plantean los cambios de roles, considerar las necesidades del paciente en el contexto de la familia en su conjunto, y minimizar la pérdida de reciprocidad) son necesarios, pero no siempre suficientes, para conservar las relaciones. Con cada situación surgen numerosos problemas que reducen los contactos físicos.

En el caso de una pareja en la que uno de los cónyuges es el enfermo (podrían ser tus padres, por ejemplo), los problemas pueden ser biológicos y/o psicológicos en combinaciones complejas. Para empezar, la propia enfermedad puede hacer estragos en el sistema neurológico, hormonal o vascular del paciente, que verá reducida su capacidad de respuesta sexual. En los hombres significaría la práctica imposibilidad de mantener una erección o de eyacular. En el caso de las mujeres, equivaldría a la pérdida total de apetito sexual, falta de lubricación vaginal o imposibilidad de llegar al orgasmo. Si la enfermedad no provoca estos problemas sexuales, la medicación empleada para tratarla (por ejemplo, fármacos para bajar la presión sanguínea, para matar células cancerígenas o para aliviar la depresión) puede alterar el funcionamiento del organismo, con las consiguientes disfunciones sexuales. Otra posibilidad es que la combinación de enfermedad y tratamientos enfríe la pasión y dificulte las relaciones sexuales.

Cuando una enfermedad grave sacude a una familia, los impedimentos contra la vida sexual de la pareja afectada son innumerables. Destaca por encima de todos el miedo. Por ejemplo, cuando un cónyuge se está recuperando de un infarto o de un derrame cerebral, o si va perdiendo facultades debido a una enfermedad neurológica como la esclerosis múltiple, los dos miembros de la pareja temen que la actividad sexual agrave la enfermedad. Ya no se disfruta como un acto íntimo y seguro, sino como un peligro, como si cada caricia que acelera el pulso y aumenta la presión sanguínea pudiese provocar un desastre. Los médicos rara vez ofrecen a las parejas la información y el apoyo que necesitan para recuperar sus sentimientos de seguridad hacia el sexo. Por lo general, éste se convierte en algo de lo que hay que huir, como jugar con fuego. En última instancia, se lamentan de haber perdido para siempre su intimidad sexual.

El segundo obstáculo psicológico lo conocen muchas parejas que nunca se han enfrentado a una enfermedad grave: la ansiedad por «estar a la altura». Cuando, debido a la enfermedad, la medicación u otros factores, el miembro de la pareja enfermo es incapaz de rendir sexualmente, puede enfrentarse a los siguientes encuentros íntimos con un elevado nivel de ansiedad que interfiere de nuevo en su capacidad de respuesta. Por desgracia, los casos seguidos de incapacidad para mantener relaciones sexuales harán que la perspectiva de un encuentro íntimo provoque tanta ansiedad que la pareja empezará a evitarlas para ahorrar al otro la humillación y la decepción.

La barrera más común contra la intimidad es el cambio que provocan los cuidados a largo plazo en la dinámica de pareja. Los desequilibrios de poder son casi inevitables. El cónyuge sano, con responsabilidades cada vez más pesadas, suele convertirse en el adulto dominante en la relación y acaba tomando todas las decisiones (si era el miembro dominante antes de la enfermedad, ese factor se agudiza). El cónyuge enfermo, con la carga de tener que recibir cuidados constantes, acostumbra a regresar a un estado más o menos infantil, pasivo y necesitado o quejica y acaparador. Pocos acontecimientos anulan más la vida sexual de una pareja enamorada que la transformación de su relación emocional en una entre un adulto y un niño. Otra manera de formarse un concepto de esa situación consiste en considerar que para un cónyuge sano resulta extremadamente difícil desempeñar los papeles de enfermero/a y amante. Asear a la pareja acaba con todo atisbo de romanticismo. Realizar las mismas tareas todos los días desarrolla pasión por dormir, no por «juguetear».

No existen respuestas infalibles para estas barreras al sexo porque cada pareja es un mundo. No obstante, se pueden dar algunos consejos generales para recuperar la intimidad física. Si la enfermedad y/o la medicación son el problema, resulta esencial la intervención del médico: deja que te guíe hacia unas expectativas realistas sobre la respuesta sexual en cada fase de la progresión o la recuperación de la enfermedad. Vivimos en una época en la que prácticamente cada año salen al mercado nuevos fármacos y tratamientos contra la disfunción sexual. Tu médico de cabecera (o un especialista, como el urólogo) debería estar en disposición de ofrecerte alguna solución. Si las medicinas son las causantes del problema, podría considerarse la posibilidad de cambiarlas por otras o realizar algún descanso periódico.

Los médicos y demás profesionales de la salud también desempeñan un papel muy importante en la ayuda para superar las barreras psicológicas. El mejor antídoto contra el miedo es la información. El simple acto de comunicar los hechos médicos puede ayudar a aplacar la ansiedad. Los médicos pueden dar permiso a los cuidadores-pareja para que contraten a alguien que les ayude (si su economía se lo permite) y así conservar el papel de cónyuge frente al de enfermero/a. Además, pueden «autorizar» a la pareja que retome sus encuentros sexuales: en general, esta medida proporciona un gran alivio. La ansiedad se puede tratar con asesoramiento, con el uso de películas y juguetes eróticos para recuperar el deseo, y con fármacos como Viagra.

Si el sexo sigue siendo un problema, cabe la posibilidad de someterse a terapia sexual. La psicoterapia también ayuda a reequilibrar los matrimonios en los que se ha producido un cambio de poder. Cuando una enfermedad es incapacitante y los papeles de la pareja cambian de manera tan drástica que resulta muy difícil recuperar la reciprocidad, los psicoterapeutas pueden ayudar a las parejas a llorar la pérdida de la relación anterior y buscar una nueva conexión con sus propias satisfacciones.

En el caso de los cuidadores primarios y sus parejas, las barreras frente al sexo son un poco distintas. Cuidar a un ser querido absorbe mucho tiempo y energía. En consecuencia, sentirse muy atareado y agotado anula la vida sexual de los cuidadores (como la de millones de personas demasiado ocupadas y con falta de sueño) porque por las noches, al acostarse, no se sienten precisamente animados, sino exhaustos. Cuando rezan, piden a Dios que les dé energía y paciencia para enfrentarse al día siguiente. Extras como la satisfacción sexual rara vez figuran en sus pensamientos.

El resentimiento y la culpa son otros dos obstáculos muy negativos. Cuando los cuidadores asumen la ética espartana de proporcionar cuidados intensivos las 24 horas, pueden interpretar la petición de sus parejas de hacer el amor como algo fuera de lugar. Peor todavía es que esas peticiones les molesten porque consideren que les apartan de su misión (es decir, que el placer sexual es incompatible con concentrarse mentalmente en cuidar a un ser querido enfermo). En cuanto a los cuidadores cuyos compromisos no les consumen hasta ese extremo, hacer el amor cuando un familiar está enfermo puede provocarles un intenso sentimiento de culpabilidad (como si el placer trivializase de algún modo el sufrimiento del paciente o aumentase su dolor). Así, bloquean los avances sexuales de sus parejas como un medio para evitar la autocrítica severa, aunque ello implique el riesgo de perjudicar a su propio matrimonio.

Si algo hemos aprendido durante la pasada década de investigadores de peso como John Gottman es que los cónyuges cuyas interacciones no son mayoritariamente positivas corren un gran peligro de acabar divorciados. Hay que seguir hablando, compartiendo y divirtiéndose con la pareja, o bien convertirse en testigo de la pérdida de intimidad, posiblemente para siempre. No se puede posponer la inversión de tiempo y energía en el matrimonio hasta que la crisis médica haya terminado, porque para entonces la viabilidad de ese matrimonio podría estar gravemente dañada. Aunque sólo hables con tu pareja durante 20 minutos al día (el tiempo que, según las investigaciones, invierten las parejas no cuidadoras), necesitas establecer una conexión emocional durante ese tiempo a través de abrazos, confidencias y comprensión para mantener vivo el cariño. Aunque te asalten el resentimiento y la culpa, compártelos con tu pareja (por ejemplo, «¿Puedo contarte algo que me preocupa?»). Así estaréis los dos en la misma onda emocional e incluso puede que te ayude a aliviar esos sentimientos incómodos. Si eso no es posible sin provocar una reacción negativa en el otro, tal vez haya llegado el momento de recurrir a un grupo de apoyo o a un profesional para aprender a manejar esas emociones. A nadie le beneficia comportarse como un cuidador heroico y dejar desatendida la relación de pareja en el proceso.

Aquella noche, es la hermana mayor la que espera nerviosa a su marido en la cama mientras hojea una revista. No ha decidido qué va a decir. No tiene intención de disculparse. «¿Para qué?», se pregunta. Sin embargo, las palabras de su hermana la inquietan. Por muy enfadada que esté con su marido, su intención no es alejarlo de ella. Tal vez sería buena idea intentar abrir los canales de comunicación.

El marido no tarda en llegar. Con aspecto de estar a punto de estallar, se va directo al cuarto de baño sin decir nada. Ella empieza a ponerse nerviosa cuando comprueba que su marido tarda más de lo habitual en lavarse los dientes. Cuando por fin sale, ella sigue simulando que lee la revista. El marido se acomoda en su mitad de la cama, lo más lejos posible. Al cabo de unos minutos, ella pregunta con aire despreocupado:

—¿Qué tal el día?

Su marido reacciona dedicándole una mirada de sorpresa. A continuación, retira la vista y cambia de canal con el mando de la televisión. La hermana mayor espera unos segundos y dice:

—Por favor, apaga la tele.

El marido no le hace caso en un principio, pero enseguida apaga la televisión y se gira hacia su mujer.

—Vale, vale —ella explota—. Ayer me enfadé contigo, y hoy tú estás enfadado conmigo.

—Esa *no* es la razón por la que estoy enfadado —replica el marido.

—Sí, no pasamos suficiente tiempo juntos —dice la hermana mayor con un tono cantarín que roza el sarcasmo.

—No empieces otra vez con el sexo —interviene el marido alzando la voz.

Ella adopta de inmediato un tono más serio:

—Te preocupa que no pasemos suficiente tiempo juntos.

—Haces que parezca algo insignificante —responde el marido, todavía furioso—. Pero no es así. Parece que no lo entiendes.

La hermana mayor hace una pausa, se acerca a su marido y apoya una mano sobre su hombro.

—¿Qué se supone que debo hacer? —pregunta con voz cansada—. Mi madre está enferma y me necesita. Esperaba que lo entenderías. Supongo que estaba equivocada.

Después de un suspiro, añade:

—Ya sé que no nos hemos visto mucho últimamente.

Él está tan enfadado que se aparta y se queda mirando hacia el techo. A continuación, dice con un tono también cansado:

—Entiendo que quieras cuidar de tu madre. De verdad que quiero apoyarte en eso. Pero no quiero que me apartes de ti. Por supuesto que quiero hacer el amor contigo, pero lo que más echo de menos es salir por ahí y charlar. ¿Qué tiene eso de malo?

—Nada —responde ella en tono más pausado y conciliador—. Estoy muy ocupada a todas horas. Yo también te echo de menos.

Se quedan los dos en silencio, mirando el techo, durante unos minutos. Después, el marido pregunta con tono dubitativo:

—¿No podríamos reservarnos un tiempo fijo para estar los dos solos?

La hija mayor reflexiona unos segundos y responde:

—Me parece bien. Por ejemplo, una vez a la semana. Pediré ayuda a mi hermana. —Y añade—: ¿Y tú te comprometes a ayudarme con mamá más a menudo para que no tenga que cargar yo con todo?

El marido se da la vuelta en la cama y responde:

—Por supuesto.

A continuación, acaricia a su mujer en el hombro; ella se sobresalta un poco y dice con cierto apuro:

—Mi madre está al otro lado del pasillo, muy enferma de cáncer. Quiero estar cerca de ti, pero no me siento preparada para hacer el amor. Por favor, ten paciencia conmigo.

El marido retira la mano y añade resignado:

—De acuerdo, de acuerdo.

Vuelve a sentarse en la cama, toma el mando de la televisión y enciende de nuevo el aparato.

Conservar el vínculo afectivo en la relación de pareja supone un reto fundamental para las personas comprometidas a cuidar de un enfermo. Todavía más importantes, sin embargo, son los esfuerzos para mantener ese vínculo en el día a día. La espiritualidad y la religión ofrecen medios para hallar esperanza en el mundo cuando la desesperación provocada por una enfermedad grave empaña todos los pensamientos sobre el presente y el futuro de la familia. En el siguiente capítulo exploraremos algunos medios para mantener la espiritualidad ante el desgarro que produce el deterioro del enfermo.

¿Puede un cónyuge ser enfermero/a y amante a la vez?

P: *La discapacidad física de mi madre obliga a mi padre a ayudarla en numerosas funciones diarias, desde el aseo hasta vestirse, levantarse de la cama y acostarse y utilizar la silla de ruedas. Antes de la enfermedad de mamá, siempre había pensado en ellos como una pareja de ciudadanos mayores muy activos y alegres. Supongo que eso incluía el sexo, aunque nunca volví a pensar en el tema hasta hace poco, cuando mamá empezó a hacer comentarios crípticos sobre que la «vida» entre ella y mi padre no tiene que terminar sólo porque ella se pase la mayor parte del día en una silla de ruedas. Parece muy dolida por el cambio de mi padre, aunque no me da detalles y prefiero no preguntar. Sin embargo, odio ver que se están distanciando a pesar de todo lo que comparten. ¿Puedo ayudarles de alguna forma?*

R: He visto a muchas parejas cuya vida sexual disminuye, o llega a desaparecer del todo, cuando los cuidados pasan a dominar sus vidas. Resulta especialmente evidente en el caso de los matrimonios en que el cónyuge enfermo necesita cuidados directos. Las causas son muy diversas. Una de las principales razones es que los cuidados intensivos suelen cambiar el equilibrio en las relaciones: los que antes eran compañeros iguales pasan a depender de uno de ellos, y la reciprocidad (un ingrediente primordial de la intimidad sexual) se pierde. Pocos de nosotros nos sentiríamos cómodos haciendo el amor con nuestra pareja si la dinámica de la relación hubiese evolucionado hasta convertirse en una entre padre e hijo. Otra razón es que el distanciamiento emocional que muchos cuidadores adoptan para desempeñar sus tareas interfiere seriamente en el deseo sexual. Es casi imposible actuar como enfermero/a (un tipo distinto de intimidad) y cambiar al papel de amante en un momento. La tercera razón es más prosaica pero también, probablemente, la más influyente: en general, los cuidadores directos están tan agotados que ni siquiera piensan en el sexo.

La solución para que tus padres eviten que entre ellos surja una enorme grieta emocional y física depende en gran parte de los deseos de cada uno. ¿Quieren adaptarse a una nueva relación en la que el sexo desempeñe un papel mínimo, o incluso desaparezca, o están dispuestos a recuperar la intimidad sexual? ¿Los dos quieren lo mismo?

Si los dos quieren rescatar su relación, necesitarán pasión para reavivar la chispa del amor. En primer lugar, tendrán que restaurar el mayor equilibrio posible en el trato, de manera que tu padre vea a tu madre más como una compañera que le ayuda que como una paciente a la que cuida. Es posible que tu padre evite hablar del tema con tu madre porque teme herir sus sentimientos, pero su silencio sólo provocará más dudas en tu madre. Tu padre tiene que tratar a tu madre como una adulta hecha y derecha con la que pueda conversar sobre un tema muy complicado para que su mujer tenga la oportunidad de aconsejarle y dos puedan afrontar el problema juntos. Paradójicamente, hablar abiertamente y con confianza sobre su falta de vida sexual podría acercarles emocionalmente y crear las condiciones idóneas para aumentar el contacto físico.

Si la conversación no es suficiente para mejorar el equilibrio en su relación y fomentar la intimidad, podrían considerar la posibilidad de dar un paso más radical (si pueden permitírselo): minimizar los cuidados directos de tu padre contratando a una persona para que haga las tareas más pesadas. De este modo, tu padre estaría en disposición de conservar su papel primario de marido amoroso en lugar del de enfermero consciente de sus obligaciones. Incluso podrían despertar en él sentimientos que habían permanecido dormidos durante años de cuidados.

He visto a muchas parejas que han quedado atrapadas en los rigores de los cuidados y han renunciado a su vida sexual; los que intentan recuperar la intimidad física tienen una ardua tarea por delante. Sin embargo, pienso en el clásico de Marvin Gaye, *Sexual Healing*, como un canto al poder del amor para curar todas las heridas. Los enfermos lo necesitan. Y los cuidadores también. Tal vez tengas que ayudar a tus padres a buscar a un consejero (ya sea un terapeuta o un sacerdote) que les ayude a superar el problema.

Cuidar a un enfermo no incluye recibir maltrato

P: *Mi padre, que vive conmigo, sufrió un derrame cerebral no hace mucho tiempo. Su personalidad ha cambiado drásticamente. Se ha convertido en un maltratador verbal, y temo que de ahí pase a las agresiones físicas. Quiero estar a su lado, pero no sé cuánto tiempo más podré aguantar. Se comporta conmigo como un completo extraño. ¿Qué puedo hacer?*

R: ¿Qué puede resultar más desmoralizador que ser castigado, o incluso amenazado, por un familiar al que dedicas tu tiempo? A pesar de todo, existen medios específicos para comprender y eliminar ese comportamiento de tu padre, y garantizar tu seguridad. Antes de tirar la toalla, existen soluciones neurológicas y psicológicas que deben tenerse en cuenta.

Los pacientes que sufren lesiones cerebrales a causa de una enfermedad de progresión lenta, como el alzhéimer, o de forma repentina (por ejemplo, por un golpe o un derrame) suelen experimentar cambios que afectan no sólo a la personalidad, sino también a funciones cognitivas específicas que incluyen la expresividad emocional, el autocontrol, la capacidad de percibir las propias carencias y la capacidad de empatía con los demás. Por ejemplo, una norma general entre las víctimas de un derrame es que aquellas que sufren daños en las regiones lateral izquierda y frontal del cerebro padecen más depresiones. En el caso de daños en la región derecha, los enfermos se muestran más inexpresivos emocionalmente (lo que los médicos llaman «planos») o con tendencia a cambios repentinos, incluyendo violencia verbal. Si bien algunos de estos síntomas pueden desaparecer junto a otros problemas provocados por el derrame (por ejemplo, las dificultades para caminar, hablar y tragar) en un plazo aproximado de seis meses, muchos pacientes pasarán a ser personas muy distintas a las que eran antes del ataque.

Te recomiendo encarecidamente que hables con el neurólogo, el psiquiatra o, mejor aún, el neuropsiquiatra (médico especializado en los cambios de conducta y de humor provocados por problemas neurológicos) sobre el comportamiento de tu padre. Puede recetarle una dosis baja de una medicación antipsicótica atípica, como Risperdal, para controlar su agitación y eliminar los arranques violentos. Otra posibilidad es que el médico suscriba el viejo dicho según el cual «la ira es depresión hacia fuera» y suministre a tu padre un antidepresivo para aliviar sus frustraciones y aplacar los ataques contra ti. En este tipo de casos, los fármacos dan buenos resultados.

Un terapeuta especializado en estos enfermos también puede ser de gran ayuda. Tu padre podría ser más consciente de sus frustraciones y darse cuenta del daño que provocan sus palabras y sus actos. En cuanto a ti, puede sugerirte estrategias para imponer límites con tu padre. Por ejemplo, puedes aprender a evitar fuentes de tensión específicas (ruidos fuertes, multitudes) que, con razón o no, aumenten la ira del enfermo. Asimismo, puedes avisarle cuanto notes que su frustración va en aumento: así empezará a controlar mejor sus impulsos. Por último, debes entrenarte para decirle con firmeza que no vas a tolerar abusos verbales y que saldrás de la habitación o de la casa si no deja de hacerlo.

Por suerte, la violencia verbal no es necesariamente un presagio de violencia física. No obstante, si tu padre te pone la mano encima alguna vez, te tira algún objeto o —Dios no lo quiera— te apunta con un arma, tu primer deber es protegerte. Sal de la casa y busca ayuda. Llama a la policía si lo consideras necesario. Los cuidadores no están ahí para ser objeto de maltratos. No tienes que soportar golpes mientras tú das amor.

Una hija distanciada por los cambios en la familia

P: *Desde que mi padre sufrió una hernia de disco en el cuello, hace algo más de un año, nuestra vida familiar ha cambiado drásticamente. Mi padre vive conmigo y con mi hija de 17 años desde que ésta tenía sólo 3 años, cuando mi marido murió, y para ella ha sido más un padre que un abuelo. Ahora que éste ha tenido que reducir su jornada laboral, siempre está de mal humor. Yo he tenido que volver a trabajar para compensar la falta de ingresos. Me preocupa que estos cambios afecten negativamente a mi hija. Ahora, ella y su abuelo apenas se hablan; más bien diría que se ignoran mutuamente. Conmigo las cosas tampoco van demasiado bien. Me gustaría mejorar nuestra relación antes de que se marche a la universidad, el año que viene. ¿Qué puedo hacer?*

R: Es natural que los adolescentes dediquen más tiempo a sus amigos, sus trabajos y sus actividades favoritas que a sus propias familias. Es su forma de prepararse emocionalmente para la separación de sus padres cuando llegue el momento de marcharse a la universidad. Sin embargo, este proceso de distanciamiento suele producirse de forma gradual a lo largo de varios años. Si tu hija ha dejado de hablar de repente contigo y con tu padre después de la lesión de éste, es muy probable que su aislamiento sea una consecuencia (al menos en parte) de su reacción a ese contratiempo médico. Su comportamiento podría reflejar su tristeza ante los cambios en la familia y ante el hecho de que tú (por el trabajo) y su abuelo (por su propio ensimismamiento) prestáis menos atención a sus necesidades. También es muy posible que esté enfadada con su abuelo por el modo en que está llevando su discapacidad parcial, e incluso por no haber tomado las precauciones necesarias para evitar la lesión. Y puede que esté molesta contigo por no cuidar suficiente a tu padre y no haberle obligado a descansar más.

Existen cuatro métodos posibles para acercarte a tu hija. El primero consiste en dejarla a su aire y esperar a que se le pase el enfado. Terminará madurando, se adaptará al cambio de circunstancias de la familia y aceptará que sus mayores son personas con imperfecciones, vulnerables a la enfermedad y al mal humor, y con algunos hábitos poco saludables. Sin embargo, lo más probable es que necesite varios años para llegar a estas conclusiones (sobre todo si pasa mucho tiempo fuera de casa debido a sus estudios). Si queda algún asunto de la familia por resolver, es preferible hacerlo antes de que se marche.

Una segunda estrategia consistiría en animar a tu hija y a tu padre a que pasen más tiempo juntos y acuerden cómo pueden mejorar su relación: por ejemplo, retomando aficiones que antes compartían. Lo más probable, sin embargo, es que ambos se resistan. El tiempo nunca retrocede, y tampoco los avances. A tu hija ya no le interesan las mismas cosas de antes, y su abuelo es ahora una persona distinta. Tendrán que descubrir o crear nuevos puntos en común, algo que resultará difícil mientras sigan enfadados.

El tercer método te exige que realices un esfuerzo para pasar algún tiempo a solas con tu hija. También en este caso es muy posible que se resista, pero te animo a que insistas. La cuestión clave que debes discutir con ella es la siguiente: ¿cómo le han afectado los cambios que han ocurrido en la familia en el último año? A menos que se exprese muy bien y esté acostumbrada a verbalizar sus sentimientos, al principio te dará la callada por respuesta. Es posible que tengas que insistir una y otra vez, o incluso sugerirle diferentes emociones que podría estar experimentando: ¿se entristece al ver el estado de su abuelo? ¿Está enfadada con él por mostrarse demasiado egoísta en algunos momentos? ¿Le preocupa que se haga más daño? ¿Prefiere estar fuera de casa todo el tiempo posible para no tener que pensar en los problemas médicos y económicos de la familia? Si sigue teniendo dificultades para expresar cómo se siente, pero percibes que tiene muchas cosas dentro, tal vez podrías sugerirle que vea a un psicoterapeuta que le ayude a poner en orden sus emociones para que no interfieran en sus relaciones o en sus aspiraciones.

Creo que la mejor solución, sin embargo, sería la cuarta posibilidad: hablar los tres sobre lo que os ha ocurrido individualmente y como familia. Aunque tu hija se encuentre en un momento en que desee distanciarse más de ti y de tu padre, tu comportamiento con ella va a influir en sus sentimientos. Tal vez unas sesiones de terapia familiar (como tratamiento complementario al individual de tu hija) podrían ayudaros a lamentar juntos todo lo que habéis perdido desde la lesión y a empezar a hablar de lo que necesitáis cada uno para crecer y avanzar. Tu padre necesita escuchar que su forma de comportarse tiene repercusiones para el resto de la familia. Tu hija debe darse cuenta de que tiene en sus manos el poder de hacer que las relaciones familiares vayan mejor o peor en función de su grado de aceptación. Y tú puedes aprender el modo de acercaros más para que la marcha de tu hija resulte más sencilla y menos dolorosa.

Recuperar a una hermana entregada a cuidar de su suegro

P: *Mi hermana y yo nos llevamos sólo 18 meses y siempre hemos sido grandes amigas. Tenemos la suerte de vivir en la misma ciudad con nuestras respectivas familias, así que podemos vernos casi a diario. Sin embargo, el año pasado apenas nos vimos porque su suegro sufrió un infarto. Durante los primeros meses, comprendí que mi hermana creyese que tenía que estar al pie del cañón para ayudar a su suegro a recuperarse (vive solo y depende de mi hermana y mi cuñado). Sin embargo, ahora que ya se encuentra estable, mi hermana sigue sintiéndose obligada a estar pendiente de él. La echo de menos y también estoy enfadada con ella. ¿Cómo puedo convencerla para que vuelva a hacerme un hueco en su vida?*

R: La ira no va a ayudarte a recuperar la proximidad con tu hermana; la empatía, en cambio, puede que sí. Deberías tener en cuenta que los infartos hacen que las víctimas crean que van a morir y que sus familiares se sientan aterrorizados. Esas emociones pueden persistir durante años. No es nada raro que tu hermana todavía sienta la necesidad de vigilar a su suegro, sobre todo si mantiene mucho contacto con él y/o sigue el ejemplo de su marido, como si a través de su supervisión pudiese evitar nuevas desgracias. Tal vez se siente culpable porque antes del infarto no prestaba demasiada atención a la dieta, al ejercicio y a la salud global de su suegro, cosa que lo ha puesto al borde de la muerte. Probablemente, no tiene intención de volver a correr ese riesgo. No es que no quiera verte, sino que todavía está buscando el modo de canalizar su ansiedad por lo ocurrido al tiempo que se encarga del resto de su familia.

Mi consejo es que no te opongas a la atención que tu hermana dedica a su suegro y que busques el modo de unirte a ella en su difícil papel. Conviértete en su confidente para que se desahogue sobre lo que le preocupa. Comparte recetas cardiosaludables con ella. Sal a pasear con tu hermana, su marido y su suegro. Asegúrate de que se dé cuenta de que eres su mayor aliada y admiradora.

Cuando llegues a este punto, ya podrás considerar la posibilidad de sacar el tema de que la echas de menos. Dile cuánto la quieres y lo importante que es para ti. Explícale que no tienes ninguna intención de interponerte entre ella y su familia, pero que te gustaría verla más a menudo. Si reacciona a la defensiva, como si tu intención fuese que se sienta culpable, retrocede inmediatamente y dile que te encantará verla siempre que tenga tiempo. Si, en cambio, se muestra receptiva a tus ruegos, haced planes que no interfieran con los momentos en que su marido y su suegro puedan necesitarla. Asegúrate de expresar tu voluntad de cambiar esos planes siempre que sus deberes familiares la reclamen.

Con toda probabilidad, si el estado de su suegro continúa estable, tu hermana irá ganando confianza. Cuando su ansiedad se vaya mitigando, poco a poco, se mostrará más espontánea y flexible para atender a todas sus relaciones. Incluso es posible que un día te dé las gracias por haberle dado tanto apoyo durante esa larga crisis en su vida.

8

Mantener el espíritu

Antes del amanecer, la madre se despierta de repente, como si hubiese escuchado un grito. Permanece acostada, confusa, preguntándose si ese gemido agudo viene de otra persona o de ella misma. A continuación, empieza a dudar si ha escuchado sonido alguno. «Qué más da», refunfuña. Es la novena o la décima noche seguida que, por alguna razón, se despierta mucho antes de lo que desearía. Frustrada, se pasa la hora siguiente mirando las sombras de las ramas, cada vez más nítidas, hasta que por fin sale el sol. Sus pensamientos también ganan en nitidez y se centran en una preocupación específica tras otra: los resultados de las últimas pruebas, la próxima quimioterapia (descrita por el oncólogo como «más agresiva»), la misteriosa hinchazón de sus piernas. Una semana atrás, no se sorprendió cuando la biopsia confirmó que los nódulos del pulmón eran metástasis del cáncer de ovarios. Es consciente (¿o tal vez sólo se lo imaginaba?) de que cada vez le falta más el aire. ¿Y sus piernas? ¿Están así de hinchadas por el líquido que baja desde los pulmones? Nadie se lo ha dicho, pero mientras las mueve, tumbada en la cama, se pregunta si las células cancerígenas también se habrán instalado en ellas.

Sus piernas le recuerdan un poco a las de su padre en sus últimos días. Eran peludas y robustas como troncos; cree que las tenía hinchadas a causa de la gota, o quizá por un fallo cardíaco congestivo. Nunca lo supo con seguridad. Y entonces, sin pensar, una vieja melodía que su padre le cantaba (mitad himno, mitad canción infantil) surge de las profundidades de su memoria; unas palabras al principio y después toda la canción seguida:

The sun comes up.
The grass shines with dew.
God has made His plans
*For a brighter day for you.**

Era una cancioncilla tonta que su padre le cantaba suavemente con su voz áspera mientras le acariciaba el pelo, antes de dormir, cuando era muy pequeña. No sabía dónde la había aprendido o si la había inventado para ella. Su padre era un inmigrante sin apenas formación, un hombre trabajador y bondadoso que nunca supo mucho de las enseñanzas de la iglesia, pero que tenía la convicción de que Dios nos vigila y nos protege. La canción transmitía aquella creencia básica de manera tan sencilla que, piensa la enferma, «debió inventarla para mí». No recuerda la última vez que le vino a la memoria (seguramente, nada menos que 70 años atrás, cuando tuvo la edad suficiente para irse sola a la cama). No sabe por qué la recuerda ahora, pero se siente mejor con sólo pensar en el efecto relajante que ejercía en ella cuando tenía problemas para conciliar el sueño. Se repite las palabras una vez más e intenta recordar el resto de la letra y el aspecto cansado del rostro de su padre mientras la cantaba. Sin embargo, no lo consigue.

Sus pensamientos vuelven a las palabras que sí recuerda, y se pregunta: «¿Qué planes tiene Dios para mí?». Aunque la última vez que estuvo en el hospital el sacerdote le dijo que se tranquilizase y «dejase todas las preocupaciones en manos de Dios», no le resulta sencillo porque es demasiado controladora por naturaleza y demasiado desconfiada por experiencia. En los últimos días, la pregunta sobre los

* Sale el sol. / La hierba brilla con el rocío. / Dios ha hecho planes / para que tengas un día radiante. *(N. del t.)*

planes de Dios le viene a la mente una y otra vez, sobre todo cuando se despierta de madrugada. La lleva por dos caminos de pensamientos espirituales que discurren paralelos unas veces, y otras veces se cruzan, sin llegar nunca a un final satisfactorio.

El primer camino la perturba. Durante esas madrugadas inquietas, vuelve la vista atrás para repasar su vida en un intento de entender por qué Dios querría castigarla. Admite que nunca le han gustado los aires que se da la gente en la iglesia; ella sólo acudía en Navidad, Semana Santa y algún que otro domingo para sentarse discretamente en uno de los últimos bancos. Sin embargo, siempre ha tenido grandes valores morales. Y se ha dedicado a sus hijas y sus nietos; se ha asegurado de que acudan a la iglesia con regularidad. Dios sabe que fue una buena esposa, incluso en los días más angustiosos de la enfermedad de su marido. Se siente agradecida por la vida que ha tenido. Pero los dolores de la vejez, las preocupaciones y la pérdida de independencia no son lo que considera precisamente una recompensa justa por una vida de integridad.

El segundo camino es más angustioso. Ha empezado a preguntarse por qué Dios permite que la gente sufra por el cáncer. «¿Qué final puede ser más terrible que acabar devorado por dentro por tus propias células descontroladas?», se pregunta con un estremecimiento. ¿Quién puede merecer eso? ¿Cómo puede dejar sus preocupaciones en manos de Dios si sabe que Él tortura así a la gente? Su fe es lo suficientemente fuerte para no negar la existencia de Dios, pero también lo bastante escéptica para dudar de su juicio y de su propósito. Las preguntas sobre ese propósito la importunan durante las largas horas que se pasa acostada. Las pocas mañanas de domingo que su hija mayor ha subido para invitarla a acompañarla a la iglesia, la madre ha respondido con un sencillo «Todavía no estoy preparada».

Esa mañana, se descubre retomando un viejo hábito: hablar con Dios en voz alta acerca de sus dudas sobre Él.

—Muéstrame una señal, cualquier cosa —dice casi sin darse cuenta.

Pronuncia la primera parte de la frase con un tono impasible, como si dudase de la posibilidad de ver señal alguna. En cambio, cuando dice «cualquier cosa», su voz desprende una nota de anhelo, de fervor, que sugiere que quiere creer en los milagros. Levanta la cabeza de la almohada y observa la habitación como si esperase algo. A continuación, vuelve a posarla sobre la almohada y gira la cara hacia un lado, murmurando:

—Ridículo.

Sin embargo, mientras esa palabra sale de sus labios, siente una punzada de culpabilidad. Tal vez sea una arrogancia por su parte pedir siquiera una señal, como si Dios fuese un mago que hace trucos por encargo. Para reparar el error, empieza a recitar rápidamente un padrenuestro, se da la vuelta y se queda mirando a la pared. Permanece así mucho tiempo, sintiéndose triste y vacía.

—Ya está bien. Levántate —se dice finalmente en voz alta mientras retira la manta y desplaza las piernas con dificultad hacia un lado de la cama.

Atraviesa la habitación con paso vacilante para coger un vestido limpio del armario. Oye los ruidos que hace su hija mayor en el piso de abajo. Cuando se pone el vestido, nota que tiene los brazos rígidos y que le duele la parte baja de la espalda.

—Fuera depresión —murmura para sí.

Con la esperanza de animarse, se acerca a la ventana, levanta la persiana y permite que el sol de la mañana inunde la habitación. Entrecierra los ojos cuando mira el cielo para comprobar qué tiempo va a hacer. A continuación, baja la vista para ver si ya ha llegado el periódico. Al mirar el césped también tiene que entrecerrar los ojos porque le molestan los destellos. Y entonces le asalta un pensamiento como una revelación: la hierba brilla con el rocío. De pronto, el corazón le late desbocado y abre la boca en señal de alegría y sorpresa.

—¡Dios me ha escuchado! —exclama en voz alta—. ¿O era mi querido padre, que me observa? —se pregunta a continuación.

Los cálidos rayos del sol acarician su rostro como una nueva esperanza para el futuro.

La esperanza durante una crisis médica adopta muchas formas. Confiamos en el bisturí del cirujano, en las pastillas del especialista y en el arsenal del oncólogo, o tenemos fe en el carácter y el saber hacer de los médicos. Creemos que nuestro cuerpo intuye en cierto modo cómo puede curarse. Esperamos que la familia y los amigos nos ayuden. Sin embargo, cuando agotamos las soluciones biomédicas y el apoyo de nuestros allegados, la mayoría de nosotros recurrimos a fuerzas más allá de este reino terrenal. Muchos optan de forma explícita por la oración y las relaciones personales con Dios; otros se inspiran en las nociones espirituales de las energías del universo. Pedimos curación, y cuando ésta no es posible, rogamos a los poderes supremos que nos ayuden a entender y aceptar la situación.

La religión y la espiritualidad siempre han relacionado la fe con la mejora de la salud. Los primeros trabajadores de la salud fueron los chamanes que dirigían rituales religiosos, inducían estados de trance y dispensaban hierbas y pociones para expulsar a los espíritus malignos. Los médicos de los siglos XVIII y XIX, ya fuese en el hospital, la consulta o la casa del paciente, se ocupaban del cuerpo pero también del alma. Cuando los avances científicos revolucionaron la medicina, en el siglo XX, y los médicos pasaron a dominar las pruebas y los tratamientos basados en la tecnología, el espíritu del paciente se dejó a un lado. En especial en los últimos 50 años, los médicos se han centrado casi exclusivamente en observar síntomas somáticos y concebir intervenciones biomédicas. Enfermeros, trabajadores sociales y psicólogos atienden los estados emocionales de los pacientes, pero rara vez se interesan por sus necesidades religiosas. Los pastores, sacerdotes y rabinos que acuden a las habitaciones de los hospitales para rezar con sus fieles enfermos son relegados al estatus de visitantes fuera de horas, no se consideran personajes importantes del equipo sanitario.

En las dos últimas décadas, diversos factores han renovado el interés en la espiritualidad y la salud. En su mayoría se trata de reacciones a lo que muchas personas perciben como la esterilidad de la moderna medicina tecnológica. En los últimos 30 años, autores como Lawrence LeShan y Bernie Siegel han publicado libros de autoayuda para enfermos de cáncer que les instan a depender del poder de las actitudes positivas, la meditación y la autodeterminación, y no sólo de las órdenes de sus oncólogos. Al mismo tiempo, se extendió una corriente que potencia la aceptación y los valores espirituales al final de las vidas de los pacientes. Más recientemente, la llamada medicina alternativa, complementaria o integradora, que utiliza remedios naturales y defiende el control y la conciencia espiritual, ha cobrado una gran popularidad entre los enfermos un tanto escépticos respecto a las pruebas médicas y los fármacos en los que tanto confían los médicos. El resultado ha sido un auténtico cambio cultural con respecto al cuidado de la salud. Por ejemplo, existen miles de páginas web y multitud de libros y revistas sobre la aplicación de la espiritualidad para fomentar el bienestar. Además, diversos estudios recientes demuestran que la mayoría de pacientes desean que sus médicos les pregunten por su vida espiritual y religiosa.

La comunidad médica no ha permanecido inmune a estos cambios culturales. En los últimos 10 años, en muchos lugares se han realizado esfuerzos coordinados para integrar la comprensión de las creencias espirituales y religiosas de los pacientes en la biomedicina. Esta corriente se percibe con especial claridad en tres avances significativos. El primero tiene que ver con cambios en la práctica clínica. Numerosas instituciones médicas importantes han puesto en marcha centros médicos integradores que incorporan el control del estrés y las prácticas religiosas a los cuidados tradicionales. La mayoría de los programas para enfermos terminales incluyen capellanes en los equipos. Y revistas médicas de primer orden, como *The Journal of Family Practice*, han publicado artículos con títulos como «Principles to Make a Spiritual Assessment in Your Practice», que intentan guiar a los médicos en el arte de preguntar a los pacientes por sus creencias espirituales sin ofender o influir excesivamente en sus puntos de vista.

El segundo avance trata de los cambios curriculares en la formación de los médicos. En la mayoría de facultades de medicina de Estados Unidos se celebran conferencias y cursos para ayudar a los futuros médicos a indagar sobre los puntos de vista espirituales de los pacientes. Algunos de esos cursos incluso ayudan a los médicos novatos a reflexionar sobre el modo en que sus propias creencias influyen en su visión de los pacientes, las enfermedades y la práctica de las habilidades curativas.

En tercer lugar, y tal vez lo más importante (en una época en que las pruebas empíricas se han convertido en la regla de oro para guiar al personal clínico en la selección de los tratamientos), los grandes centros de investigación estudian el potencial curativo de la espiritualidad. Los Institutos Nacionales de Salud, a través del Centro Nacional de Medicina Complementaria y Alternativa, subvencionan investigaciones sobre el impacto de las creencias religiosas y espirituales de los pacientes y prácticas sobre los resultados médicos. Se han establecido centros académicos de investigación sobre este tema en las universidades de Duke, George Washington y Florida.

En *Handbook of Religion and Health*, publicado en 2001, Harold Koenig (profesor de la Universidad de Duke) revisa 1.600 estudios y los divide en tres grupos: religión y salud mental, religión y trastornos físicos, y religión y uso de los servicios sanitarios. Según los estudios de la primera categoría, las personas que acuden habitualmente a la iglesia, sinagoga o mezquita presentan menos episodios de depresión, menor consumo de drogas y alcohol, y mayor capacidad para afrontar la enfermedad y otros factores de presión. Los estudios de la segunda categoría relacionan la espiritualidad con una presión sanguínea, unos niveles de colesterol y una tasa de mortalidad más bajos, además de una función inmune más eficaz. En cuanto a la tercera categoría, sugiere que las personas con fuertes creencias espirituales utilizan más los servicios de prevención de la salud (por ejemplo, chequeos anuales, mamografías, etc.) y siguen mejor las instrucciones de los médicos. Si bien estos resultados representan los primeros pasos de un esfuerzo que requiere más estudios, apoyan la idea de que la actividad y las creencias religiosas pueden ser poderosas herramientas para los enfermos. (Si deseas leer resúmenes de estudios de investigación sobre espiritualidad y salud, consulta la excelente página web del Duke Center for Spirituality, Theology and Health; Centro para la Espiritualidad, la Teología y la Salud de la Universidad de Duke: www.dukespiritualityandhealth.org).

Sin embargo, el impacto de la espiritualidad en la salud es complejo. Algunos de los estudios de Duke indican que ciertas actividades y creencias religiosas pueden ser perjudiciales para la salud. Por ejemplo, un proyecto de investigación realizado en parte en Duke, pero principalmente por el doctor Kenneth Pargament, de la Bowling Green University, descubrió que las personas que creían en Dios pero pensaban que les estaba castigando o que las había abandonado en la enfermedad presentaban una tasa de mortalidad significativamente más alta. Datos como este sugieren que el impacto de la espiritualidad puede resultar beneficioso para determinadas personas sujetas a unas circunstancias específicas, pero no para otras.

Estos datos se confirman también a través de un dilema muy discutido en las clases de ética biomédica. Determinadas prácticas religiosas muy persuasivas prohíben a sus fieles las transfusiones de sangre y los tratamientos de cirugía. Sin duda, estas personas poseen la fortaleza que les da la fe, pero sus prácticas religiosas entran en conflicto con las recomendaciones de los médicos. En caso de emergencia, pueden negarse a aceptar las medidas necesarias para salvar su vida o la de sus hijos. Cuando estos casos llegan a los tribunales, las resoluciones apoyan las intervenciones médicas aunque violen las convicciones religiosas de los pacientes. Sin embargo, ningún sanitario se encuentra totalmente cómodo administrando un tratamiento contra la voluntad del paciente o de los padres de éste. Cuando la espiritualidad crea relaciones enfrentadas entre el enfermo y los proveedores de cuidados, sólo cabe pensar que todo tiene sus pros y sus contras.

Muchas personas recurren a la espiritualidad durante una crisis médica, pero las investigaciones demuestran que esa solución tiene sus pros y sus contras. La actitud desempeña un papel fundamental. ¿Entendéis y aceptáis mejor la enfermedad a la que os enfrentáis tu familiar y tú si apeláis a la religión o a un poder superior? ¿O sentís que es un castigo? ¿Sientes paz cuando regresas a un recinto de oración si llevas mucho tiempo sin ir, o crees que es hipócrita hacerlo sólo cuando la vida te da reveses?

Otros factores complican nuestra valoración de los beneficios de la espiritualidad: entre ellos, que no existe un acuerdo universal sobre la definición de espiritualidad. Algunos autores afirman que implica la presencia de un poder superior (como en Alcohólicos Anónimos) o de un dios (las religiones). Difieren en sus opiniones sobre el mejor modo de conectar con esa presencia: a través de la oración (religiones occidental) o de la meditación (religiones orientales), de la contemplación de la naturaleza (poesía romántica) o incluso de las proezas físicas ricas en endorfinas. Todos plantean, sin embargo, que lograr la conexión con esa fuerza superior proporciona una sensación de paz, plenitud y bienestar especialmente importante para las personas que se enfrentan a retos difíciles, como una enfermedad grave.

Otros consideran la espiritualidad en términos más seglares: como la búsqueda del estado de paz y plenitud en sí mismo sin necesidad de la presencia de un dios. Por ejemplo, en la sección sobre «Spirituality and Health» de familydoctor.org (la página de información médica de la Asociación Americana de Médicos de Familia), la espiritualidad se define muy ampliamente como «el modo de encontrar significado, esperanza, consuelo y paz interior en la vida». Sus caminos pueden ser tan diversos como realizar ejercicios de respiración, considerar los propios valores y principios, escribir, rezar, coser, etc. La práctica es la clave; la creencia en un poder superior es opcional. En la página web se afirma que cuando estamos enfermos o tenemos problemas podemos encontrar consuelo a través de esas soluciones espirituales.

Hay personas que consideran que recurrir a la espiritualidad durante una crisis médica, ya sea con un dios o sin él, si nunca se han vivido según esos valores es un acto de hipocresía. Por cada 10 personas que se acercan a la religión cuando temen que su ser querido va a morir, probablemente hay una que se resiste a la llamada, rechaza la oferta de hablar con el capellán del hospital, y permanece en un silencio sepulcral mientras los demás insisten en rezar. Es posible que esa misma persona haga oídos sordos a las peticiones de la trabajadora social del hospital y prescinda de los ejercicios de respiración o de control del estrés que le recomienden, argumentando que esos no son los medios que ha elegido para afrontar la situación. Puede que guarde la compostura, que se muestre estoico y que intente impedir por todos los medios que le asalten dudas sobre Dios, la eternidad o los giros del destino. Con frecuencia, sin embargo, esas dudas acaban abriéndose paso inevitablemente.

Una soleada y tranquila mañana de domingo, la hermana menor va a buscar a su madre con la esperanza de llevarla a almorzar. Tiene intención de llegar cuando su hermana esté en la iglesia para no tener que competir por la atención de la madre, tal y como ocurre cuando las tres están juntas. Sin embargo, cuando accede a la entrada, ve a su cuñado cortando el césped. La saluda y le dice que su hermana y su madre no tardarán en volver de la iglesia. La hermana menor se queda muy sorprendida. ¿Qué habrá ocurrido para que mamá vaya a misa, si hacía meses que no iba? Después de entrar en casa, pone a calentar agua para preparar un té y se sienta en la cocina esperando impaciente la llegada de las dos ausentes.

Está enfadada por dos razones. Sin duda, le decepciona comprobar que no va a ver a su madre a solas, pero también le enerva que su hermana haya presionado a mamá, muy probablemente, para ir a la iglesia. Sin embargo, cuando apaga el fuego reconsidera su postura. Su hermana nunca ha logrado convencer a su madre de que vaya a la iglesia. Puede que haya sido una decisión suya. A continuación, por su mente pasan pensamientos inquietantes: ¿es el aniversario de alguna pérdida importante, la de su padre o la de su abuela materna? Si fuese así, mamá habría querido ir a la iglesia para encender una vela. Se pregunta si lo que pretende su madre no es recordar, sino pedir su recuperación. ¿Ha tenido algún contratiempo médico del que no le ha dicho nada? La hermana mayor está convencida de que su madre y su hermana no le dicen todo lo que saben; creen que es muy sensible. Y si fuese un contratiempo, ¿cuál podría ser? Ya tiene metástasis, ¿qué podría ser peor? En un estado de nerviosismo total, la hermana menor se levanta y empieza a caminar de un lado a otro.

Lo que no se le ocurre es la posibilidad de que su madre haya decidido ir a misa porque ha sentido el deseo de rezar junto a otros fieles en una iglesia con vidrieras y aroma de incienso. Esa no es la persona que ella conoce, la que siempre ha dicho que no necesita un sacerdote o un campanario para hablar con Dios, que puede hacerlo en la cocina o en el dormitorio de su propia casa. En cuanto a su propia espiritualidad, como muchas personas que han perdido a uno o más seres queridos a consecuencia de enfermedades graves, la hija menor estaba furiosa con Dios después de la terrible muerte de su padre. Se negó a ir a la iglesia durante años, incluso aunque se lo pidiera su madre. No podía entender que su hermana mayor continuase yendo a misa como si nada injusto o catastrófico hubiese ocurrido. Finalmente, la hermana menor regresó para acompañar a su madre a una misa de Semana Santa; al año siguiente volvió a la Misa del Gallo. Sin embargo, su implicación con la religión organizada ya no era la misma. Percibía un poder superior cuando paseaba a su perro por el bosque que hay junto a su casa o cuando permanecía junto a la cuna de su nieto recién nacido. Sí puede tratar con ese tipo de dios, el del milagro de estar vivo, pero no con el austero Señor de la iglesia y todas sus normas. Ya no cree que su padre esté en el cielo; simplemente, piensa que se ha ido y que sus huesos están en una caja, enterrados, para ser reabsorbidos finalmente en el ciclo de la vida.

En realidad, la hermana menor se consideraría una hipócrita si fuese a la iglesia de forma habitual. No puede culpar a su madre por sentirse inclinada hacia la religión en un momento de crisis en su vida, pero le sorprendería. No, para ser sincera consigo misma, debe admitir que probablemente le disgustaría. Siempre ha admirado a su madre por vivir a su manera y por no importarle lo que digan o hagan los demás. Acogerse a doctrinas y rituales religiosos formales no sería propio de ella. Para la hija menor, sería como si su madre renunciase a su pasado.

Minutos después, oye el motor de un coche que se acerca, una puerta que se cierra con fuerza y otra que apenas hace ruido. El andador de su madre produce un sonido metálico al ponerlo sobre la gravilla de la entrada. La hija menor vuelve a sentarse e intenta recuperar la tranquilidad. No quiere montar una escena en una mañana de domingo tan agradable. La hermana mayor entra primero y dice con total naturalidad:

—Ah, estás aquí. ¿Hay agua para nosotras?

La madre le sigue: parece cansada, pero satisfecha.

—Voy a poner más —responde la hermana menor, que acerca la tetera al grifo.

—¿Verdad que mamá tiene buen aspecto? —pregunta la mayor—. Lo ha hecho muy bien en la iglesia.

—Qué bien —afirma la hermana menor en un hilo de voz.

—Nos ha gustado mucho el sermón —continúa la mayor—. Trataba sobre confiar en Dios incluso en la adversidad.

La hermana menor siente cómo se ruboriza. Percibe con toda claridad que su hermana está insinuando que debería superar lo que sea que la preocupa y volver a ir a la iglesia con regularidad. Ellas dos ya han discutido sobre ese tema en otras ocasiones, y no tiene ningunas ganas de repetir. No contesta, y la mayor no insiste. La madre tampoco interviene.

Se toman el té en silencio. La madre picotea de un plato de ensalada de atún cuando el cuñado entra para pedir a su mujer que le eche una mano. La hermana mayor se levanta y sale sin acabarse el té. La menor aprovecha inmediatamente la oportunidad para interrogar a su madre.

—Me alegro de que te haya gustado ir a la iglesia —comienza—. No sabía que ibas a ir. Quería llevarte a almorzar por ahí.

—Vaya, qué lastima —replica la madre—. Me habría encantado ir contigo. Deberías haber llamado antes de venir.

La hija menor no tiene intención de lamentarse por el almuerzo que se han perdido.

—¿Y qué te ha hecho ir a la iglesia? Hacía años que no ibas —añade con rapidez.

—Nada en especial —responde la madre con el mismo tono tranquilo—. Tu hermana me preguntó, y yo pensé que estaría bien.

—¿Te ha presionado para que vayas? —pregunta la hija inmediatamente.

—En absoluto —insiste la madre—. Yo quería ir.

La hija no se da por vencida.

—Es que no parece propio de ti —continúa—. Espero que no ocurra nada malo.

—Al contrario —afirma la madre—. Las cosas están mejor que antes.

—¿Qué quieres decir? —pregunta la hija.

La madre permanece en silencio durante unos segundos mientras va pinchando con el tenedor alrededor de los bordes de la ensalada.

—No quiero que te hagas una idea equivocada —anuncia—. Es algo que no puedo explicar fácilmente.

Hace una larga pausa mientras su hija espera ansiosa. La madre empieza a hablar de repente y explica con rapidez:

—Dios me ha enviado una señal, o a lo mejor era tu padre; que me están vigilando y que las cosas van a ir mejor. Pensé que lo mínimo que podía hacer a cambio era ir a la iglesia y presentarles mis respetos.

La hija menor se queda atónita.

—¿Qué señal? —pregunta.

—No importa —responde la madre—. Es más, podría parecerte una tontería, pero para mí ha tenido significado.

—¿Has oído voces? —insiste la hija.

—No, no he oído voces —responde la madre con energía—. ¿De verdad piensas que he llegado a ese extremo? Creo que puedes sentir a Dios sin estar loco.

Ahora es la hija la que permanece en silencio. Mira a través de la ventana de la cocina, intentando imaginar la experiencia que ha tenido su madre. No sabe qué hacer ni qué decir. ¿Debe felicitarla o temer por su salud mental? Tal vez tenga metástasis en el cerebro y le provoque alucinaciones. ¿Es bueno o malo que haya tenido una revelación? No quiere dar la impresión de ser muy crítica. Antes de pensar una respuesta adecuada, su madre añade:

—Tú tienes derecho a tener tus creencias, y yo las mías —dice a la defensiva. Y a continuación, añade—: Tu hermana se lo ha tomado con calma.

La hija menor se siente molesta, pero piensa que si protesta parecerá que tiene ganas de discutir. No obstante, no quiere que su madre se quede con la impresión de que no respeta sus creencias. Se remueve en la silla antes de decir con voz débil:

—Me alegro de que sientas que Dios está a tu lado. Me has sorprendido. Sólo quería asegurarme de que estás bien.

—Con Dios a mi lado, ¿cómo podría no estar bien?

La hija menor asiente con la cabeza, pero se siente confusa. La imagen de su madre ha cambiado de repente. Al mismo tiempo, experimenta cierta envidia. Sentir una certeza así, saber que tus oraciones han sido escuchadas, le parece un regalo de valor incalculable, casi increíble.

Incluso para las personas que llevan su espiritualidad como uno de sus jerséis favoritos (cálido, cómodo y reconfortante), el impacto de una enfermedad grave puede hacerles sentir tan vulnerables como si estuviesen desnudas. Las crisis de fe (basadas en la convicción de que la enfermedad es una recompensa injusta para las «buenas» personas) son habituales. Las crisis de conciencia (basadas en la tendencia a autoculparse si uno cae enfermo, como si fuese un castigo por alguna transgresión) son todavía más frecuentes. No es de extrañar, por tanto, que a partir del Libro de Job en adelante los pensadores religiosos se hayan esforzado por encontrar algún modo de reconciliar la vida moral con la realidad del sufrimiento humano.

Tomemos varios ejemplos de nuestro tiempo. En el clásico *Cuando a la gente buena le pasan cosas malas*, el rabino Harold Kushner reflexiona sobre la muerte de su hijo de 14 años a causa de una enfermedad genética y examina esos esfuerzos de forma directa. Después de explorar y rechazar la idea de que algo que él o su hijo hicieron pudo justificar la aparición de la enfermedad, concluye que Dios no puede controlar todo lo que nos ocurre. En su lugar, construye un concepto según el cual Dios es un Ser Supremo que ha establecido el marco para la existencia, pero que sigue luchando contra el caos en el Universo (igual que los humanos). En lugar de volverse en contra de Dios llevado por la ira, recomienda que las personas que sufren se alíen con Él para erradicar los males (como la enfermedad).

Más recientemente, en su éxito de ventas *Making Loss Matter: Creating Meaning in Difficult Times,* el rabino David Wolpe no se ocupa de buscar las razones del sufrimiento, sino de explicar qué debemos hacer cuando aparece. Considera que las crisis, como las enfermedades graves, son oportunidades para explorar la fe en profundidad y afrontar la perspectiva de la muerte de forma directa, la mejor manera de aprender y crecer. Cree que nuestra capacidad para extraer un significado (también el espiritual) incluso del resultado médico más catastrófico es el elemento esencial del ser humano.

El pastor Rick Warren, en su éxito *The Purpose-Driven Life* (y en los diversos títulos similares a los que ha dado lugar), trata las cuestiones de la fe y el sufrimiento de manera más indirecta. Para Warren, descubrir un objetivo en la vida no debería ser la meta de los individuos, porque cada uno de nosotros llega a este mundo para ser objetivo de Dios. El verdadero significado de nuestra existencia es el significado que Dios le da. Para que estos objetivos y significados nos sean revelados, Warren considera que sólo necesitamos consultar nuestro «manual del usuario», más conocido como Biblia. Al depositar nuestra confianza en el plan de Dios, podemos aceptar mejor la adversidad (incluyendo la enfermedad y la discapacidad), porque sólo Él sabe nuestro objetivo último.

Existen diferencias notables entre estos ejemplos, sobre todo en cuanto al énfasis en la capacidad humana de adaptación o al poder de Dios para dirigirnos. Pero también presentan similitudes. Los tres autores citados consideran contraproducente la ira contra Dios ante una crisis médica. Creen que esas crisis son momentos para reforzar la fe, no para prescindir de ella. Relacionan las creencias con las acciones, como la oración, los rituales y el estudio de la Biblia, y con una nueva visión del mundo, ya sea a través de la revelación espiritual o recuperando las posibilidades de nuestras vidas y de los momentos que todos tenemos garantizados en este mundo.

Estos son los elementos básicos de un plan para mantener el espíritu durante una enfermedad grave de un ser querido: unirse a Dios para luchar contra la enfermedad; no basar las creencias en la evolución de la enfermedad, y aprovechar la crisis como una oportunidad de reflexión, revelación y transformación. Existen tantas maneras de poner en práctica estos elementos como cuidadores, con sus propias creencias, tradiciones y predilecciones. Aquí tienes algunas sugerencias que han resultado útiles a cientos de cuidadores cuya fe se ha puesto a prueba:

- *En caso de duda, busca consejo religioso*. Paradójicamente, los momentos en que muchas personas parecen menos dispuestas a buscar la guía de un pastor, un sacerdote o un rabino son aquellos en los que la fe se tambalea o cuando están más enfadadas con Dios. Es como si temiesen que su consejero religioso se ofenda o no comprenda su turbación. (Estos temores son más pronunciados cuando no se está familiarizado con el consejero.) Sin embargo, ningún guía espiritual que se precie se conforma con limitarse a predicar para el coro. Su papel consiste en escuchar, solidarizarse, explicar la doctrina y mitigar las dudas, no ponerse en contra de los que dudan. Aunque no logren del todo esos objetivos, su voluntad de establecer un diálogo continuado con los familiares de enfermos hace maravillas para aliviar el sentimiento de culpa por tener dudas. Por supuesto, no está garantizado que esos diálogos terminen en una resolución perfecta de todos los sentimientos conflictivos o erradicando la confusión y la ira. En cambio, sí son un buen camino para permanecer conectado con la fe, aunque sólo sea para cuestionarla. Con esa conexión intacta se conserva un potencial mucho mayor para encontrar el modo de utilizar el apoyo que la espiritualidad puede ofrecer que si se rompen todos los lazos religiosos y se opta por el aislamiento.

• *Cuando te sientas solo ante la enfermedad, busca compañerismo*. Como ya vimos en el capítulo 3, buscar apoyo es básico para evitar el aislamiento debilitante del cuidador a largo plazo. Antes de la aparición de grupos de apoyo sobre enfermedades concretas o de organizaciones en defensa de los derechos de los cuidadores, existían depositarios de amabilidad llamados iglesias, mezquitas o sinagogas. Parte del apoyo que ofrecen estas instituciones religiosas pertenece al tipo «olla tapada»: comidas gratuitas, transporte y otras ayudas asistenciales para familias necesitadas. Aunque esta ayuda directa resulta vital para mantener a flote a los cuidadores, todavía más importante es la sensación de compañerismo que las instituciones religiosas pueden aportar. Rezar codo con codo con almas gemelas logra que todas las oraciones parezcan más altas, más sinceras y más poderosas. Arrodillarse y levantarse al unísono intensifica la sensación de pertenencia de los fieles. Es más: la comunidad de la iglesia define un lazo de reciprocidad. Cuando un miembro de la comunidad está necesitado, los demás se ofrecen para ayudar. Cuando alguno atraviesa momentos difíciles, los que antes han recibido son los que ahora dan. Los que necesitan ayuda son aliviados de la vergüenza porque saben que llegará el momento de devolverla. Los que ofrecen ayuda no sienten carga alguna porque saben que llegará el día en que también la recibirán. Nadie está solo. Los enfermos y los sanos son compañeros bajo el mismo techo.

Una cuestión interesante sobre la comunión religiosa es si las oraciones de los fieles favorecen la curación de los enfermos graves. La sola idea de investigar este tema resulta controvertida. Con independencia del fervor con que algunas personas mantienen que la oración sí ayuda, numerosos investigadores sociales afirman que este asunto es cuestión de fe y, por tanto, no es un tema adecuado para un estudio científico. Otros que han seguido adelante con la investigación han obtenido resultados mixtos: algunos estudios modestos concluyen que la oración influye positivamente en el desarrollo de la enfermedad; otros proyectos no han identificado impacto alguno. En lo que sí pueden coincidir todas las partes es en que ser recordado públicamente por una comunidad espiritual, aunque sólo sea en una lista, puede ayudar a los enfermos y a sus cuidadores a sentirse menos solos.

Las crisis se acompañan de esperanzas, creencias y supersticiones que tal vez creas no haber visto nunca en tus familiares. Si tu ser querido enfermo u otro miembro de la familia manifiesta haber recibido una señal de un poder superior o quiere emprender alguna acción preventiva que parece ilógica pero inofensiva, expresar tu satisfacción por que la persona haya encontrado una fuente de paz en un momento tan difícil equivale a reconocer la necesidad de tu familiar de dar algún sentido a lo impensable.

• *Cuando fallen las creencias, pasa a la acción.* En general, los fieles de las religiones occidentales adoptan las prácticas religiosas después de establecer sus creencias en los preceptos en que se basan dichas prácticas. No ocurre así en muchas tradicionales orientales, en las que las creencias no sólo no preceden a la acción, sino que además pueden no ser necesarias para que el participante inicie una disciplina espiritual. En Japón, por ejemplo, muchas personas adoptan prácticas de influencia budista, como el *ikebana* (arte floral) o el *kendo* (destreza en el manejo de la espada), como un medio explícito de desarrollo del *kokoro* (espíritu o corazón) sin suscribir unas creencias budistas determinadas sobre la naturaleza de la realidad o la reencarnación, por ejemplo. Estudiar estas disciplinas en ausencia de unas creencias religiosas no hace que resulten menos eficaces para facilitar un estado meditativo de paz y armonía interior. Es la experiencia de este estado beatífico la que puede llevar a abrazar ciertas creencias sobre Dios y la existencia.

Todo esto viene a decir que si te sientes enfadado y te fallan las creencias, las acciones no deben fallarte. Participar en la práctica religiosa puede guiarte hacia una fe firme y renovada. O a nuevos caminos espirituales con una comprensión de Dios distinta, pero no menos significativa. Un ejemplo sería el del rabino Kushner, que tras vivir la enfermedad y la muerte de su hijo llegó a la conclusión de que Dios no puede controlarlo todo. Eso le permitió conservar sus creencias en la bondad y la justicia del Señor.

Pensemos en el acto de dar las gracias antes de las comidas. Un pariente contrariado, amargado por el declive sin freno de un ser querido, puede resentirse de la obligación de dar gracias al Señor que parece haber ignorado las oraciones de la familia pidiendo la recuperación del enfermo. Sin embargo, si continúa agradeciendo a pesar de su sentimiento de traición, tal vez descubra que en lugar de pensar en su decepción con Dios la oración le permite unos momentos de reflexión sobre las bondades de los alimentos. Esta posición contemplativa despertará una mayor conciencia de la comida, a la que normalmente no presta atención. A su vez, esa conciencia le llevará a disfrutar con mayor intensidad del milagro de la nutrición (de los sabores, las texturas y la variedad de los alimentos). Para algunas personas, ese preciso momento será una experiencia espiritual por la que darán gracias sin dudar. Para otras, el momento de plena conciencia les llevará a apreciar a un Dios que nos permite disfrutar de alimentos deliciosos y nutritivos.

Otra razón para fomentar la práctica religiosa entra en la categoría de «cubrirse». Nadie puede estar seguro de los significados exactos de las adversidades que se nos presentan. ¿Nos ha abandonado Dios, o es que nos está poniendo a prueba? ¿Una enfermedad grave es un castigo o sabiduría celestial basada en consideraciones que no alcanzamos a entender? Según un viejo dicho, cuando Dios cierra una puerta, abre una ventana. Muchos de los que nos enfadamos con Dios y dudamos de sus propósitos, o incluso de su existencia, rezamos de todos modos... por si acaso. A la vuelta de la esquina pueden esperarnos tiempos mejores y no queremos echarlos a perder. Actuamos porque en realidad no queremos darle la espalda, porque tenemos esperanzas de que nuestros seres queridos y nosotros mismos vamos a volver a ser útiles, a recibir nuevas bendiciones y a entender cosas que no imaginamos.

Diversos pensadores y escritores sobre religión coinciden en determinadas vías para lograr que la espiritualidad sea un elemento positivo durante las crisis médicas y los cuidados: en lugar de enfadarnos con Dios o basar la fe en la supervivencia del enfermo, debemos unirnos a Él en la lucha contra la enfermedad; en lugar de abandonar la religión cuando las creencias flaquean, debemos seguir alguna práctica espiritual porque puede situarnos de nuevo en el camino de la fe; en lugar de considerar la terrible experiencia como una pérdida, utilicémosla como una oportunidad para el crecimiento espiritual.

A última hora de una fría y nublada mañana de domingo, la hija menor se viste a regañadientes para acudir a la iglesia. La madre le ha pedido a ella, a su hermana y a sus respectivos maridos que asistan a un servicio especial, y no se ha atrevido a negarse por temor a la culpa que sentiría si su madre muriese pronto. Sin embargo, todavía está cepillando el vestido y peinándose cuando su marido toca el claxon para avisarla. Baja las escaleras pesadamente y se pone el abrigo con calma. No es que quiera llegar tarde a propósito, pero siente una especie de pesadez que la obliga a ir despacio. No tiene claro si es resentimiento, obstinación o una tristeza que va en aumento lo que la obstaculiza y la hace entretenerse. Después de cerrar la puerta tras de sí, permanece un momento en el felpudo, estudiando sin ningún propósito los arbustos ornamentales que flanquean el camino de acceso. Por fin se dirige al coche.

Durante el recorrido, le sorprende que su marido no proteste por tener que ir a la iglesia, porque habitualmente se niega como si fuese una visita al dentista. Parece más tranquilo de lo habitual. Eso la irrita, porque la hace sentirse más culpable por sus reticencias. No tiene nada en contra de los servicios especiales de curación. A lo largo de su vida ha asistido a varios (por sus abuelos y su padre), y sabe que son reuniones familiares conmovedoras, pero no curas mágicas. Le molesta que su madre deposite tantas esperanzas en esa misa. La hija menor permanece en silencio durante casi todo el trayecto, mirando con tristeza a través de la ventana, mientras su marido busca una emisora en la radio.

Ya en la iglesia, la madre luce una falda y una blusa blancas, muy adecuadas, de una tela que ha perdido su brillo por el uso. Está muy delgada y parece físicamente débil, pero se sienta muy recta en la segunda fila, con los ojos fijos en el pastor. La hija mayor y su marido se sientan a ambos lados de la madre. La menor y su marido se colocan junto a ellos. Inmediatamente, la hija menor se siente alejada de su madre y fuera de lugar. Sin embargo, cuando sus ojos se acostumbran a la iluminación tenue, recuerda una vez más lo familiar que le resulta el entorno. Ahí está la tarima en la que recibió la confirmación, hace muchos años. Y el altar al que llegó del brazo de su padre el día de su boda. Observa a su alrededor la treintena de fieles repartidos por los bancos, y al principio no reconoce a nadie: hacía mucho tiempo que no iba por allí. Sin embargo, al instante su marido le da un ligero codazo para indicarle que mire hacia el fondo. Se gira y ve a una vecina, muy envejecida, con su hija: era compañera de su hermana y de su marido en el colegio. Los que parecen cuatro nietos adultos y sus parejas e hijos se sientan detrás de ellas. La anciana, como su propia madre, parece apesadumbrada pero atenta. La hija menor las saluda discretamente con la mano, pero la baja de inmediato porque no sabe si la reconocerán después de tantos años. Sin embargo, el simple hecho de verlas la ha reconfortado.

Le da la sensación de que ha regresado a un lugar donde hay viejos conocidos que se enfrentan a las preocupaciones comunes con rituales comunes. Observa de nuevo a su alrededor y ve a otro grupo multigeneracional que podría ser su propia familia uniéndose en una última resistencia contra la enfermedad. Se apoya en el cojín de terciopelo del banco; se siente más relajada y segura de pertenecer a ese lugar.

El pastor es un anciano encorvado que aunque no estaba en la iglesia cuando la hija menor era una jovencita, la ha impresionado por su carácter afable y generoso en las pocas ocasiones en que lo ha visto. El servicio que dirige hoy es sobrio en el tono, pero con algunos toques ligeros. Hay oraciones y cánticos tradicionales, pero también poemas (de Rilke y de la escritora canadiense Margaret Atwood) y una interpretación de *Morning Has Broken*, una canción pop de los setenta. El mensaje es claro: tener esperanza. Vivir cada día. Acoger a Dios. Hacia el final, el sacerdote invita a subir a la tarima a todos los fieles que buscan curación para darles una bendición especial mientras coloca la mano derecha en su hombro o en la frente. Cuando la madre se une al grupo (con la ayuda del marido de la hija mayor), lleva los ojos muy abiertos y una expresión seria. Después de recibir la bendición parece muy emocionada.

Después del servicio bajan a la zona de recepción del sótano para tomar café y dulces. La madre sonríe.

—Cuando me tocó la frente —explica—, tuve una sensación que nunca antes había tenido.

Su hija mayor y los dos maridos la escuchan y asienten con la cabeza. La menor también quiere apoyar sus palabras, pero retrocede un poco porque le parece que su madre está muy cambiada y se obliga a decir un «Estupendo, mamá» antes de centrarse en el pastel. Piensa que nada le gustaría más que el tacto de la mano del ministro hubiese erradicado el cáncer de su madre. Si existe un Dios y escucha, sería lo justo. Sin embargo, se recuerda que el mundo no gira con un «si...». Toma un trozo de pastel y suspira, pensando que al menos su madre se siente reconfortada.

Para su sorpresa, el pastor aparece de repente a su lado y le da conversación.

—Me alegro de verla de nuevo —le dice muy amablemente.

—Yo también —responde ella—. Ha sido un servicio precioso.

—Encantado de que le haya gustado —afirma el sacerdote. Y a continuación, sin pausa, añade—: Su hermana me ha explicado que ha tenido algunas dudas.

—¿Ah, sí?

—No es mi intención ponerla en un aprieto —continúa—, pero ¿le gustaría reunirse conmigo para charlar un día de estos?

La hija menor está desconcertada. La idea de airear sus dudas sobre Dios la aterroriza. Sin querer parecer descortés, se gira para buscar a su hermana, pero comprueba que se encuentra al otro lado de la sala con su marido y su madre y que no está mirando en esa dirección. Su marido, en cambio, se encuentra exactamente de espaldas a ella. Tiene que haber escuchado la oferta del pastor, porque está asintiendo con la cabeza.

—Son tiempos difíciles para su familia —dice el sacerdote pacientemente—. A veces, hablar nos ayuda a encontrar el modo de seguir adelante con la cabeza bien alta.

—De acuerdo, le llamaré —acepta la hermana menor con un tono de voz neutro.

—Bien. Le estaré esperando.

El sacerdote se reúne con otro grupo de familiares.

La hija menor se gira de nuevo y mira a su marido. Antes de que éste abra la boca, ella dice en voz baja:

—No te preocupes. Lo haré.

Encontrar algún modo de mantener las conexiones espirituales resulta de gran valor para enfrentarse a la enfermedad y a la incertidumbre. Sin embargo, cuando las circunstancias empeoran a pesar de las oraciones y las bendiciones, las familias necesitan todos los medios a su alcance para mantenerse unidas frente al dolor. En el siguiente capítulo examinaremos las posibilidades para ayudar a los familiares a consolarse entre sí y mirar al futuro sin amargura ni conflictos.

¿Aceptación devota o indiferencia pasiva?

P: *Mis hermanos y yo queremos un tratamiento agresivo para el cáncer de mi madre, pero ella ha adoptado lo que podría calificarse de «indiferencia pasiva» hacia su enfermedad. Parece que haya tirado la toalla. «Está en manos de Dios», nos dice una y otra vez. Sé que la fe puede ayudar a algunas personas a prolongar su vida, pero en el caso de mi madre tememos que el efecto sea exactamente el contrario. ¿Qué podemos y debemos hacer?*

R: Existe un espectro muy amplio de creencias religiosas sobre el modo de acercarse al tratamiento médico por parte de los enfermos. En un extremo se encuentran las personas extremadamente devotas que se apoyan en ciertas denominaciones y que evitan los tratamientos porque creen que Dios les curará o no. En el otro extremo están los fieles muy creyentes, que también se apoyan en sus creencias, y que nunca rechazan los tratamientos porque creen que Dios quiere que luchen por seguir vivos. Entre estos dos polos existen numerosas posibilidades basadas en diversas creencias: aceptar unos tratamientos, pero no otros; seguir un tratamiento hasta un determinado punto y después negarse a continuar; acompañar siempre las intervenciones médicas con la oración o considerar ésta totalmente al margen de pastillas y operaciones. En mi opinión, estas cuestiones dependen de dos preguntas decisivas: ¿consideras la medicina moderna como una parte de la obra de Dios (en la que los médicos y las enfermeras son Sus manos en la tierra) o como el arquetipo de un secularismo arrogante y tecnológico, contrapuesto a la primacía de la creencia en el Todopoderoso? ¿Crees que Dios quiere que confíes en el destino que tiene preparado para ti o que utilices el juicio del que te ha dotado para intentar salvarte? Se trata de preguntas complejas con respuestas muy diversas. La religiosidad de una persona puede ser la «indiferencia pasiva» de otra; la aceptación de tratamientos «agresivos» por parte de un enfermo puede significar para otro un desprecio hacia la voluntad de Dios.

Parece que no existe un momento más decisivo para hablar con vuestra madre sobre sus creencias religiosas que durante esta crisis médica. No obstante, antes de que tú y tus hermanos planteéis vuestras propias posiciones espirituales, debéis demostrar comprensión y respeto hacia las suyas. Ser respetuoso no exige estar de acuerdo con ella; con delicadeza, podéis poner en entredicho algunas de sus ideas.

Os sugiero que empecéis preguntándole a qué se refiere cuando dice que «está en manos de Dios». ¿Significa que ella no puede hacer nada para cambiar lo que Dios ya ha decidido? Si es así, plantearía la sugerencia de que Dios tal vez quiera que oponga resistencia y elija un tratamiento. ¿Colaborar con los médicos es para ella como ponerse en contra de Dios? Yo respondería que no entendéis por qué los ve como enemigos.

Si una discusión respetuosa no la hace cambiar de opinión, preguntadle si estaría dispuesta a asistir a una reunión familiar con su pastor u otro guía religioso. Una reunión de este tipo podría lograr varios objetivos: vuestra madre comprobaría que la doctrina religiosa le permite aceptar un tratamiento, o que recibe permiso o dispensa para tomarse las medicinas. Otra opción es reuniros para exponer vuestras propias creencias religiosas e intentar convencerla de que colabore con los médicos. Por otro lado, un pastor también podría ayudaros (a ti y a tus hermanos) a entender mejor las profundas convicciones de vuestra madre, aunque su negativa a recibir tratamiento provoque, probablemente, su fallecimiento.

Esta última posibilidad sería muy difícil de aceptar: no sólo iría en contra de vuestras propias creencias, sino que además os destrozaría emocionalmente. Con todo, dudo que privéis a vuestra madre de vivir su vida como desee. Os gustaría que vuestros hijos o cualquier miembro de la familia hiciesen lo mismo por vosotros. Mientras se enfrenta al cáncer de la forma que ella considera la mejor, necesitará el calor de su familia además de las manos de Dios.

Encontrar la fe una vez superada la ira

P: *Desde que su madre murió de cáncer, hace 3 años y poco antes de tener a nuestro primer hijo, mi mujer está muy enfadada con*

Dios. Se niega a ir a la iglesia y a rezar porque nada de eso sirvió para salvar a su madre. Sé que mi mujer siempre ha tenido mucha fe. Quiero que deje atrás su ira y empiece a confiar en Dios de nuevo. Yo todavía creo en Él. ¿Cómo puedo ayudarla?

R: El sentido de la fe de muchas personas conlleva cierta noción de justicia. Creen que si son morales y cumplen con Dios, ellas y sus familias serán recompensadas por sus buenas acciones. Cuando esas recompensas no llegan, se enfrentan con un dilema. Por un lado, pueden llegar a la conclusión de que no han sido lo suficientemente buenas y, en consecuencia, están recibiendo un castigo. La propia dignidad resulta dañada. Por otro lado, hay quien se cuestiona la justicia de Dios o incluso su existencia. En este caso, la que sale dañada es la fe. En este último grupo es muy habitual que se deje de ir a misa. Algunas personas toman esta decisión porque están demasiado enfadadas para entrar en un lugar de oración. Otras creen que no sirve de nada ir a misa si no se hace justicia y se les devuelve a su ser querido. Dada la imposibilidad de que eso ocurra, muchas nunca regresan.

¿Con qué camino contáis para que tu mujer regrese a la fe? La clave consiste en animarla a que reexamine sus nociones de Dios y de la justicia. Existen muchas preguntas que cabe formularse: ¿puede existir un Dios justo que permita que las personas sufran? Si tu mujer puede creer que existe un gran plan al cual no tenemos acceso y en el que el sufrimiento individual tiene su significado, la respuesta sería afirmativa. ¿Son escuchadas las oraciones aunque no tengan respuesta? Tendrá que considerar si sus oraciones realmente no han obtenido respuesta o si esa respuesta existe pero todavía no la ha entendido. ¿Realmente está tu suegra en un lugar mejor? Si tu mujer reflexiona sobre el dolor y la debilitación que el cáncer estaba provocando a su madre, es muy probable que esté de acuerdo. Quizá desees hablar tú mismo con ella sobre estas cuestiones, aunque también resulta aconsejable recurrir a un líder religioso, si ella está de acuerdo, para que le ayude a encuadrar todas esas dudas.

Mientras se encuentra embarcada en esta búsqueda, tu mujer debería hacerse dos preguntas más sobre el dolor: ¿la ira que siente hacia Dios evita que llore a fondo la muerte de su madre? Si es así, podría estar prolongando su propio proceso de duelo, lo que la llevaría a sufrir lo que los psicólogos denominan «duelo complicado». Esta situación se produce cuando el proceso de duelo normal (tristeza, ira y recuperación) parece estancado. En general, se asocia con el desarrollo de una depresión. Esto nos lleva a la segunda pregunta que tu mujer debería considerar: ¿las pérdidas que ha sufrido (incluyendo las de su madre, el sentido de justicia universal y la fe) la han sumido en una depresión? En caso afirmativo, es posible que su ira persistente hacia Dios sea una manifestación de ese estado depresivo. La terapia o una medicación antidepresiva podrían aliviar dicho estado y, de paso, su ira contra Dios. De ese modo, estaría en el camino de recuperar su espiritualidad para encontrar cierta paz con respecto a la muerte de su madre.

Caminos alternativos en busca de una cura

P: *Mi madre, enferma de cáncer, se ha dejado influir por una amiga para someterse a tratamientos alternativos poco ortodoxos y rechazar la medicina tradicional. Creo que es una pérdida de tiempo y, lo peor, que puede resultar peligroso. ¿Cómo puedo apoyarle en su afán de recuperación, pero asegurándome de que no se engañe o ignore los consejos médicos con fundamento en favor de prácticas dudosas?*

R: Cuando la «medicina alternativa» empezó a ganar popularidad, se veía exactamente como eso: como una alternativa a la biomedicina tradicional basada en la tecnología que recurre a remedios «naturales» como el ginseng, el ginkgo o el hipérico, y a prácticas antiguas como la acupuntura, además de favorecer las creencias espirituales para mejorar la salud. No obstante, desde sus comienzos ha tenido lugar una evolución en su nomenclatura y su filosofía. La medicina alternativa se convirtió en «complementaria», un enfoque que considera el uso de remedios naturales no como una alternativa, sino como un complemento a los fármacos. Más recientemente, la medicina complementaria ha evolucionado hacia la «medicina integradora», en la que lo natural y lo biomédico se utilizan sin distinción. Todavía existen profesionales que conservan el enfoque de «alternativa». Sin embargo, en el campo concreto del cáncer (en el que muchos centros dedicados a la enfermedad cuentan con programas de medicina integradora, los oncólogos están más familiarizados con el uso de remedios naturales, y los propios remedios se han investigado más), el interés de los pacientes por cuidados no tradicionales se acoge de buen grado.

Si tenemos en cuenta este contexto, la decisión de tu madre de prescindir del tratamiento médico tradicional resulta desconcertante y preocupante. Creo que es mejor que consulte con el oncólogo si puede utilizar remedios naturales; al menos, el médico le podrá recomendar las plantas y los compuestos más estudiados. En tu lugar, intentaría por todos los medios que continúe hablando con el oncólogo, aunque decida prescindir de la quimioterapia o la radioterapia. Por desgracia, existen numerosos practicantes de medicina alternativa que se lucran a costa de los miedos de personas desesperadas, sobre todo de enfermos terminales de cáncer. Sería terrible que tu madre, después de rechazar la oncología tradicional, cayese en manos de estos charlatanes.

¿Cómo debes enfocar la conversación al respecto con tu madre? Como siempre, el famoso dicho del terapeuta familiar Salvador Minuchin («Unirse antes de enfrentarse») es un consejo excelente. Te recomiendo que le preguntes con delicadeza qué piensa sobre su salud y los tratamientos. Antes de exponer tu opinión, asegúrate de que tu madre perciba que la has escuchado y la has entendido. Elógiala por aceptar todas las posibilidades para luchar contra el cáncer porque ama la vida. A continuación, expón sus preocupaciones. Dile que la quieres y que temes que sus decisiones acorten su vida en lugar de prolongarla. Descríbele el enfoque de la medicina integradora como una solución inclusiva que permite utilizar tratamientos tradicionales y naturales. Pídele que al menos considere la posibilidad de compartir sus ideas con el oncólogo y el médico de cabecera. Dile que vas a apoyarla en todo lo que puedas, sea cual sea el tratamiento que elija.

En última instancia, como ya sabes, la decisión es suya y tú debes respetarla. El hecho de hablar con ella del tema al menos te dará la satisfacción de haber expresado tu opinión sobre cómo debería hacer las cosas. Y, sobre todo, habrás tenido esa «conversación importante» que os acercará más en los momentos más difíciles.

9

Últimos días

Dos semanas después de empezar el nuevo tratamiento de quimioterapia, una mañana, al despertarse, la madre encuentra la almohada llena de mechones canosos. El oncólogo le avisó de que podía ocurrir cuando le ofreció el tratamiento más agresivo. Ella aceptó de todos modos porque nada de lo anterior había funcionado. Hoy, sin embargo, está aterrada. Para empezar, no tenía mucho pelo; la edad lo había dejado fino y quebradizo. Ahora, con esas calvas en varios puntos del cuero cabelludo, parece y se siente veinte años más vieja. Cuando la hija mayor entra en la habitación para comprobar cómo está, la madre se tapa la cabeza con la almohada y le pide que la deje sola. La hija la tacha de vanidosa, pero la madre la mira fijamente hasta que su hija se siente tan incómoda que se retira de la habitación.

La madre piensa que la vanidad es el último pecado del que podría considerarse culpable. Nunca se ha considerado guapa; al contrario, sabe que lo máximo a lo que ha podido aspirar en sus mejores momentos es a parecer joven pero agradablemente normal. Ahora, después de 2 semanas recibiendo inyecciones tóxicas durante 2 horas, cada 2 días, el hecho de observar cómo se le ha caído el pelo (como hojas desprendidas del árbol en un ventoso día de noviembre) la ha despojado de la seguridad de resultarse familiar a ella misma. Lo que quiere es el simple consuelo de reconocer su rostro arrugado y su cabello plateado en el espejo las pocas veces que soporta mirarse. En lugar de eso, lo único que ve es el semblante macabro del cáncer. Durante el largo proceso de una enfermedad que la ha despojado de su vitalidad y de su ánimo, este parece el golpe más cruel: verse transformada en una visión de la enfermedad, sin parecerse nunca más a la madre inquebrantable que fue y sí a una típica paciente de cáncer.

La madre sabe que si compartiese esos pensamientos con sus hijas, éstas intentarían convencerla por todos los medios de que es demasiado dura consigo misma. Le dirían que perder el pelo no hace que deje de ser quien es. Probablemente, también le ofrecerían la posibilidad de comprar una peluca, tal como le han sugerido las enfermeras del centro oncológico. Sin embargo, llevar en la cabeza un postizo parecido a paja o a lana de acero teñida no haría más que aumentar su sensación de pérdida de dignidad. Después del cansancio y el dolor, las náuseas intermitentes, la diarrea (desde que empezó la nueva quimio), la pérdida de su apartamento, el aumento de dependencia de sus hijas, el deterioro de su vida y de sus esperanzas, no sabe con certeza cuántas humillaciones más podrá soportar.

Mientras tira otro mechón de pelo a la papelera y se da la vuelta en la cama, se dice que sabe que las cosas todavía pueden ir a peor, tal como suele ocurrir. ¿Qué desastre le tocará la próxima vez: una plaga de langostas, de insectos, o de forúnculos? Se le mete en la cabeza que sería mejor que el cáncer se la llevase ya en lugar de tener que enfrentarse a una humillación tras otra. A continuación, intenta deshacerse de esa idea al tiempo que vuelve a girarse en la cama y observa más mechones de pelo enganchados al pijama. Ahoga un quejido repentino y se queda quieta, rígida, con los brazos cruzados sobre el pecho.

Aquel mismo día, más tarde, la madre se pone un pañuelo de seda azul y blanco en la cabeza para acudir a su visita con el internista, en el hospital. Apenas le ha visto en el último año desde el diagnóstico inicial, cuando la derivó al oncólogo. La semana anterior recibió una llamada de su recepcionista para pedirle que acudiese para una revisión completa. En el ascensor que le lleva hasta la consulta, se arregla el pañuelo para asegurarse de que le cubre bien la cabeza mientras se pregunta inquieta cuál será el verdadero motivo por el que el médico quiere verla.

El internista, que llega tarde como siempre, entra en la consulta con su habitual aspecto de agobio. Después de estrecharse las manos con la paciente y sus hijas y de un «Me alegro mucho de verla», le explica que quiere hacerle un chequeo completo para controlar cómo está reaccionando a la nueva quimio. Además, quiere valorar si podrá soportar un tratamiento de radioterapia después de la quimio.

—¿Radioterapia? —pregunta la hija mayor en voz alta.

—Sí —responde el internista—. Cuando el cáncer de ovarios se extiende, nos ofrece un medio de tratar la metástasis y prolongar la vida de la paciente. Estoy seguro de que el oncólogo se lo habrá explicado.

—No —replica la hija mayor.

El internista realiza una pausa y añade:

—Bueno, estoy seguro de que tenía intención de hacerlo en breve.

La hija mayor continúa con su ofensiva:

—Mamá no va a poder soportar la radiación —asegura.

El internista vuelve a realizar una pausa.

—Entiendo que estén preocupadas —dice—. Les prometo que va a tener los mejores cuidados. ¿Podrían disculparnos un momento?

Las hermanas se miran, se levantan y se dirigen a la sala de espera. Sentada en la camilla, la madre observa al internista con inquietud mientras éste busca su estetoscopio entre unas cajas de guantes y de depresores que hay sobre la mesa. En realidad, a la madre no le ha sorprendido la noticia de la radioterapia. Ha asumido que para ganar la batalla no sólo va a necesitar armas más poderosas, sino también más cantidad. Sin embargo, sospecha que el internista le tiene reservada otra bomba. El médico le coloca el estetoscopio en la espalda y le pide que respire profundamente mientras intenta mantener una conversación agradable. Le dice cosas como «Sus hijas parecen muy cariñosas» o «Este pañuelo es precioso» antes de anunciarle:

—Aunque tenga metástasis, los pulmones suenan bastante despejados y el corazón está fuerte.

Después de comprobar sus reflejos con un pequeño martillo de goma, dice en el mismo tono optimista:

—Bien, bien. La cosa va bastante bien.

Cuando la ayuda a bajar de la camilla para sentarse en una silla, el médico añade:

—Ojalá todos mis pacientes tuviesen su fortaleza. Creo que está en disposición de recibir cualquier tratamiento que el oncólogo le recomiende.

El internista se sienta en un taburete giratorio azul y empieza a pasar las páginas de su cuaderno, como si buscase algo. La madre espera.

—Hay un par de cosas que tenemos que hablar —dice el médico al cabo de unos segundos—. He observado que no tiene testamento vital. Es un documento para comunicar sus deseos en lo que respecta a los cuidados si llegase al extremo de no poder hablar. En general, me gusta pedir a todos mis pacientes que firmen uno. No sé cómo se me ha podido pasar.

La madre permanece en silencio, pero piensa «Me está preparando para morir».

Como si le leyese la mente, el internista se apresura a añadir:

—No le digo esto ahora porque piense que el tratamiento no va a ir bien. Tengo plena confianza en que todo va a salir bien, sólo es una precaución.

Al ver la expresión grave de la paciente, añade:

—Yo también tengo un testamento vital. Todo el mundo debería tenerlo.

—Si cree que debería firmarlo, lo haré —responde finalmente la madre sin demasiado entusiasmo. El médico le da un golpecito en la rodilla, saca un formulario de tres páginas del cajón de su mesa y lo entrega a la madre.

—Espero repasarlo con usted cuando esté lista.

A continuación, acerca un poco más la silla a la de la madre y se inclina hacia ella como si fuese a hacerle una confidencia.

—Antes de que vuelvan sus hijas —le dice en voz baja—, otra

cosa más. Le derivé al oncólogo porque sé que es muy competente, pero quiero que sepa que los oncólogos en general son personas muy optimistas; tienen que ser así para hacer el trabajo que hacen. Si usted quiere seguir luchando, él le ofrecerá nuevos tratamientos y opciones. Si alguna vez quiere dejar el tratamiento, tendrá que decírselo personalmente al oncólogo. De lo contrario, él seguirá planteando nuevas ideas.

Hace una pausa para permitir que la paciente asimile la información y responda, pero ella está aturdida. «¿Por qué dice eso si tiene tanta confianza en que las cosas van a salir bien?», se pregunta. Sin embargo, antes de que pueda expresar su pregunta, el médico va a buscar a sus hijas. Cuando regresan, él retoma su conversación agradable. Las hijas le siguen con expresión recelosa y se sientan junto a su madre. Cuando la mayor observa el testamento vital en el regazo de la enferma, abre mucho los ojos.

—Teniendo en cuenta por lo que ha pasado su madre —dice el internista—, está bastante bien para recibir los tratamientos oportunos. Por supuesto, la controlaré de manera regular.

—¿Y en qué van a consistir esos tratamientos? —pregunta la mayor en tono áspero.

—Eso no me corresponde decirlo a mí —responde el médico—. En realidad, esto tienen que hablarlo con el oncólogo.

Al ver la decepción en el rostro de las mujeres, añade:

—Ya saben de qué va la quimio. La radioterapia es una posibilidad. Hay otras opciones.

Mientras la madre y las hijas reflexionan sobre esa última afirmación, el médico se apresura.

—Nos vemos en un mes —concluye mientras se levanta y se acerca a la puerta. Y añade:

—No duden en llamarme si tienen alguna duda.

En unos segundos, le oyen saludar a su siguiente paciente en la consulta contigua.

En el camino de vuelta a casa, la hija mayor se siente tensa por la frustración y frena con demasiada brusquedad en el primer semáforo. Está irritada con el oncólogo por no haberles informado y con el internista por su hermetismo. Piensa llamar al oncólogo, y puede que también al internista, para hablarles claro. Sin embargo, no se atreve a quejarse en ese preciso momento porque su madre necesita tener fe en ellos; de lo contrario, ¿cómo podrían ayudarla? Mira a su madre a través del retrovisor y observa que todavía lleva en las manos el testamento vital.

—¿Por qué te lo ha dado? —pregunta.

—Me ha dicho que por precaución —responde la madre sin interés y sin apartar la vista de la ventanilla—. Quiere conocer mis deseos por si no puedo hablar.

—Ah —es la única respuesta de la mayor, que intercambia con su hermana una mirada de temor.

Cuando llegan a casa, la madre dice que está muy cansada. La hija menor le ayuda a subir a la habitación mientras la mayor pone una tetera a calentar. Cuando la menor baja, adivina por el rostro ruborizado de su hermana que está muy enfadada.

—Estos médicos nos tratan como a idiotas —protesta—. ¿Por qué no nos dicen todo lo que va a pasar?

La hermana menor asiente con la cabeza, en parte porque está de acuerdo y en parte para tranquilizarla. También está indignada, pero no tanto como la mayor. Ésta continúa argumentando acaloradamente:

—¿Y qué pasa con el testamento vital? Parece que ya la den por muerta.

—No creo que sea eso —añade la menor en tono conciliador—. Es lo que hacen hoy los médicos. Además, ¿no te gustaría saber qué quiere mamá que hagamos si entra en estado de coma o algo así?

—En primer lugar —replica la mayor—, es como tentar al destino. ¿Por qué planificar cosas malas? ¿Por qué no mantener la esperanza pensando en positivo?

La hermana menor frunce el ceño, pero no responde.

—En segundo lugar —continúa la mayor, ajena al gesto abatido de su hermana—, creo que ya sabemos qué querría mamá si llegase a ocurrir algo.

—¿Y qué es? —pregunta la hermana menor.

La mayor hace una pausa y responde, todavía más nerviosa:

—Yo creo que querría seguir luchando y recibir todos los cuidados médicos posibles. ¿No lo crees tú también?

—En realidad, no lo sé —responde la menor con voz tenue—. Por eso es importante que le preguntemos y le ayudemos a rellenar el testamento vital. A lo mejor tiene otros planes. Puede que sólo quiera determinados cuidados en ciertas condiciones. O dejar todos los tratamientos y recibir únicamente cuidados paliativos en una residencia para enfermos terminales. No lo sé.

La hermana mayor se queda sorprendida ante esa última sugerencia.

—Mamá no querría ir a un sitio de esos —rechaza la idea con decisión—. Papá luchó hasta el final. Mamá también es así. Iría en contra de su religión rendirse ante la posibilidad de vivir.

La hermana menor tiene dudas de eso último, pero no quiere discutir y se limita a repetir:

—La verdad es que no lo sé.

Se produce un tenso silencio entre ellas. Escuchan a su madre, arriba, saliendo del cuarto de baño.

—¿Por qué estamos hablando de esto? Mamá se va a poner bien —dice la mayor enérgicamente. Su hermana asiente con la cabeza una vez más, pero para sus adentros sigue pensando «No lo sé».

Cuando una crisis médica pasa del estado de emergencia inicial a una fase crónica, tú y tus familiares tenéis que realizar ajustes en vuestras costumbres para cuidar al enfermo a largo plazo. Lo mismo ocurre cuando la progresión lenta de una enfermedad llega a un punto en el que empieza a vislumbrarse el temido final (por ejemplo, puede que el médico crea que al enfermo le quedan menos de 6 meses de vida y, por tanto, tiene derecho a ingresar en una residencia para terminales). En este caso, os tendréis que deshacer de la idea de que el paciente se encuentra estable y que las rutinas de los cuidados van a continuar de manera indefinida. Deberéis empezar a planificar cómo vais a afrontar la muerte de vuestro ser querido.

La parte más importante de esa tarea consiste en comunicaros sobre temas prácticos, legales y emocionales. Las cuestiones prácticas giran en torno a apoyar al paciente cada vez más a medida que aumenta su deterioro físico o cognitivo. Por ejemplo, tendréis que aseguraros de que el enfermo cuente con vigilancia las 24 horas, ya sea en casa o en una residencia, o cambiar la distribución de casa para que pueda vivir en la planta baja si ya no puede subir escaleras. Otras cuestiones prácticas podrían ser: «¿Debe vender mamá la casa y trasladarse a una institución?», o «¿Deberíamos contratar a alguien para que esté con ella las 24 horas?», o bien «¿Deberíamos organizar un calendario para que cada noche se quede un familiar con mamá?». En ocasiones, a los cuidadores familiares les cuesta muchísimo decidir las respuestas a este tipo de preguntas porque conllevan más sacrificio y más carga. En otros casos, evitan pensar en ellas negando la realidad de que el paciente está llegando a su fin. El razonamiento tiene algo de supersticioso: si planificar las cosas de cara a las necesidades del paciente equivale a aceptar que cada vez va a necesitar más ayuda, no planificar esas consideraciones prácticas refuerza la falsa pero reconfortante idea de que el paciente se encuentra estable.

Asimismo, es posible que los parientes cercanos se muestren reticentes a convocar una reunión familiar para hablar de los temas legales que surgen a raíz del deterioro del enfermo. En general, estos temas incluyen:

- Preguntar al paciente por su «código»: en caso de emergencia, ¿desea que le apliquen todos los cuidados posibles (respiración asistida, antibióticos, cuidados cardíacos, etc.), sólo determinados cuidados, o ninguno?
- Pedir al enfermo que rellene un testamento vital o designar un poder notarial (un individuo que tome las decisiones médicas o económicas en su nombre cuando ya no esté en disposición de hacerlo por sí mismo).
- Escribir una última voluntad y testamento.

- Transferir las escrituras de la casa familiar a uno de los hijos para que la familia pueda conservarla si el paciente necesita ingresar en una residencia.

De nuevo, estas cuestiones nos enfrentan a la difícil perspectiva de que el paciente va a seguir empeorando hasta que muera. Además, existe el temor de que el paciente interprete el interés por los arreglos legales como un intento de usurpar su poder de decisión. Los hijos adultos de padres muy enfermos son especialmente reacios a dar estos pasos, ya que no quieren ser juzgados con dureza por actuar presuntuosamente «como padres de mi padre/madre». Por lo general, las conversaciones sobre estos temas legales resultan más fáciles cuando las plantean los médicos de cabecera o los trabajadores sociales de los hospitales como un aspecto más de los cuidados. Sin embargo, a pesar del empuje profesional que aportan, muchos familiares muestran reticencias a emprender acciones legales, contratar a abogados, consultar con los directores de los bancos, firmar y rellenar documentos, etc.

Sin embargo, dejar estos temas en el aire puede tener resultados mucho más desagradables. El estado del paciente puede deteriorarse tan rápidamente que no tenga tiempo para expresar su voluntad el punto hasta el que desea que los médicos prolonguen su vida. Sin un testamento vital o un poder notarial, sólo queda adivinar (o discutir a gritos entre los familiares, como ocurre muy a menudo) qué habría elegido el paciente o quién debería tomar la decisión en su lugar. Otra posibilidad es que el enfermo sufra un empeoramiento repentino que le imposibilite continuar en su propia vivienda. En este caso, tal vez sea necesario vender la casa familiar y retirar los ahorros del enfermo para pagar sus cuidados a largo plazo. (Muchas familias creen tener motivos justificados para despojar al paciente de todos sus bienes varios años antes de que surja la necesidad de cuidados a domicilio, ya que así tendrá derecho a que el Estado le pague las ayudas correspondientes; otras familias tienen más escrúpulos sobre «derrochar» los bienes de su ser querido sólo para obtener ayuda del gobierno).

Si puedes resistirte a negar el deterioro del paciente, reprimir las supersticiones de que la planificación va a acelerar su muerte, y contener los temores sobre la usurpación del poder del enfermo, surgen retos emocionales todavía mayores como parte de la preparación psicológica para una muerte inminente. Uno de los más importantes en los últimos días de una enfermedad larga consiste en atenuar la ira. En general, los parientes se unen detrás de una ira dirigida hacia la enfermedad, los médicos o incluso Dios. Sin embargo, esa ira puede volverse en su contra muy fácilmente y enfrentarlos entre ellos. Los pacientes pueden culpar a los cuidadores de no permanecer a su lado con nobleza. Los cuidadores culparán a los pacientes de no luchar lo suficiente. Resulta muy comprensible sentirse decepcionado en estas situaciones. Luchar con todas las fuerzas o rezar con toda la fe no lograrán que la pérdida resulte menos desgarradora, pero jugar a culparse después del final sólo sirve para añadir más amargura al propio cáliz y al de todos los miembros de la familia. La ira sumada a la angustia multiplica el dolor y entorpece la vuelta a la normalidad. En un momento en que las familias deben esforzarse para aceptar la pérdida y seguir adelante como una unidad, mantiene a sus miembros cuestionándose las tragedias del pasado.

Durante las fases inicial y crónica de la enfermedad, la mayoría de las familias consideran la tristeza incompatible con la misión de salvar a su ser querido. Sin embargo, incluso cuando la última etapa está a la vuelta de la esquina y la tristeza parece apropiada, muchos la evitan como una indulgencia de «llorones» y una señal de tirar la toalla. Más frecuente que la ira, los psicólogos consideran terapéutico el dolor profundo para los familiares que se permiten sentirlo. En lugar de socavar el *esprit de corps* que la familia podría haber conseguido a través de unos cuidados coordinados, las expresiones de tristeza compartidas al final de la vida del paciente pueden crear un sentimiento de comunión entre todos los familiares. Ese sentido de pertenencia frente a una pérdida común puede reforzar a los parientes durante el luto y proporcionar la seguridad de que todos los miembros de la familia siguen unidos y son fuertes. Es como si se demostrasen que a pesar de la muerte inminente de un ser querido, la familia resistirá y seguirá cuidándose.

La capacidad de afrontar la pérdida inminente con tristeza y unanimidad facilita el camino para emprender otras tareas emocionales. No todas las familias acostumbran a compartir largas charlas. La típica escena de familiares hablando casi en murmullos, propia de las novelas y las películas lacrimógenas, en torno a la cama del enfermo sólo se produce en una proporción muy reducida de familias cuidadoras. No obstante, sin necesidad de demasiadas palabras o vigilias junto al lecho de muerte, los familiares que lloran juntos pueden seguir respetándose y perdonándose. Honrar a un ser querido al final de sus días consiste en reconocer su importancia tomándose el tiempo necesario para estar presente cuando nos necesita. También se logra recordando y celebrando todo lo que el enfermo ha representado a lo largo de su vida. El perdón no tiene que materializarse a modo de disculpas formales o a través de su aceptación; se puede pedir y dar mediante un toque suave en el hombro, o con un gesto de asentimiento o una mirada cálida, como si dijéramos sin palabras que «la enfermedad nos recuerda que la vida es demasiado corta. Olvidemos todas las rencillas y aprovechemos bien el tiempo que nos queda».

Cuando una crisis pasa de enfermedad crónica a terminal, la familia cuidadora tiene que enfrentarse a dos situaciones críticas que la mantendrán unida y dignificarán la lucha que ha llevado a cabo:

1. *Arreglar las cuestiones prácticas, legales y económicas* que pueden provocar supersticiones como acelerar la muerte del paciente por «atraer a la mala suerte», provocar enfado por usurpar el poder de decisión del enfermo, y negar que el final está cerca.
2. *Rechazar la ira* que puede separar a la familia y *aceptar la tristeza* como una parte natural y terapéutica de la pérdida.

Incluso cuando se hacen esfuerzos honestos para arreglar los temas prácticos, legales y emocionales al final de la vida de un ser querido, no tenemos el control de todo lo que nos podemos encontrar. Las enfermedades tienen altibajos; en ocasiones, resulta complicado asegurar que el final del paciente está cerca. Los familiares reaccionan de maneras predecibles y totalmente imprevistas. Sin embargo, si dejas a un lado las preocupaciones sobre lo que piensen los demás y planificas esas cuestiones prácticas, estarás en disposición de prepararte para posibles contingencias. Con la mejor preparación emocional posible, podrás centrar tu atención en otros temas familiares aparte de la enfermedad (al menos por un momento). Sin embargo, a pesar de los planes más estudiados, lo que se espera que ocurra y lo que realmente ocurre nunca es lo mismo. La esperanza es que los preparativos minuciosos amortigüen un poco el impacto de lo que está por venir. Lo malo es que no se puede amortiguar todo el impacto.

Aunque la quimioterapia le sentaba fatal, la madre desearía volver atrás. La radioterapia a la que se está sometiendo (sesiones de radiaciones contra los nódulos de los pulmones tres veces por semana) es todavía peor. Tiene la piel del pecho quemada, aunque sin marcas negras. Siente todo su cuerpo vacío de energía. Cuando levanta la cabeza, pesada como una roca, para mirarse en el espejo, le sorprende ver que no es más que un cráneo (está calva casi por completo por la quimio de hace unas semanas) y las profundas arrugas rojas bajo sus ojos ausentes. Incluso la hija mayor ha dejado de decirle que tiene buen aspecto. La madre percibe que su optimista hija parece estar luchando por contener la impresión que le produce su aspecto. La menor, más rápida a la hora de expresar tristeza, rompe a llorar cada vez que la visita.

La madre ha estado ignorando esa reacción y esas lágrimas; todavía espera algún tipo de milagro. Sus charlas diarias con Dios van más allá de la simple oración y ahora le implora humildemente una súplica más urgente: que la radioterapia funcione. En unos días, el oncólogo pedirá otra tanda de escáneres CT y más pruebas para comprobar la eficacia de los tratamientos. Buscará en las imágenes grises una señal de que los nódulos han encogido; o mejor aún, que ya no son visibles. Nadie del equipo médico le ha explicado las probabilidades de que eso ocurra. Por tanto, asume que no son muchas. Sin embargo, si son las únicas posibilidades que tiene, las asumirá con la ayuda de Dios (calvicie y palidez incluidas). Para que todo ese sufrimiento merezca la pena, sabe que necesita detener la progresión del cáncer.

El testamento vital sin rellenar todavía descansa sobre una pila de periódicos viejos, en la mesa de la cocina, donde lo dejó la madre el día de la visita con el internista. La hija mayor lo mira cada vez que entra en la cocina, pero no dice nada porque su madre parece empeñada en ignorarlo. En una de las visitas de la hermana menor, ésta tomó el documento de tres páginas y miró a la mayor con ojos suplicantes, pero volvió a dejarlo rápidamente al ver el reproche en el rostro de la mayor. Aunque está más convencida que nunca de que su madre debería expresar sus deseos en el documento, la hermana menor no insiste por el momento.

La situación es muy difícil. No sólo se ha acentuado el deterioro físico de la madre; además, las idas y venidas al hospital para los tratamientos y las visitas están agotando a las dos hermanas. Dar vueltas en el aparcamiento para buscar sitio, sentarse en salas de espera con el ambiente cargado y revistas destrozadas, dolores de cabeza a causa de los fluorescentes... la rutina les resulta cada vez más opresiva. Por si fuera poco, después de más de un año desde el diagnóstico de cáncer, los maridos y los hijos de las hermanas también están perdiendo energías y no dudan en mostrar su irritación por los sacrificios cada vez mayores que se les exigen. El marido de la hermana menor se queja de lo poco que cocina últimamente su mujer. El de la mayor deja caer comentarios de que la madre estaría mejor en la residencia (cosa que enfurece a su mujer). Incluso las nietas critican a sus madres porque nunca van a ver a sus nietos. Ellas no quieren ir a la casa de la hermana mayor con sus hijos porque temen que el aspecto de la abuela asuste a los niños. Todo esto ha aumentado la tensión a la que se ven sometidas las dos hermanas, ya que perciben que sus familias las reclaman insistentemente mientras presencian el declive imparable de su madre.

Varias semanas más tarde, las tres mujeres saliendo del ascensor del hospital para ver al oncólogo son el retrato del agotamiento y la ansiedad. La hermana mayor, con la mandíbula apretada y la vista al frente, parece pensativa pero fuerte. El rostro de su hermana está pálido. La madre camina un poco encorvada, con una mirada de resignación y algún atisbo de preocupación. La radioterapia terminó la semana anterior, y unos días más tarde la sometieron a escáneres CT de todo el cuerpo. La visita de hoy es para comentar los resultados de los escáneres y, piensa ella, para conocer su destino. En el coche, de camino al hospital, las hermanas han intentado disuadir a su madre de que se enfrente a esa visita en términos tan absolutos.

—El internista dijo que hay otras opciones —argumenta la mayor.

La madre permanece en silencio, pero piensa que sus opciones son cada vez más limitadas.

El oncólogo se sienta tras la mesa de su despacho con el mismo aire formal de siempre. Pregunta a la madre cómo se siente, pero a las hermanas les parece un interrogatorio superficial (una charla introductoria antes de ir al grano). Cuando empieza a preguntarle con más detalle si ha tenido dolores de cabeza o mareos, la hermana menor se siente irritada y se pregunta a dónde quiere ir a parar. El oncólogo abre el informe y empieza a repasar lentamente los hechos que llevaron al diagnóstico de la enfermedad y los diversos tratamientos probados hasta el momento. Mientras continúa con su perorata, las tres mujeres sospechan que está utilizando maniobras dilatorias. La madre se prepara para recibir malas noticias.

Por fin, el oncólogo llega al momento actual.

—En cuanto a los resultados de los últimos escáneres —anuncia con gravedad—, estoy seguro de que los esperan con ansiedad.

Hace una pausa y las tres mujeres lo miran fijamente, esperando que deje ya el dramatismo y continúe. La hermana mayor dice con un tono que apenas oculta su irritación:

—Sí, estamos ansiosas. Por favor, díganos ya los resultados.

El oncólogo repasa el historial de nuevo hasta que encuentra el informe de radiología y anuncia:

—Hay cosas buenas y malas. Lo que esperábamos encontrar es que la combinación de quimioterapia y radioterapia, o tal vez la radiación sola, disminuyese los tumores pulmonares que nos tenían tan preocupados. Y eso sí ha ocurrido. Los nódulos no se han eliminado por completo, pero su tamaño se ha reducido considerablemente. Es una muy buena señal de éxito parcial del tratamiento.

Nueva pausa. La madre se pregunta qué quiere decir exactamente con «éxito parcial del tratamiento». ¿Estará bien parcialmente? ¿O el cáncer la matará sólo parcialmente? La hermana mayor interviene una vez más:

—¿Y las cosas malas?

El oncólogo duda durante unos segundos y continúa con el mismo tono inexpresivo:

—El radiólogo y yo no estamos completamente seguros todavía —explica con mucho tacto—, pero me temo que las placas indican que el cáncer podría haberse extendido más.

Las tres mujeres dejan de respirar por unos segundos.

—¿Qué? ¿A dónde? —espeta la mayor.

—Me temo que se ha extendido al cerebro —anuncia el oncólogo. Las tres mujeres miran al médico cara a cara. Como en una visita de muchos meses atrás, la madre empieza a llorar.

En oncólogo le ofrece un pañuelo y dice:

—Permítanme que comparta con ustedes mi opinión. Tenemos que hacer más pruebas antes de llegar a unas conclusiones definitivas. La metástasis en el cerebro sería grave, pero como he dicho no todo es negativo. El hecho de que el cáncer se haya extendido indica, probablemente, que las dos formas de quimioterapia que hemos utilizado no han sido especialmente eficaces. Podemos utilizar otros tipos de quimio más potentes, pero también sabemos que la radioterapia ha reducido los nódulos de los pulmones. Existen muchas probabilidades de que la radioterapia muy localizada ayude a eliminar muchas de las células cancerígenas del cerebro.

Mira a las tres mujeres y percibe que están alteradas.

—Creo que les he dado demasiada información de golpe. Tendríamos que vernos pronto para seguir hablando, cuando hayan tenido tiempo de asimilar todo esto. El siguiente paso consiste en hacer más pruebas.

Las tres permanecen calladas. La madre todavía se está enjugando los ojos con el pañuelo. Al cabo de unos segundos, la hermana menor pregunta:

—¿Cuáles serían los efectos secundarios de la radiación en el cerebro?

—Bueno —responde el oncólogo, eligiendo meticulosamente sus palabras—, siempre existe la posibilidad de aumento de fatiga, disminución de la inteligencia, o incluso cambios de personalidad. Pero tenemos recursos para reducir esos riesgos dirigiendo de forma muy precisa la terapia, implantando fuentes radioactivas selladas o recurriendo a otras opciones.

La madre se dice para sus adentros que siempre parece que hay «otras opciones». Por supuesto, todas tienen sus contraindicaciones. Recuerda las palabras del internista cuando le dijo que estaba en sus manos decidir cuándo comunicarle al oncólogo que ya tenía suficiente.

—Gracias por tomarse el tiempo necesario para explicarnos todo esto —dice la madre con elegancia—. Me someteré a las pruebas que me sugiera.

El oncólogo rellena unas recetas y se las entrega. Cuando la madre se levanta de la silla, un poco tambaleante, cada una de sus hijas la sujetan por los codos. A continuación, salen del despacho lentamente y en silencio.

Mantienen ese silencio en el ascensor y durante la caminata hasta el garaje. Mientras avanzan, la hermana mayor lanza miradas furtivas a su madre para intentar leer no sólo su mente, sino también su cerebro. Se pregunta si el cáncer habrá afectado ya al pensamiento y la personalidad de su madre. No se había dado cuenta de que la enferma estaba más olvidadiza que antes. Sin embargo, últimamente sí había observado que su madre había perdido gran parte de su coraje y su pasión.

¿Es una consecuencia de los daños neurológicos provocados por el cáncer o sólo dificultad para afrontar los hechos? No sabría decirlo.

Cuando la hermana mayor desbloquea las puertas del coche, la menor rompe el silencio de repente.

—¿Y si buscamos una segunda opinión en otro hospital? —pregunta.

Las hermanas miran a su madre esperando una respuesta. La anciana dice muy lentamente:

—Lo pensaré. No me parece mal, pero en general estoy satisfecha con el oncólogo que tengo. Estoy cansada. Ahora mismo eso no me parece muy importante.

Las tres mujeres suben al coche y la madre añade:

—Venga, vamos a casa y rellenemos el testamento vital que tengo en la cocina. Creo que ya estoy preparada.

Cuando un ser querido muere de repente, a causa de un infarto o un derrame cerebral, sus parientes reaccionan con todo tipo de emociones que llamamos estado de duelo. En su libro de 1969, *Sobre la muerte y los moribundos*, la psiquiatra suiza Elisabeth Kübler-Ross describió estas reacciones ante la muerte como un proceso largo o una serie de etapas que incluyen el impacto, ira, depresión y aceptación. Estudios posteriores apoyaron la existencia de un abanico de reacciones emocionales habituales, pero no en una secuencia. Según estos estudios, las diferentes emociones se experimentan en momentos diversos y en orden distinto según la idiosincrasia, las tradiciones familiares y el bagaje cultural. La mayor contribución de Kübler-Ross con respecto al modo en que los americanos se enfrentan a la muerte consistió en explicar que no pasa nada por llorar la pérdida de un pariente o un amigo mucho tiempo después de haber terminado el funeral, de haber guardado las tarjetas de condolencia en un cajón, y de haber sacado la ropa del difunto de los armarios. Nadie nos exige que dejemos a un lado y de inmediato nuestros sentimientos de dolor y «continuemos con nuestra vida». Por el contrario, tenemos permiso para recordar, valorar y sentir todo el tiempo que necesitemos.

Kübler-Ross, entre muchos otros expertos en salud mental (incluyendo los terapeutas de familia Evan Imber-Black y Janine Roberts, que han escrito profusamente sobre el tema), defienden el uso de rituales como un medio fundamental para ayudar a las personas a superar el dolor. Un ritual es un conjunto de actividades apoyadas por la cultura o la familia que permiten a los individuos expresar sentimientos intensos a través de una actividad estructurada y en el contexto de una comunidad solidarizada. Entre los rituales de muerte más habituales figuran los funerales y las misas conmemorativas, el Shivá (para los judíos) y recibir visitas (católicos), plantar árboles, dedicar bancos, repartir las cenizas en los lugares elegidos por el difunto, y reunirse en bares, barbacoas o sedes municipales para compartir recuerdos. En cada uno de estos actos, los familiares pueden desahogar su tristeza, explicar historias estridentes o difundir a bombo y platillo las lecciones aprendidas del desaparecido (todo ello con la autorización del cortejo fúnebre presente). La sensación de unión que se experimenta a través de estos rituales anima a las personas en momentos de pérdida, además de garantizar de manera implícita que la familia y la comunidad continúan y que la vida sigue para todos los implicados.

Existe otro tipo de duelo que afecta a los pacientes y los familiares enfrentados a enfermedades crónicas y progresivas, como el alzhéimer, las enfermedades cardiovasculares graves y numerosos tipos de cáncer. El psiquiatra John Rolland lo llama «pérdida anticipatoria». Si el objetivo último al tratar con la pérdida es la aceptación, el objetivo de enfrentarse a la pérdida anticipatoria es el compromiso emocional continuado. Saber que un ser querido va a morir pronto provoca una avalancha de sentimientos diversos: tristeza, preocupación, ira, alivio, culpabilidad... La intensidad de estas emociones, a veces encontradas, resulta difícil de soportar y lleva a muchos familiares a distanciarse de la tragedia para protegerse de sus propias reacciones. Sin embargo, como ya hemos visto, también son momentos en que las necesidades crecientes del paciente exigen más a los familiares, que deben mantenerse próximos para dispensar ayuda al enfermo. Así, la necesidad de distanciarse del familiar y la necesidad de cuidados directos del enfermo pueden acabar chocando. Este conflicto podría tener consecuencias dolorosas: el familiar se mantiene al margen y el enfermo se siente ignorado; el familiar proporciona ayuda de manera mecánica e impasible y el paciente se siente descuidado, o el cuidador desempeña su tarea en un claro estado de tensión y el enfermo se siente molesto.

Para manejar la pérdida anticipatoria sin distanciarse del paciente y «perderle» antes de tiempo, tú y tus familiares deberíais tener en cuenta estos pasos:

- Tomar conciencia de que enfrentarse a la realidad de la muerte inminente de un ser querido suele provocar en los familiares el impulso casi reflejo de distanciarse.
- Minimizar el impacto de ese impulso en el comportamiento real reforzando la conciencia del mismo, pero también hablándolo con franqueza con otros miembros de la familia (quienes sentirán lo mismo, muy probablemente), trabajadores de residencias y otros profesionales de la salud.
- No compartir los sentimientos más intensos con el enfermo, aunque sea tu mejor amigo y confidente. Si lo utilizas para desahogarte, es muy posible que se abstenga de verbalizar todo lo que piensa y siente.
- Equilibrar las conversaciones con otros miembros de la familia sobre los sentimientos ambiguos con sesiones de planificación para decidir cómo va a desempeñar ese papel cada uno para acompañar al paciente hasta el final.
- Considerar la posibilidad de una residencia en los meses previos a la muerte del enfermo. Proporcionar apoyo durante el duelo anticipatorio es uno de los principales papeles de los consejeros y capellanes que trabajan en estas instituciones.

Si se llevan a cabo estos pasos, la anticipación de la muerte del paciente habrá servido como preparación y para mitigar el dolor posterior. Evitarás la sensación de culpa, que acostumbra a aparecer después del funeral, por no haber hecho suficiente (o, posiblemente, nada en absoluto) por tu ser querido en vida. Asimismo, esquivarás el resentimiento de otros familiares al no darles la espalda en un momento en que se espera la colaboración de todos. La tristeza que te permitas sentir durante los días anteriores a la muerte de tu ser querido restará intensidad al dolor del impacto y acortará el período de duelo más profundo cuando la vida familiar parece lamentablemente penosa.

> Manejar con habilidad el dolor anticipatorio puede ayudarte a permanecer al lado de tu ser querido en un momento en que tendemos a distanciarnos de forma instintiva para protegernos del dolor tan intenso. Además, te ayudará a superar mejor el duelo y a sentirte menos culpable pensando que no has hecho lo suficiente mientras tu familiar vivía.

La madre tiene tanto miedo del tratamiento de radioterapia en el cerebro que espera unos cambios inmediatos y desastrosos (una sensación de quemazón en el cráneo que dañará sus capacidades de pensar y sentir tal como es ella). Sin embargo, a las tres semanas de terapia considera que los efectos secundarios son bastante suaves (de momento), incluyendo un cálido picor en el lóbulo derecho y cierta falta de claridad en sus pensamientos. Cree que este último efecto puede deberse tanto a la fatiga persistente como a las radiaciones dañinas en las células del cerebro o a que el cáncer se está extendiendo. Por lo demás, sus días se parecen mucho a los de siempre: subir y bajar las escaleras con mucha dificultad, visitas frecuentes al hospital, comidas muy cuidadas, horas y horas tumbada en la cama... Últimamente no se ha sentido desanimada ni esperanzada, sino un tanto paralizada, a la espera de lo que tenga que llegar. Esa mañana le van a hacer otro escáner del cerebro y el oncólogo va a volver a examinarla para comprobar la efectividad de esta última intervención médica.

De nuevo ocupa el asiento trasero del coche (sus hijas van delante) para recorrer la tan conocida ruta hasta el hospital. Vuelve a sentarse en el despacho del médico, que tiene el mismo aspecto ceremonioso de siempre. La madre se encuentra especialmente confusa, todo le parece un poco irreal, como si estuviese en un melodrama televisivo sobre médicos serios y pacientes asustados. Por las expresiones tensas de sus hijas, comprende que están ansiosas por escuchar los últimos resultados, pero ella (tal vez para autoprotegerse) no siente ninguna ansiedad. Cuando el oncólogo frunce el ceño mientras repasa los últimos escáneres y dice que la metástasis del cerebro no ha disminuido, la madre observa el gesto de decaimiento de sus hijas, pero ella no cambia su propia expresión anodina ni su postura rígida en el borde de la silla. Cuando el oncólogo sugiere que deberían probar una quimio más fuerte (un fármaco experimental en fase de prueba en el importante hospital universitario situado al otro lado de la ciudad), se descubre asintiendo con la cabeza como si estuviese de acuerdo, aunque en realidad no está segura de lo que siente. Más tarde, en el ascensor, se le ocurre que no le gusta la idea de un «fármaco experimental»: le suena a convertirse en una especie de conejillo de Indias cuyo sufrimiento ayudará a la «ciencia» o a otras personas, pero no a ella. Sin embargo, incluso esta idea desagradable pasa fugazmente por su cabeza y desaparece. Ya en casa, evita el silencio apenado de sus hijas excusándose sin más explicación y retirándose a su habitación.

Se acuesta. Cuando la cabeza toca la almohada, empieza a sentir que las emociones afloran a su conciencia. Al principio se siente enfadada (con Dios, con los médicos, con su cuerpo enfermo) y empieza a fruncir el ceño. Sin embargo, con la misma rapidez, sus labios empiezan a temblar y las lágrimas resbalan por sus mejillas arrugadas. Solloza intensamente durante casi un minuto; después, su respiración se relaja pero las lágrimas continúan fluyendo. Transcurridos varios minutos más, ya no llora pero continúa gimoteando. Una vez aliviadas las emociones contenidas, se siente mejor y piensa con más claridad. Con mucha dificultad, se sienta en la cama, respira profundamente y se levanta. Mientras observa a su alrededor, se le ocurre que la vida es muy extraña: ahí está ella, una anciana, llorando y rodeada de la decoración juvenil de la antigua habitación de su nieta. Se acerca renqueando a la ventana que da al patio delantero y se asoma. De nuevo ve los destellos de la hierba húmeda, aunque en una franja de césped distinta a la de la última vez. Recuerda con amarga ironía que en aquella ocasión lo interpretó como una señal de que las cosas iban a mejorar.

Bien apoyada en el alféizar, se pregunta si los destellos podrían ser una señal de otra cosa. Mientras observa el césped recortado, repara en que la luz que se refleja presenta una intensidad variable en función de la cantidad de hierba y de la humedad de cada zona. Eso le hace pensar en el «brillo» o la bondad del mundo, más evidente en algunos lugares y con algunas personas, y no tanto en otros lugares y con otras personas.

Piensa, además, en las épocas brillantes y oscuras de su propia vida. Vista en su conjunto, como la alfombra de césped que tiene delante, sería como un *patchwork* de tonos cambiantes según el ángulo y la intensidad de la luz. «Creo que Dios es la luz que se refleja en mi vida. Ha iluminado algunos de mis días hasta el punto de hacerlos resplandecer y ha oscurecido otros hasta la desesperación. Sin embargo, todos forman parte del conjunto», se dice para sus adentros. Todavía observando el césped, le parece una hermosa extensión verde. En cuanto a su vida, luminosa y oscura a la vez, se le ocurre que también ha sido en gran parte una extensión hermosa.

La madre duda un instante más, y a continuación regresa a la cama arrastrando los pies y se sienta. Se queda pensando un momento, y después empieza a bajar las escaleras. Cuando oyen a su madre, las hijas salen disparadas de la cocina y la miran sorprendidas. Le ayudan a bajar los últimos escalones y la acompañan hasta la mesa. La hija mayor pone agua a calentar para el té.

—Me gustaría hablar con vosotras de una cosa, chicas —dice la madre. Las hermanas se sientan, cada una a un lado de la enferma.

—Sé que hoy ha sido un día difícil para vosotras —comienza la madre—. Me gustaría poder ahorraros otras visitas al hospital parecidas a esta. En conjunto, creo que mi vida ha sido estupenda. La verdad es que no me puedo quejar.

Las hijas esperan que continúe, pero la madre las contempla con aire solemne y ellas se miran confundidas.

—¿Qué quieres decir? —pregunta la hija menor.

—En mi vida ha habido buenos y malos momentos —responde la madre—. Así lo ha querido Dios. Y lo acepto.

—¿Y? —prosigue la hija mayor.

—Y no quiero más quimio ni más radioterapia. Voy a dejar que las cosas sigan su curso.

Las hijas se quedan inmóviles durante un buen rato, hasta que el pitido estridente de la tetera obliga a la mayor a levantarse y apagar el fuego. Cuando vuelve a sentarse, afirma sin rodeos:

—No puedes hacer eso.

La menor interviene en tono pausado:

—Es su decisión. Claro que puede.

La hermana mayor la ignora y se dirige a la madre:

—Tú no eres así. Tú no te rindes. Eso no es lo que Dios querría.

La madre se toma su tiempo y finalmente añade:

—Últimamente me siento muy cerca de Dios. Creo que esto podría ser lo que Él quiere. Y creo que es lo que yo quiero.

Silencio de nuevo. La hermana mayor rompe a llorar y dice:

—Esto es muy duro para mí.

—Esto es duro para todas. No se lo pongas más difícil a mamá —añade la hermana menor.

La mayor le responde muy enfadada:

—Tú lo has visto todo negro desde el principio.

Y su hermana replica de inmediato:

—Eso no es cierto ni justo.

—Basta —interrumpe la madre, todavía en su papel de vieja matriarca—. Pelearse no sirve de nada. Me temo que vais a tener que apoyaros mutuamente para enfrentaros a lo que va a ocurrir a causa de mi decisión.

El llanto de la mayor gana en intensidad. Con los dientes apretados, murmura un «Perdonadme» y se levanta. La madre y la hermana la miran, pero no intentan detenerla cuando sale a toda prisa de la cocina.

En las semanas siguientes, la hija menor sólo podría describir su experiencia como un recuerdo vago, como los árboles y los postes que pasan por el rabillo del ojo cuando se dirige en coche a casa de su hermana, todas las mañanas. Después de la decisión de la madre de interrumpir los tratamientos, el reloj de su vida parece acelerado, y con él la realidad. La hija menor se siente agobiada, agotada y un poco fuera de control.

El siguiente encuentro con el oncólogo fue razonablemente bien, pero no alivió su inquietud. Cuando la madre le explicó que ya no quería seguir ningún tratamiento, él se puso visiblemente tenso y después empezó a preguntarle insistentemente las razones de su decisión. Al cabo de 10 minutos, cuando comprendió que ella no iba a cambiar de opinión, el oncólogo se rindió, esbozó una leve sonrisa e invitó a la enferma a reunirse con él de nuevo si cambiaba su postura. La madre le agradeció toda su atención, igual que las hijas. Mientras salían de su despacho, sin embargo, la sonrisa del oncólogo se transformó por unos segundos en una mueca de tristeza. La expresión molestó a la hija menor, que se sintió culpable por apoyar a su madre frente a las buenas intenciones del médico. Ella no quería oponerse al deseo del oncólogo de continuar luchando, sino justificar el esfuerzo del médico para encontrar un remedio que salvara a su madre. Además, esa expresión de tristeza también le despertó dudas sobre si la decisión de su madre realmente era la acertada.

Desde el alboroto inicial en respuesta a la decisión de la madre, la hija menor ha observado a su hermana con atención en busca de señales de nuevos arrebatos. Sin embargo, en los días siguientes, la hermana mayor recupera la compostura rápidamente y parece más segura de lo que hay que hacer. La madre le ha dicho a la hija pequeña que su hermana ha intentado convencerla de que siga alguno de los tratamientos disponibles. Al pensar en ello mientras toma la salida de la autopista y reduce la velocidad, la hija menor se entristece imaginando la escena (su hermana suplicando a su madre, en su habitación, bien entrada la noche) y se sorprende de que su madre haya soportado la presión. Sin embargo, le asombra todavía más la ironía de que su madre parezca empeñada en controlar su vida ejercitando su prerrogativa de dejar de luchar y morir. La hija menor se siente muy conmovida por ese esfuerzo de decisión. Al mismo tiempo, cuando se imagina el cáncer fulminante extendiéndose por el cerebro, los pulmones y otros órganos internos de su madre, no puede evitar sentir repugnancia.

Cuando entra en la casa, encuentra a su hermana con los hombros encorvados y un aspecto adormilado, sentada en su silla habitual de la cocina. Sin esperar a que le pregunte, la hermana mayor anuncia con voz cansada:

—Mamá todavía está en la cama.

La menor toma el periódico y se sienta a la mesa. Permanecen calladas; de hecho, hace semanas que no hablan demasiado. En el silencio un tanto incómodo, ambas son conscientes de sus diferencias de opinión sobre lo que debería hacer su madre. Ninguna desea entablar una conversación que pueda desembocar en una discusión desagradable. En cualquier caso, no queda mucho que decir... sólo esperar. La hija menor repasa los titulares sin demasiado interés. Su hermana se levanta de repente y dice:

—Tengo que hacer unos recados. Volveré en un par de horas.

La menor asiente y vuelve a fijar la vista en el periódico.

Cuando la hermana cierra la puerta, al salir, el silencio regresa a la casa y hace que la hermana menor se sienta un poco asustada. Deja a un lado el periódico y da vueltas por la cocina; friega las tazas de té que hay en el fregadero. Sin pensarlo demasiado, sube las escaleras de puntillas y abre la puerta del dormitorio de su madre. La anciana todavía duerme, de lado, tapada con una colcha de ganchillo. Parece tan tranquila y vulnerable como un niño, pero también tan huesuda como una bruja. La hija la observa mientras piensa lo diferente que parece de la madre enérgica que siempre fue. Como si sintiese su presencia, la madre abre los ojos de repente y se esfuerza por sentarse.

—Siento haberte despertado, mamá —se disculpa la hija menor. Sin embargo, la madre mira a su alrededor: parece confusa. Al cabo de unos segundos, la hija pregunta:

—¿Estás bien, mamá?

La enferma asiente con la cabeza, pero sus ojos todavía parecen perdidos. Finalmente, pregunta con voz ronca:

—¿Es de noche?

—No, es mediodía —responde su hija. A continuación, abre las persianas y dice—: Mira.

El sol entra a raudales e ilumina inmediatamente la habitación oscura y cargada. De pronto, la madre se estira sobre la espalda y se tapa los ojos con el antebrazo, diciendo:

—Me voy a ir... ir.... ir...

—¿Qué, mamá? —pregunta la hija menor. Sabe que a causa del cáncer en el cerebro, su madre ha empezado a tener problemas para encontrar las palabras adecuadas al hablar.

—¿Ir a dónde, mamá? —insiste la hija.

La madre permanece en la misma posición y no responde. La hija vuelve a preguntar:

—¿Vas a volver a dormirte?

—Sí —contesta la madre. La hija menor cierra las persianas y sale de la habitación.

Cuando llega a la cocina, ya está llorando. Le resulta insoportable ver cómo pierde su madre la energía que le hacía ser una luchadora y la locuacidad tan formidable que poseía. Se sienta pesadamente y piensa que, tal como ocurrió con su padre, lo peor está por llegar.

Dos meses y medio más tarde, la hermana mayor se encuentra en la cocina discutiendo por teléfono con una enfermera.

—Pero dijo que estaría aquí a las diez —protesta—. Mi madre necesita que la limpien y la cambien.

Inmediatamente cuelga el teléfono. Piensa que es ridículo que la enfermera sólo venga una o dos veces a la semana, y todavía más absurdo que siempre llegue entre media hora y dos horas tarde. ¿De qué le sirve a su madre o a ella misma permitir que entre en casa una desconocida que ni siquiera es de fiar? Sin embargo, el internista les sugirió la ayuda domiciliaria para enfermos terminales, la hermana menor insistió en ello y la madre aceptó. Lo mejor que la hermana mayor podía decir en esa situación era que estaba de acuerdo. Sabe que era mejor que acceder al deseo de su marido de ingresar a su madre en una residencia, pero le irrita que después de su generosidad aceptando un plan que ella nunca habría elegido, recaiga en ella el grueso de los cuidados de su madre porque las enfermeras, las trabajadoras sociales y las ayudas domiciliarias siempre llegan tarde. Además, su hermana cada vez aparece menos por su casa.

Antes de salir de la cocina, la hermana mayor toma un bote de toallitas húmedas y otro de polvos de talco de la encimera. La madre se pasa casi todo el día tumbada en una gran cama de hospital con barras grises que han instalado en el salón. La habitación que antes era el escaparate inmaculado de la casa se ha convertido en una selva de barras y tubos, cuencos metálicos apilados, sábanas blancas, toallas y otras piezas de algodón habituales en una pequeña sala quirúrgica. La madre ve entrar a su hija en la habitación, pero no dice nada. El televisor situado sobre un carrito al pie de la cama emite un programa matinal, pero han quitado el sonido. De un vistazo, la hija mayor observa que su madre, con pliegues de piel bajo el cuello que contrastan con las mejillas demacradas, ha perdido peso.

—¿Cómo estás, mamá? —pregunta.

Se produce una pausa, y la enferma responde medio adormilada:

—Bien.

Le cuesta hablar porque la morfina que le administran para el dolor la deja aturdida, aletargada.

—¿Quieres comer algo? —pregunta la hija.

De nuevo, la madre hace una pausa antes de negar con la cabeza. Un par de semanas antes, la hija se habría tomado como algo personal que la madre rechace la comida que le ofrece. Con la ayuda de los materiales educativos que le ha proporcionado la enfermera, ahora entiende que la morfina también suprime el apetito, por no mencionar el estreñimiento que sufre cada vez que ingiere algo. Para la madre, comer ya no supone un placer. A la hija le resulta muy doloroso, pero ha aprendido a soportarlo recordando que todo forma parte de la última voluntad de su madre.

—No sé cuándo va a llegar la enfermera —explica la hija mayor—. Voy a cambiarte yo.

De pronto, la madre la mira con ansiedad. Debido a la pérdida de equilibrio provocada por la disfunción cerebral y la debilidad que sufre, resulta muy complicado acompañarla hasta el aseo que hay junto a la cama. Por eso han optado por recurrir a los pañales. Para la madre, llevar pañales le hiere en su orgullo; que su hija le cambie, supone una humillación. Cuando la hija retira la ropa de cama, la madre se prepara como si fuese a hacerle daño. La hija se da cuenta, la acaricia suavemente en un hombro y le dice:

—Ya lo sé. No te preocupes.

La madre se relaja un poco y la hija la limpia. A ella también le duele ver a su poderosa madre reducida a lo que es ahora, pero hay que hacerlo. Piensa que no es tan distinto a cambiar a uno de sus nietos. Más tarde, cuando la hija vuelve a tapar a la enferma, ésta le dice poco a poco y con los ojos llenos de lágrimas:

—Gracias. Nunca te olvidaré.

La hija mayor responde con total naturalidad:

—Ya lo sé.

Reprime las lágrimas hasta que entra en la cocina para lavarse las manos. Está triste, pero también terriblemente frustrada por verse tan impotente para salvar a su madre. Mira el reloj y suspira, imaginando que la enfermera que tiene que acudir para comprobar el estado de la madre y reponer la morfina va a llegar todavía más tarde de lo que han hablado por teléfono. ¿Y dónde está su hermana? Ya casi es mediodía y no ha dado señales de vida. La hermana mayor toma el teléfono y la llama.

—¿Dónde estás? —pregunta en cuanto la menor contesta. Ésta se pone a la defensiva:

—Ya voy —responde molesta—. Tenía que hacer unos recados.

—Claro —dice la mayor maliciosamente—. Pero no me refiero sólo a esta mañana. ¿Dónde estás últimamente? Desde que nos liaste con lo de la ayuda domiciliaria, no vienes a echar una mano como hacías antes.

El primer impulso de la hermana menor es negarlo.

—Eso no es cierto ni justo —protesta enérgicamente. Sin embargo, cuando la mayor no responde, el silencio hace mella en el sentimiento de culpabilidad de la menor. Se da cuenta de que ha ido espaciando las visitas a la casa de su hermana a medida que su madre va empeorando.

—Bueno, es posible que no haya ido tanto como antes —reconoce algo más calmada—, pero me resulta muy duro ver a mamá en el estado en que se encuentra.

La hermana mayor le responde en tono calmado y sin rastro de malicia:

—Como dijiste un día, es duro para todas.

La menor no dice nada y su hermana continúa:

—Sé que eres más sensible que yo. No quiero que vuelvas a caer en una depresión, pero mamá y yo necesitamos tu ayuda. Creo que no le queda mucho tiempo.

La hermana menor suspira con resignación:

—De acuerdo.

Después de una pausa, añade con tristeza:

—No tengo palabras para explicar cómo odio todo esto. Ella no se lo merece, y nosotras tampoco.

La hermana mayor se dispone a responder, pero la menor la interrumpe y continúa:

—Ya sé que lo sabes. Te agradezco que te preocupes por mí. No quiero que tengas que hacerlo tú todo. Te veo en una hora, máximo dos. Intentaré estar más tiempo con vosotras.

La mayor se limita a añadir un «Vale».

Unas semanas más tarde, la enfermera anuncia que su madre parece estar acercándose al final. Su respiración es más superficial, duerme cada vez más, y cuando está despierta se encuentra más confusa. En parte se debe a que le han aumentado la dosis de morfina para el dolor, pero como la enfermera les recuerda una y otra vez, una muerte digna no debe incluir la agonía. Ante la previsión de la enfermera, las hijas organizan turnos para que siempre haya alguien con la madre (ellas, sus maridos y sus hijas). Rezan para que Dios no permita que muera sola.

La mujer que yace en la cama de hospital del salón apenas se parece en nada a la que fue la matriarca inagotable de la familia. Pasa casi todo el tiempo acostada, con la cabeza apoyada contra una de las barras grises, despeinándose los escasos mechones de cabello plateado que le han crecido desde que interrumpió el tratamiento. Su piel está pálida y presenta manchas; de las comisuras de los labios se le escapa la baba. La vieja bata que luce está llena de manchas. La hija menor no puede creer el mal aspecto que tiene. Para ella, su madre ya ha muerto. «¿Por qué se han esforzado todos tanto en cuidarla, si lo único que queda es observar cómo sufre antes de morir?», se pregunta. Se siente engañada. Puede que su hermana se sienta igual, pero ella sigue protegiéndose con ocupaciones de todo tipo, cambiando sábanas, organizando las comidas para los miembros de la familia que han llegado, llamando a la enfermera para comunicarle las novedades...

Un día, la madre parece más despierta que nunca desde hace varias semanas. Parece que el dolor ha disminuido y que necesita menos morfina. Cuando llega la hermana menor, la encuentra sentada en la cama, sorbiendo agua helada de una pajita que la mayor le sujeta. Al verla, la madre deja de beber y le dedica una sonrisa tenue (la primera en mucho tiempo). La hija menor se acerca a la enferma y le toma la mano. La madre se la estrecha sin fuerza, mira a la mayor y le sonríe también. Intenta hablar, pero se encuentra demasiado débil para pronunciar sonidos. Por eso, mueve los labios para decir «Gracias» y «Os quiero»: las hermanas lo perciben claramente. La madre continúa esforzándose para comunicarles algo más, pero ellas no la entienden. Más tarde, la hermana menor llega a la conclusión de que una de las frases ha sido: «Voy a reunirme con vuestro padre».

Es su último adiós. Aquella tarde se sume en un profundo sueño durante el cual su respiración se torna más lenta y más superficial. De repente, empieza a emitir un alarmante ruido áspero que hace daño a los oídos de las hijas. Cuando la mayor llama a la enfermera para informarle, ésta le dice que se acerca el final. Las hijas llaman a toda la familia. Sus maridos acuden a toda prisa desde el trabajo. Llegan también casi todas las nietas, algunas con sus parejas. Se reúnen en el salón y en la cocina. El rostro de la madre presenta un gesto crispado, como si estuviese sufriendo, porque le cuesta trabajo respirar. Eso provoca angustia entre los familiares que la observan. Quieren asegurarse de que se marchará en paz. Como les ha indicado la enfermera, la hija mayor administra unas gotas de morfina a su madre a través de los labios entreabiertos para aliviar la agitación y el dolor. A medida que transcurre la tarde, algo cambia. Su respiración es cada vez más lenta y los músculos faciales parecen más relajados. Por fin, en torno a las 8, la madre toma un último aliento profundo y exhala el aire lentamente, durante unos segundos que parecen muy largos. Después, ya no vuelve a respirar. Su rostro parece impasible y tranquilo. Las hijas y las nietas lloran. El marido de la mayor reza un padrenuestro. Mientras la hija mayor va a llamar a la funeraria, su hermana pone a calentar una gran tetera con agua.

Mientras esperan la llegada del director de la funeraria para llevarse el cuerpo de la madre, las dos hijas se sientan a solas con ella en el salón. Después de un año y medio de cuidados, la menor se siente aliviada, triste, agotada y confundida. No deja de contener las lágrimas. La hermana mayor ha recuperado una postura más estoica. Después de unos minutos, se levanta para peinar a su madre e intentar suavizar un poco las arrugas de la frente. Oyen a sus hijas hablando, incluso riendo, en la cocina. Una le dice a la otra:

—¿Te acuerdas del día en que la abuela se enfadó con nosotras y nos regañó en la iglesia?

El funeral se celebra en esa misma iglesia unos días más tarde. Las hijas y sus familias se sientan en los dos primeros bancos, pero dejan un gran ramo de flores en uno de los bancos del final porque allí es donde se sentaban sus padres. Años antes, la madre les pidió que la misa de su funeral fuese exactamente igual que la de su marido. Así, mientras las hijas asisten al acto de una hora de duración, sienten la pena de la pérdida de su madre pero también un dolor renovado por su padre. No obstante, no todos los sentimientos son tristes. Al mirar a su alrededor, las hermanas recuerdan sus bodas y las de sus hijas en esa misma iglesia. Y bautismos, y confirmaciones. El lugar parece contener muchas de las alegrías, penas y el sentimiento de continuidad de toda la familia.

Más tarde, en el cementerio, la hermana menor observa las lápidas de sus seres queridos y siente miedo. Durante la oración del pastor, se inclina hacia su hermana y le susurra solemnemente:

—Todos los de la familia que eran mayores que nosotras se han ido. Somos las siguientes.

En lugar de provocar miedo en su hermana mayor, ésta le responde con una carcajada:

—Muy bien. Ya descansaré cuando me toque.

La hija menor se siente ridícula y sonríe. Más tarde, cuando los operarios bajan el ataúd de la madre a su lugar de reposo definitivo, es la mayor la que se inclina hacia su hermana para expresarle su temor.

—Ya somos huérfanas.

Aunque a la menor también le parece un poco ridículo pensar en esos términos tratándose de dos personas adultas de más de 50 años, entiende a su hermana. Su madre ha muerto. Sólo se tienen la una a la otra. Se agarran con fuerza y lloran mientras sus hijas y sus maridos se unen a su alrededor para arroparlas.

Una hija pregunta hasta qué punto debe planificar el futuro

P: *Nuestra madre tiene una enfermedad progresiva debilitante desde hace 30 años. Necesita la ayuda de nuestro padre para todo. Últimamente no dejo de pensar en el futuro y de preguntarme hasta* *dónde va a llegar su incapacidad. ¿Terminará complemente inmóvil? ¿Hasta dónde va a poder aguantar mi padre? Papá nunca aceptaría ingresar a mamá en una residencia, preferiría hacerlo todo él aunque termine agotado. A mis dos hermanos no les gusta pensar en todo esto, pero creo que tenemos que hacerlo para estar preparados ante una posible crisis de cualquiera de mis padres. ¿Qué puedo hacer?*

R: Cuando un ser querido emprende el camino de una enfermedad progresiva, como el párkinson, el alzhéimer o determinados tipos de esclerosis múltiple, la mayoría de sus familiares no quieren adelantarse demasiado a los acontecimientos. Sin un milagro médico que desvíe el curso de la enfermedad, el declive inevitable resulta demasiado desalentador. La mayoría de los pacientes y sus familiares, al principio o en el medio del viaje, adoptan la filosofía del «de mañana ya nos ocuparemos cuando llegue» y se centran en los problemas del presente para no preocuparse por los desastres más dolorosos que están por venir. Planificar las contingencias futuras requiere familiarizarse un poco con el mapa del camino que nos espera. Sin embargo, la mayoría de las personas deciden mantener la vista en los baches y las curvas inmediatamente visibles a través del parabrisas.

Después de observar a tus padres recorriendo ese camino durante décadas, conoces mejor que nadie los rigores y las angustias del largo trayecto descendente. Probablemente, las preguntas que planteas ya te habrán asaltado en numerosas ocasiones (y habrás intentado apartarlas). Si ahora te parecen más urgentes, pregúntate por qué. ¿Ha empeorado tanto tu madre que ya empiezas a ver el final? Por lo que explicas, parece que su enfermedad ha progresado de forma gradual. Pregúntale si le importa que consultes con el neurólogo qué podéis esperar para los cinco años siguientes; quizá la etapa final está más lejos de lo que imaginas. ¿O es que percibes que tu padre se está quedando sin fuerzas para atender a tu madre? Pregúntale si su actual plan de cuidados es sostenible y plantéate si tú y tus hermanos deberíais hacer más por vuestros padres.

Si tu madre no ha alcanzado las últimas fases de su enfermedad o tu padre no ha llegado aún al agotamiento, podrías considerar la posibilidad de centrarte de nuevo en el presente y ser consciente del futuro, pero sin obsesionarte. Así nada te impedirá ver lo que está por venir y te adaptarás a ello porque descenderá tu nivel de ansiedad para poder continuar dejando que tus padres se cuiden prácticamente solos. Si, en cambio, el final del camino está cerca, tú y tus hermanos tendréis que iniciar un diálogo para acordar cómo ayudáis a vuestros padres a aceptar vuestra ayuda. Lo mejor sería que lleguéis a un acuerdo entre vosotros antes de plantear las ayudas concretas a vuestros padres. Si se niegan a aceptar las propuestas, dejadlas a un lado pero estad preparados. Si en este momento no son necesarias, es muy probable que más adelante sí lo sean.

Las necesidades del abuelo frente a las de la familia

P: *Hace poco, a mi abuelo le diagnosticaron un cáncer terminal. Aunque su médico fue muy honesto con nosotros y nos dijo que apenas hay esperanzas, no lo fue tanto con el abuelo. Él ya tuvo cáncer y logró curarse, así que ahora se siente optimista y capaz de superarlo de nuevo. No quiere ni hablar sobre la posibilidad de que no sea así. Mi familia está muy desconcertada porque todos sentimos la necesidad de hablar con él sobre su diagnóstico y ayudarle a afrontar el final de su vida de la manera más tranquila posible. ¿Cuál es la mejor solución para resolver esta situación entre todos?*

R: Un programa educativo de la American Medical Association del año 2000 titulado «End-of-Life Care» incluye una sección sobre cómo comunicar malas noticias. Explica a los médicos cómo valorar lo que los pacientes saben sobre su enfermedad, les enseña a preguntar qué quieren saber y a proporcionar únicamente la información que desean. Si el médico de tu abuelo le ha preguntado qué quiere saber y éste le ha respondido «Por favor, no me diga demasiado porque quiero mantener las esperanzas», el médico habrá actuado de un modo ético y profesional desde el punto de vista de su colectivo. Si el médico no ha preguntado a tu abuelo y ha decidido de forma unilateral qué parte de la información le transmite, habrá actuado de forma paternalista y potencialmente perjudicial, y deberíais hacérselo saber.

Supongamos que el médico ha seguido el protocolo de la American Medical Association. En este caso, tu rechazo se dirigiría al protocolo en sí mismo, porque antepone las necesidades individuales a las de los familiares. No es más que un reflejo de los prejuicios clínicos y éticos de la medicina respecto a la enfermedad del paciente y el derecho a la información y a los tratamientos. Así, «Primero, no hacer daño» podría significar la protección de la prerrogativa del paciente a conservar las esperanzas aunque así salga perjudicada la necesidad de la familia de un diálogo abierto (del mismo modo, según el principio ético del secreto médico, tú y tus parientes ni siquiera tenéis por qué saber el alcance de la enfermedad de tu abuelo si éste no ha dado su permiso explícito al médico para compartir esa información con vosotros). La cultura médica ha cambiado de forma radical en las últimas décadas, pero el principio básico de que el paciente es lo primero permanece intacto. El médico de tu abuelo tampoco va a cambiar su postura por mucho que decidáis presionarle.

Sin embargo, ¿qué hay de vuestra necesidad de hablar con tu abuelo sobre su muerte inminente? ¿De decirle todas las palabras de cariño que queréis transmitirle antes de que muera? ¿De aseguraros de que todos sus asuntos estén en orden para evitar complicaciones legales posteriores? En circunstancias ideales, todos estos temas podrían tratarse a fondo, tal vez con la ayuda de enfermeras y trabajadores sociales. Sin embargo, ¿una muerte de la que se habla largo y tendido es necesariamente una muerte «fácil», tal y como implica tu pregunta? Yo te preguntaría: «¿Fácil para quién?». Tal vez para los familiares implicados, pero no para tu abuelo. Él ha optado por vivir sus últimos días de un modo distinto, luchando quijotescamente hasta el final. Según mi experiencia clínica, la negación de la realidad puede ser tan adaptable para la persona que se enfrenta a su defunción como la unión junto al lecho de muerte que tenemos tan idealizada. Todo depende de la psicología del enfermo terminal.

Pero volvamos a tu caso personal. ¿Qué hay de tus necesidades? Te sugiero que preguntes a tu abuelo si le gustaría conocer su situación médica. Si contesta que sí, infórmale de que es muy probable que muera y ayúdale a asumirlo. Si la respuesta es negativa, respeta su decisión. No le des más información y pídele que te ayude a preparar un plan para afrontar posibles contingencias. Si volviese a superar el cáncer, ¿cómo le gustaría que su familia le ayudase a mantener su salud en el futuro? Si el cáncer se convierte en una enfermedad crónica y convive con él durante un período prolongado, ¿cómo le gustaría que le ayudasen en caso de no poder valerse por sí mismo? Y si pierde la batalla, ¿cómo le gustaría que la familia se enfrentarse a su muerte? Al centraros en las posibilidades futuras y no en el pronóstico, es posible que acabes teniendo la conversación que andas buscando al tiempo que permites a tu abuelo que afronte su batalla final de la manera que él decida.

Poner los propios asuntos en orden

P: *Mi padre, que tiene 77 años, está perdiendo la batalla contra el alzhéimer a pasos de gigante. Creo que ha llegado el momento de que él, mi madre, mis hermanos y yo pongamos en orden los asuntos legales y económicos de mis padres. Mi madre siempre ha dejado estas cosas en manos de mi padre, y ahora no sabe qué hacer. Me gustaría contratar a un abogado y tal vez a un gestor, pero mi padre no confía en los desconocidos y no siente ninguna simpatía por los abogados. Se enfada cada vez que saco el tema, y mi madre se ve atrapada entre los dos. Temo que si sigo adelante con mis planes, mis padres no colaborarán y mi padre se sentirá engañado y se enfadará todavía más. ¿Qué puedo decirles y qué debo hacer antes de que sea demasiado tarde?*

R: El tuyo es un problema familiar muy común y desconcertante que se evitaría si todos preparásemos el testamento, diésemos instrucciones con suficiente antelación y tomásemos todas las medidas oportunas antes de caer enfermos. Al intentar atravesar el campo de minas de la sensibilidad de tu familia en torno al dinero, el envejecimiento y el control, existen dos tácticas que debes evitar a toda costa. La primera consiste en contratar a un asesor legal o económico por tu cuenta. Sólo conseguirás distanciarte de tus padres y tus hermanos, que podrían considerar tu acción como una usurpación del poder en toda regla. La segunda consiste en presionar demasiado a tu padre para que firme documentos legales sobre sus decisiones. Provocarás que aumente su paranoia, un síntoma típico de la enfermedad de Alzheimer.

Frente a esas opciones no válidas, tendrás que emplearte en la lenta y difícil tarea de lograr el consenso familiar. Te sugiero que empieces con tus hermanos. ¿Comparten tu punto de vista sobre la naturaleza progresiva e incapacitante de la enfermedad de tu padre? Si no es así, organiza una reunión familiar con su médico para que todos entiendan la situación de deterioro que vive el enfermo. ¿Comprenden tus hermanos las posibles repercusiones legales y económicas de que tu padre no deje escrita su última voluntad antes de que no tenga capacidad para hacerlo? En caso negativo, un encuentro con un trabajador social podría servir para conocer los riesgos.

Cuando tú y tus hermanos estéis de acuerdo sobre la necesidad de actuar a tiempo, debéis reuniros con tu madre sin que esté presente tu padre. Aunque ella siempre haya apoyado a tu padre, se habrá dado cuenta de que está perdiendo la capacidad de razonar. Tu madre necesita que aportéis las razones y el apoyo necesarios para tomar decisiones en nombre de tu padre. La razón más importante es que si arregláis ahora las cuestiones legales, ella y tu padre podrán controlar mejor sus vidas sin interferencias externas. Explícale con detenimiento que a ti y a tus hermanos no os importa vuestra herencia, sino su bienestar. Convence a tu madre de que lo que te preocupa es que su bienestar peligra cada vez más.

Si tu madre se muestra abierta a hablar con tu padre, organiza una reunión con todos los familiares más cercanos. Tenéis que centraros en que os preocupan vuestros padres, los dos, y no sólo el enfermo. Diles que tú y tus hermanos os quedaríais mucho más tranquilos si aceptasen dejar sus deseos por escrito. Puesto que sabes que tu padre detesta a los abogados, utiliza los «Cinco deseos» como marco de discusión. Los «Cinco deseos» (disponibles en www.agingwithdignity.org/5wishes.html) es un documento sencillo que incluye la toma de decisiones médicas y los tratamientos. Más de 4 millones de estadounidenses ya lo han utilizado para dejar claras sus preferencias a sus familias y a los médicos. Se trata de un enfoque directo que satisface las exigencias legales de la inmensa mayoría de estados de ese país, pero sin el complicado lenguaje técnico de los documentos legales.

Espero que con tu exposición calmada, el apoyo de todos tus hermanos y el cambio de actitud de tus padres (de los dos), tú y tus hermanos al menos consigáis que tus padres rellenen el documento de los «Cinco deseos». Cuando hayáis abierto la puerta de los planes de futuro, tus padres estarán mucho más cerca de dar el siguiente paso y organizar sus testamentos, revisar sus asuntos económicos y realizar los preparativos oportunos de cara a su fallecimiento.

Si las cosas se tuercen y tu padre se pone hecho una furia ante la sola idea de una reunión familiar, tu madre tendrá la prueba irrefutable de que su marido ya no está en condiciones de encargarse de sus asuntos económicos o de tomar decisiones importantes. Será el momento de que recurra a un asesor legal o económico para estudiar la posibilidad de declararlo incapacitado. Y necesitará más que nunca el apoyo incondicional de sus hijos.

El problema de la incontinencia

P: *Mi madre, que está enferma, sufre de una incontinencia que va en aumento. Muy pronto necesitará llevar pañales. Desde la muerte de mi padre, sus cuidados recaen en sus dos hijos: mi hermano y yo. Mi intención es cuidar de ella lo mejor que pueda, pero siempre hemos sido una familia modesta y nos resulta muy difícil ayudar a mi madre cuando está desnuda y sucia. Yo percibo que ella se avergüen-*

za, cosa que lo hace todo mucho más difícil. No podemos permitirnos contratar ayuda domiciliaria permanente, y no es justo que nuestras esposas tengan que ocuparse de ella sólo por ser mujeres. ¿Cómo podemos lograr que la situación sea menos embarazosa para los tres?

R: La incontinencia es el más penoso de los cuidados familiares. La incontinencia intestinal en especial, que obliga a limpiar al enfermo además de cambiarle el pañal, resulta tan agotadora que muchas familias totalmente entregadas acaban optando por ingresar al enfermo en una residencia. Me llama la atención que tú y tu hermano estéis dispuestos a buscar una solución para superar este problema sin renunciar a cuidar a vuestra madre en casa. Por desgracia, no existen grandes soluciones, sólo algunas ideas que podéis probar:

- Muy pocos pacientes y familiares plantean el tema de la incontinencia a los médicos por vergüenza. Sin embargo, los urólogos en particular pueden ser de gran ayuda. Existen fármacos, como el Detrol y los anticolinérgicos, que provocan retención de orina y/o estreñimiento. Si bien estos medicamentos no controlan completamente los intestinos y la vejiga, sí los regulan hasta cierto punto, permitiendo así que el paciente y el cuidador utilicen mejor los métodos conductuales (véase a continuación).
- La vergüenza hace que muchos pacientes se nieguen a llevar pañales (y que muchos familiares insistan en que los lleven), y las cosas se complican innecesariamente. Resulta maravilloso saber que tú, tu hermano y tu madre habéis asumido esa necesidad.
- Muchos hospitales y agencias de ayuda domiciliaria cuentan con enfermeras especializadas en trabajar con pacientes con incontinencia. No sólo conocen los fármacos que pueden serles útiles, sino que además ofrecen consejos personalizados de dietética, entorno y comportamiento. En cuanto a la dieta, una enfermera tal vez recomendaría a vuestra madre que evite determinados alimentos o que reduzca la ingesta de alimentos y líquidos en la cena para evitar «accidentes» nocturnos. En lo que respecta al entorno, la enfermera podría revisar vuestra casa y aconseja-

ros que compréis una silla con orinal, cuñas u otros accesorios para que vuestra madre pueda aliviarse rápidamente si está en la cama. En cuanto a la conducta, puede sugeriros que vuestra madre vaya al lavabo cada 2 horas durante el día, y dos veces por la noche, para reducir el número de «accidentes». Si los planes iniciales no dan los resultados esperados, la enfermera seguirá trabajando con vosotros y vuestra madre para intentar controlar su incontinencia en la medida de lo posible.

- Si no os podéis permitir ayuda domiciliaria permanente, ¿podéis pagar una o dos horas al día? Muchas familias contratan ayuda para asear, bañar y vestir a sus seres queridos incapacitados cada mañana; así se ahorran una parte de los cuidados diarios. La mayoría de los pacientes entablan una relación con las personas contratadas (si siempre acude la misma, como sería de esperar) y acaban aceptando su ayuda para la higiene personal sin sentirse humillados. Al contrario, se sienten agradecidos de que no recaiga toda la carga en sus familiares.
- Si todas estas ideas no dan buenos resultados, tendréis que limpiar vosotros mismos a vuestra madre. Parece desagradable, pero os brindará la oportunidad de estrechar vuestros lazos con ella. Tú y tu hermano debéis reuniros con vuestra madre para discutir la situación. Explicadle que queréis hacerlo vosotros por alguna razón egoísta (por ejemplo, para poder tenerla en casa). Preguntadle si existe algún modo de cambiarla que le resulte lo menos humillante posible. Hacedle saber a todas horas que la tarea no os provoca rechazo. Permitidle que os agradezca vuestra ayuda; dar las gracias podría ser lo único que le queda para conservar su dignidad.

Mediante la aplicación de estos métodos, la mayoría de las familias aprenden a tratar la incontinencia hasta cierto punto. Representa uno de los mayores retos en el campo de los cuidados a enfermos, y exige la mayor imaginación, delicadeza y paciencia. Al atender a vuestra madre en esas funciones tan personales, tú y tu hermano le estaréis demostrando todo el amor que sentís por ella.

Epílogo

Repercusiones para el cuidador

Después de compartir lágrimas durante unos minutos, abrazadas junto a la tumba de su madre, las hermanas se dedican a atender a las personas que las acompañan. Entregan pañuelos y rodean con sus brazos a sus hijas y a sus maridos. En la reunión que tiene lugar en casa de la hermana mayor, después del entierro, se mueven entre los invitados, intercambian noticias y cotilleos, reparten bebidas y recogen bandejas de papel y servilletas tal como harían en cualquier otra fiesta familiar. Hasta última hora de la tarde no se les ocurre pensar que han dado la impresión de llevarlo sorprendentemente bien. No es que no estén destrozadas por la muerte de su madre, pero se encuentran en un estado muy parecido al *shock* que les hace comportarse como si funcionasen con el piloto automático, superando un día terrible mediante la atención hacia los demás.

Estas reacciones son típicas de los familiares en estado de duelo inmediatamente después de haber sido cuidadores. Ahí comienza un largo viaje de curación (después de pasar por la enfermedad del ser querido) en el que los familiares suelen tardar entre uno y dos años en recuperar cierta normalidad. Aunque hemos comentado que la teoría de Kübler-Ross sobre las fases del duelo no recibió el apoyo de estudios posteriores, las teorías sobre las etapas en general son útiles como puntos de partida para preguntarse por los caminos potenciales de cambio a lo largo del tiempo. En este sentido, podemos seguir a las dos hermanas en su recorrido por las fases de cambio que, según su perspectiva, han provocado los cuidados. A veces se sentirán como huérfanas; en otras ocasiones se creerán matriarcas recién coronadas. Su relación mutua y el significado de la familia en sus vidas también evolucionarán.

En la primera fase, que dura entre unos días y 2 meses, los que fuesen cuidadores experimentan un sinfín de sentimientos. Predomina la tristeza, pero la culpabilidad la sigue de cerca. Se sienten culpables por no haber hecho lo suficiente, por sentir alivio porque su ser querido ha muerto y ya no tendrán que esforzarse tanto. Cuando no sienten tristeza o culpabilidad, experimentan sobre todo una especie de atontamiento ante el impacto de disponer de nuevo de su propia vida, pero son incapaces de centrarse en lo que van a hacer. Con frecuencia, intentan aferrarse a proyectos de trabajo a corto plazo con la esperanza de evitar los altibajos emocionales.

Las hermanas también intentan utilizar el trabajo como refugio durante esta fase. El papeleo después de la muerte de su madre las mantiene ocupadas durante varias semanas. Escriben notas de agradecimiento a más de 30 personas entre primos, antiguos vecinos, amigos de la familia y antiguos compañeros de trabajo que han enviado flores o tarjetas de pésame. Lo que las sorprende de muchas de esas tarjetas es que describen a su madre como una persona «dulce». Ellas siempre pensaron que era más parecida a la arena que al azúcar. Esta diferencia de percepción las molesta, porque es como si los demás hubiesen visto algo esencial de su madre que ellas no pudieron ver. Y se dan cuenta, ahora que se ha ido, de que nunca tendrán la ocasión de conocer su «dulzura».

Al mismo tiempo, las hermanas se ocupan en ordenar las posesiones de su madre. Ella fue muy explícita sobre qué debía quedarse cada una entre sus piezas de porcelana antigua, plata, bolsos, bufandas, joyas, cuadros y libros. Al principio, distribuir tantos objetos mantiene ocupadas a las hermanas y las distrae de sus sentimientos. Sin embargo, el hecho de ir y venir del apartamento de la madre para recuperar las piezas provoca en ellas un efecto emocional creciente. En las alfombras, los muebles y los armarios del piso todavía está presente el olor de las comidas, los perfumes y la piel de su madre. Su esencia parece flotar en el aire. Por un lado, ese aroma las reconforta; por otro, provoca que ella esté dolorosamente presente y desvía su atención de sus obligaciones hacia la tristeza más absoluta por su pérdida.

Después de sacar del apartamento los objetos más preciados, al mes de la muerte de su madre, las hermanas deciden vaciarlo completamente y ponerlo a la venta. Sus maridos las ayudan a retirar el resto de los muebles, pintar el dormitorio y limpiar las alfombras. Sin embargo, con la decisión ya tomada y con un plan a la vista, algo falla. De pronto, el hecho de vaciar el apartamento les parece a las hermanas como borrar la vida de su madre. Quieren que ésta perdure, incluso después de muerta; que no desaparezca con la misma rapidez que se saca una cama estrecha y unos sofás pesados por la puerta. La hermana menor encuentra razones para evitar volver al apartamento. Incluso la mayor sólo soporta estar allí poco tiempo; después de siente abrumada y tiene que marcharse. Limpiar el piso les da una sensación de final que las llena de tristeza y de culpa. Quizá podrían haber hecho más para que su madre viviese más tiempo. O puede que estén perturbando su paz deshaciendo el pequeño mundo del que tanto disfrutaba. Deciden que aunque lo más racional sería preparar el piso para su venta, ellas no pueden tomar parte en la operación. Sus maridos les suplican que continúen adelante, pero ellas dejan el resto del proceso en manos de un agente inmobiliario para que venda el piso lo antes posible.

Después de esta primera fase, los antiguos cuidadores suelen entrar en un largo período de duelo y ajustes que puede durar meses o años. Los parientes más cercanos todavía experimentan una mezcla de sentimientos, pero el apoyo y el permiso para expresarlos se disipan. Los asistentes al funeral que tanto se lamentaban por la pérdida en la iglesia y junto a la tumba han regresado a sus propias vidas. No sólo no quieren hablar del fallecido, sino que además rehúyen sutilmente a los familiares que lo hacen. En consecuencia, los antiguos cuidadores se sienten aislados y, en ocasiones, perciben que los demás les evitan. Su tristeza se rodea de silencio. Las posibles dudas sobre lo que han hecho o han dejado de hacer en diferentes momentos de la enfermedad del ser querido les asaltan una y otra vez. La ira acaba suprimida. Durante esta fase, los antiguos cuidadores se implican en grupos de apoyo o aprovechan el que les brindan las residencias de enfermos terminales, lugares donde se sienten libres para expresar abiertamente sus emociones sin que nadie les diga «Por favor, continúa con tu vida» o, todavía peor, «Deja de ser tan negativo». A través de la información que reciben en estos grupos, además de escuchar las historias de otros excuidadores, se sienten más «normales» en su dolor.

En esta etapa, el antiguo cuidador se enfrenta al reto de redefinir su utilidad como persona. Cuidar de un ser querido muy enfermo requiere tanta atención que, en general, los cuidadores dejan a un lado sus otros papeles importantes. Después de la muerte del familiar, no es sencillo retomar sin más la vida anterior. Sin embargo, intentar definir una nueva vida con un nuevo propósito tampoco es fácil. Todo carece de la inmediatez o la intensidad del drama que supone cuidar a un enfermo. Así, no resulta difícil entender por qué algunos ex cuidadores se ofrecen voluntarios para cuidar a otros parientes enfermos, como si buscasen recuperar la sensación de importancia que experimentaban cuando estaban en primera línea.

En esta fase central, la hermana mayor lucha desde varios frentes. Echa muchísimo de menos a su madre. Cuando su marido se encierra a trabajar en el sótano, la casa le parece incómodamente desierta. Al despertarse, por la mañana, todavía piensa qué va a preparar de desayuno para su madre; después se da cuenta y se reprende por ello. Dado que nunca ha tenido tendencia a la tristeza, sus pensamientos se van rápidamente en otras direcciones. De vez en cuando se siente culpable por no haber intentado convencer a su madre para que continuase luchando. Sin embargo, culpa todavía más a su hermana: considera que prácticamente animó a su madre a morir. Por eso evita llamarla o verla. Sus hijas, mientras tanto, siguen pidiéndole que salga con ellas a comer y que vaya a ver a sus nietos. Pero ella se siente mal a menudo y siempre que está con ellas parece un poco ausente. Vuelve a trabajar al banco, pero lo hace todo de manera mecánica. Incluso cuando su marido la sorprende con unas vacaciones en el Caribe para revigorizar su matrimonio, ella aprecia el esfuerzo pero regresa a casa sintiéndose vacía, intranquila y sin saber qué hacer con su vida.

Durante esta fase, la hermana menor experimenta otras dificultades. Ella también echa de menos a su madre, pero no vivió con ella y no formaba parte de su rutina diaria. Lo que echa en falta es su dureza y su apoyo firme, cualidades que ella misma podría utilizar para afrontar la muerte de su madre. Por desgracia, los recuerdos de los puntos fuertes de la matriarca no le sirven en esos momentos. Aunque no le gusta recordar la escena, descubre que sus pensamientos se llenan de imágenes visuales en las que su madre aparece con una palidez sobrenatural y cérea, con la cabeza apoyada en la barra de su cama de hospital en los últimos días de su existencia. Por mucho que intenta eliminar esas imágenes de su mente, se repiten como un vídeo que no puede parar. La terrible escena distrae su atención cuando regresa al trabajo o mientras come con su marido. Sólo cuando vuelve a psicoterapia, a regañadientes y después de muchos años, descubre que sufre de estrés postraumático y empieza a aprender las técnicas de control mental. Incluso acude al psiquiatra durante 6 meses para reducir la intensidad de sus recuerdos traumáticos y la ansiedad que éstos le provocan.

Durante la última fase, que se produce habitualmente entre los 6 meses y los 2 años posteriores al fallecimiento del enfermo, se resuelve el *shock* y los sentimientos difíciles de las etapas anteriores. Si el tiempo por sí mismo no cura, el flujo de la existencia diaria tiende a llevar a las personas por caminos familiares, pero también por nuevas corrientes y aguas desconocidas cuyos retos exigen atención al presente, no al pasado. La tristeza por la muerte del ser querido todavía es evidente, pero su intensidad disminuye a medida que se instala la racionalización: «al menos ya no sufre», tienden a decir los cuidadores. La ira, que en gran parte es un subproducto de la tristeza, se desvanece poco a poco. La culpabilidad va y viene, pero por fin se disipa cuando uno cae en la cuenta de que la enfermedad tomó su propio curso certero y que Dios podría tener su propio plan inquebrantable. El pasado todavía importa; la terrible experiencia de los cuidados sigue siendo dolorosa en sus recuerdos; la pérdida del ser querido todavía ocupa un lugar destacado en la mente. Sin embargo, el énfasis va cambiando gradualmente de vivir en el dolor y la pérdida a extraer unas enseñanzas de los cuidados y las experiencias al final de la vida, para terminar disfrutando más de la familia, saboreando más la existencia y apreciando sus bendiciones con más intención y conciencia.

Una parte esencial de este cambio en esta fase consiste en que los cuidadores desarrollen nuevas actividades (por ejemplo, dedicar a las aficiones el tiempo que se invertía en los cuidados). Algunos crean testamentos a partir de las lecciones de sus seres queridos: por ejemplo, cuidan un jardín que su pariente fallecido plantó, o trabajan como voluntarios en un colegio donde el familiar fue profesor, o se encargan de encender las velas de la iglesia como una metáfora de mantener viva la chispa que su pariente ha dejado en el mundo.

Hay quien crea o participa en proyectos que conmemoran la lucha contra la enfermedad de sus seres queridos: por ejemplo, las marchas anuales por la curación de la enfermedad de Alzheimer, la diabetes o el cáncer; comidas para recaudar fondos o programas educativos. Otros se ofrecen voluntarios para repartir comidas a domicilio a las personas con movilidad reducida.

Otros ex cuidadores buscan actividades que apoyen los cuidados familiares: por ejemplo, se convierten en defensores políticos de programas gubernamentales que reparten fondos para facilitar descansos a los cuidadores que lo necesiten. O siguen colaborando con grupos de apoyo a cuidadores, como mentores para familiares que se enfrentan por primera vez a los rigores de cuidar a un ser querido muy enfermo. O son cuidadores propiamente dichos que ayudan a parientes, amigos y vecinos en las tareas más complicadas, tanto si ellos mismos recibieron esa ayuda durante su etapa de cuidadores como si no.

Con independencia de la actividad que elija el antiguo cuidador, si representa una síntesis significativa de su propia experiencia familiar, le ayudará a transformar esa vivencia terrible y la pérdida en algo distinto. Un nuevo esfuerzo no eliminará el dolor de la muerte, pero sí lo suavizará. El antiguo cuidador podrá seguir creciendo al integrar su experiencia en nuevos objetivos a los que dedicará sus esfuerzos el resto de su vida.

Al principio de esta última fase, la hermana mayor todavía se siente confusa. Su trabajo y su matrimonio no llenan el vacío que siente. Rechaza la sugerencia de su marido de que aprenda a jugar a tenis; no le apetece hacer nada. Sólo empieza a reaccionar cuando un señor mayor que vive en el bloque de al lado se cae y se rompe una cadera. Su mujer, ya fallecida, jugaba a canasta con su madre muchos años atrás; la hermana mayor lo conoce desde que era una niña. Al principio se limita a hacer lo que haría cualquier buen vecino: le lleva comida en varias ocasiones cuando vuelve del hospital, después de operarse la cadera. Sin embargo, ella observa que su casa es un caos (necesita una buena limpieza y reparaciones), y pronto se convierte en indispensable. Se recoge el pelo, pasa la aspiradora y lava hasta el último plato. Sin ni siquiera pedir permiso, compra pintura blanca y azul y pinta la cocina. Logra que su marido repare la cerradura de la puerta principal y sustituya un cristal roto de una ventana del baño. Por supuesto, el viudo se siente agradecido y eufórico. Cuando la hermana mayor piensa en todo eso, se da cuenta de que está satisfecha por primera vez en mucho tiempo.

No la sorprende, sino que le recuerda algo que olvidó durante un tiempo: necesita que la necesiten. Esta idea la hace retroceder y replantearse las cosas. ¿Realmente quiere pasar su vida trabajando y preparando la cena para su marido? «Probablemente no», admite. Necesita personas, proyectos y causas; se siente más satisfecha cuanto más se le reconocen sus esfuerzos. La hermana mayor sabe que si su madre estuviese con ella, la animaría a cambiar. Así, toma algunas decisiones: reduce su jornada en el banco y empieza a cuidar a sus nietos más pequeños dos días por semana. Sigue atendiendo al viudo casi todos los días. Y empieza a hacer recados y tareas para otras personas mayores de su calle.

Todavía echa de menos a su madre todos los días. De vez en cuando la llama desde el fondo de la escalera, pero entonces recuerda que ya no está. Cuando cuida a otras personas, siente que la presencia de su madre es casi palpable. Su determinación sigue animando la vida de su hija. «No es tan agradable como comer juntas», piensa la hermana mayor, pero le basta como remedio para su dolor.

Durante este tiempo, la hermana menor todavía sigue luchando. Las imágenes de su madre moribunda continúan asaltándola sin aviso, aunque ya sin la intensidad del principio. Al mismo tiempo, ha logrado recuperar recuerdos más nítidos de su madre como una mujer vital y dominante (demasiado dominante en ocasiones, como recuerda ahora la hermana menor). El objetivo, según el psicoterapeuta al que ve cada semana, consiste en conseguir un equilibrio entre la tristeza y el agradecimiento, repasar sus recuerdos de las diferentes etapas de la vida de su madre sin quedarse estancada en los momentos finales, los más dolorosos. Logrado el progreso, cree que puede dar un paso más y recordar a su madre de manera realista en el contexto de una vida llena de alegrías y penas.

Sin embargo, aunque la fuerza de las imágenes del lecho de muerte empieza a desvanecerse, la culpa que las acompaña permanece. Una parte de ella sabe que hizo lo más humano: dar permiso a su madre para dejar de luchar y, por tanto, morir con tranquilidad. Pero otra parte se pregunta si sólo pretendía acabar cuanto antes con la terrible experiencia. Este temor se alimenta con la actitud obvia de su hermana mayor, que la evita. A pesar de que sus hijas e incluso su sobrina mayor le insisten en que hizo lo correcto, la hermana menor considera que la frialdad de su hermana hacia ella alimenta su culpabilidad de todos modos. Ha perdido a su madre y no tiene intención de perder también a su hermana: la llama y se enfrenta a ella. «No descargues tu tristeza en mí culpándome de contribuir a la muerte de mamá», dice la hermana menor. «No te alejes porque yo apoyé la decisión de mamá contra tus argumentos». La conversación termina con un éxito parcial. La hermana mayor admite que sus sentimientos de dolor e ira van dirigidos a su hermana. Promete intentar borrarlos, pero cree que tiene derecho a sentirlos. Las hermanas acuerdan no estar de acuerdo en ese tema y pasar más tiempo juntas para intentar limar sus diferencias.

Después de este intercambio, la hermana menor tiene dudas persistentes sobre el papel que ha desempeñado. Casualmente, recibe una llamada de la enfermera que atendió a su madre: está haciendo un seguimiento rutinario para comprobar cómo afrontan los familiares la pérdida. Aunque al principio responde que todos están bien, la hermana menor no tarda en confesar que se siente culpable por apoyar la decisión de su madre. La enfermera la escucha y después le explica que muchos familiares reaccionan así, pero que lo importante es respetar el derecho del paciente a elegir. La hermana menor le da las gracias y se prepara para colgar el teléfono cuando la enfermera la sorprende preguntándole si le gustaría hacerse voluntaria para hablar sobre ese tema con pacientes terminales y sus familiares.

Nunca se le habría ocurrido. Propensa a la depresión, y enfrentada a las imágenes de una persona moribunda, ¿por qué querría exponerse todavía más? Habla del tema con el terapeuta, que cree que comporta el riesgo de agravar los síntomas pero también, paradójicamente, podría ayudarla a librarse de sus dudas al ponerse en la piel de otros cuidadores. Su marido le sugiere que al menos pruebe.

Al principio no va bien. Sentada en dormitorios extraños, el hecho de hablar con dos pacientes de la residencia (una mujer mayor que se está muriendo a causa de un enfisema y un hombre de mediana edad enfermo de cáncer de colon) intensifica los sentimientos sobre su madre. Tiene pesadillas terribles en las que su madre sufre mucho y ella la observa detrás de un cristal sin poder hacer nada. Sin embargo, después de seguir con el voluntariado a pesar de todo, las pesadillas van remitiendo cuando conoce más a las personas que ayuda. La mujer es muy agradable y tiene una voz suave. Su hija es más o menos de su edad y siente una mezcla de amor, desánimo y culpabilidad (igual que ella). La esposa del enfermo es muy enérgica, como su madre. El hecho de afrontar las muertes de los pacientes con sus familiares no le provoca ni un atisbo de depresión. Por el contrario, parece haber encontrado una firmeza (algunos dirían dureza) que ayuda a soportar a las familias el final de los enfermos. Puede que después de luchar contra la depresión durante tantos años, haya desarrollado un talento para controlar la tristeza. Es un talento que, posiblemente, carece de la energía de su madre y su hermana, pero comparte con ellas una determinación obstinada para ayudarse a sí misma y ayudar a los demás a superar los peores momentos.

Dos años después de la muerte de la madre, las hermanas extraen lecciones similares de la experiencia de cuidar y ver morir a un progenitor. Ambas temen al cáncer. Las dos han firmado sus testamentos vitales para que se conozcan sus deseos en caso de que queden incapacitadas. Las dos han contratado pólizas de seguro para poder ingresar en una residencia, llegado el caso, y evitar que sus hijas tengan que cuidarlas como ellas cuidaron a su madre. Las dos hablan con su madre todos los días y visitan su tumba con frecuencia para explicarles sus cosas y decirle cuánto les gustaría que estuviese con ellas.

A pesar de todas esas similitudes, piensan y sienten de manera muy distinta. La hermana menor, después de ganar confianza en su capacidad para afrontar su voluntariado en residencias para enfermos terminales, lo deja al cabo de un año. En su lugar, concentra sus energías en cuidar de sus nietos (exactamente lo que había planeado antes de que su madre cayese enferma). La hermana mayor, en cambio, se implica cada vez más en el cuidado de las personas mayores del barrio. Lo que empezó como un favor (alimentar a un anciano con falta